中国第一部原创的系统的教育哲学

有机建构主义教育

席隆乾◎著

An Organic Constructivism Education

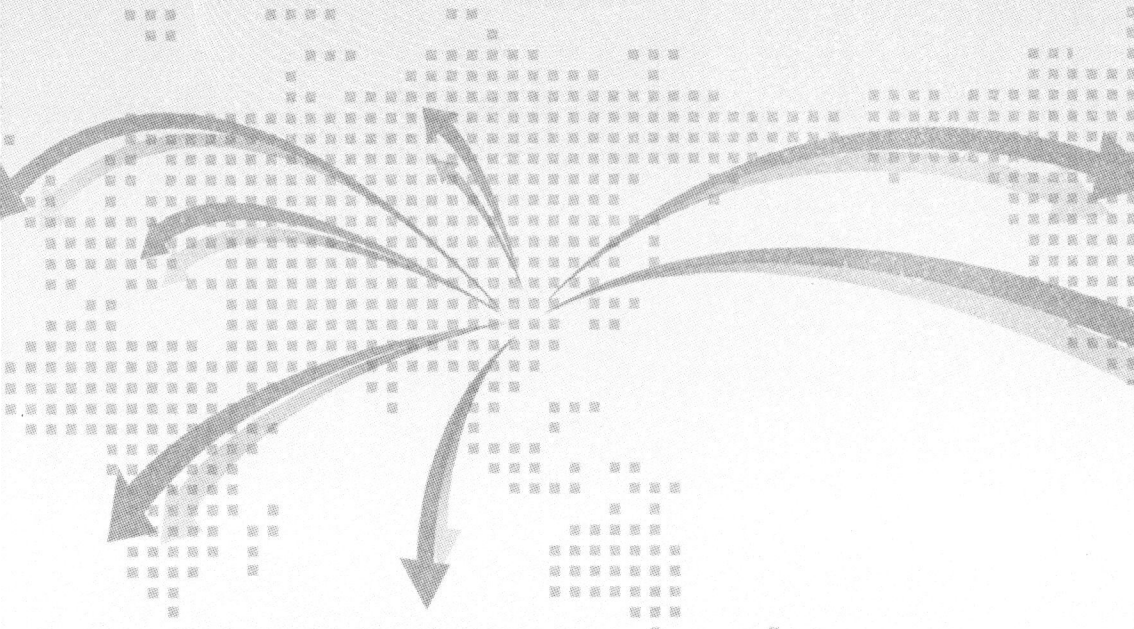

社会科学文献出版社
SOCIAL SCIENCES ACADEMIC PRESS (CHINA)

下面是国际著名教育学家和心理学家、"多元智力"理论创始人、哈佛大学教育学院教授嘉德纳（Howard Gardner）为本书出版写的推荐词：

December 21, 2012.

Xi Longqian has written an interesting and informative treatise on human development, education, and the cultivation of talent. He draws on an impressively wide range of sources; from the classical conceptual analysis of Herbert Spencer to recent findings on the development of the human brain. The book contains provocative and promising suggestions about how to help all persons achieve their potential

——Howard Gardner

译文：席隆乾撰写了一本令人感兴趣的、内容丰富的专著，该书探讨了关于人的发展、教育和才智的培养。他引用资料广泛，从对斯宾塞的经典概念的分析，到关于人的大脑发展的最新研究发现，打动人心。这本书包含着一些如何帮助所有的人实现他们潜能的。富有挑战的、十分有前景的建议。

——霍华德·嘉德纳
2012 年 12 月 21 日

序 言

我与席隆乾相识 20 多年了，我们是亦师亦友的关系，这种友谊是在相互关注、研究和讨论教育问题中形成的。我记得在大学三年级时，他给我写过一封信，表明他对教育改革的兴趣，我给他回了信，这既是他思考和研究教育问题的肇端，又是建立我们之间往来的开始。

隆乾于 1990 年毕业于武汉大学图书情报学院图书发行专业，这是当时全国唯一的紧俏专业，毕业生分配或就业市场很好，几乎都是分配到各省市自治区的新华书店或大型出版社工作。大学毕业以后，隆乾先后从事过多种工作，但是他最后还是根据自己的个性与爱好，选定了以独立学者作为自己的志向。自由就是他最崇尚的，没有官僚体制的束缚，是展现个人才华巨大的空间，做他自己喜欢的工作，研究他感兴趣的问题。他是一个创意连绵的人，先后策划、编辑和出版了多套实施素质教育的参考书，如《快乐学作文》《中学神奇审美阅读》《新课标·新理念·新作文》《双向征服英语》等，发行总量超过 300 万册，每套书都受到中小学教育界的普遍欢迎。此外，他还间或发表一些教育方面的文章或评论，也多有新颖的观点。

1991 年 10 月，隆乾提出了"有机生长教育观"（后来他改为"有机主义教育观"，现又改为"有机建构主义教育"），并将写就的一篇 8000 余字的长文寄给了我，希望我对他提出的新观点做一些论证。我认真地阅读了这篇文字，总的来说，他提出的"才智有机体"的概念和据此建立的"有机建构主义教育"是能够成立的，既符合法国启蒙思想家卢梭自然主义的教育思想，也能够从孔德、斯宾塞关于"社会有机体"的论述得到佐证。确立这一命题，可以揭示教育本质，探讨符合人性的教育规律。其实，有机体这个概念应用得相当广泛，如"社会有机体""诗歌有机体""人工智能有机体"等。那么，在什么情况下才能体现有机体的生命力呢？这正如英国浪漫主义诗人柯尔津治所形容的："诗与有机物一样，其生命始于诗人灵感的'种子'或'胚胎'。""才智有机体"的理念之所以是先进的，就在于它把人的才智视为像自然有机体如一棵树一样，其发展是一个有机的自然生长过程，而不是知识和信息的简单的积累和机械的相加。旧教育正是把受教育者当做注入知识的"器皿"，把人的才智发展当做无机体如积土成山、积水成渊一样简单的量的积累和叠加。这种教育其结果使学生的智力、理解力和创造力都受到严重的摧残，学生的才智之花尚未绽放就枯萎了。所以，"有机建构主义教育"是对旧教育的挑战。

后来，我们多次通过信件继续交流对这个问题的看法，他也致力于不断地完善自己的教育理论体系。为了在更广泛的范围征求对他的"有机生长教育观"的意见，他于2006年1月把论文寄给了哈佛大学教育学院著名教育学家霍华德·嘉德纳，嘉德纳是"多元智力"理论的创立者。为此，我还给嘉德纳教授写了一封推荐信，希望在隆乾与嘉德纳之间起到一个桥梁作用。2006年2月9日，他收到了嘉德纳教授热情洋溢的回信，表示赞同他的许多学术观点。接着，他应嘉德纳教授的邀请，于2007年7月底，前往哈佛大学参加国际学术研讨会，隆乾做了《论有机主义教育》的演讲。嘉德纳教授还组织了一次专家座谈会，就"有机主义教育"进行了热烈的讨论。从总体上说，他们肯定了"有机主义教育"的基本观点，同时也提出了一些改进和提高的有益建议。哈佛大学之行，大大地增强了他对自己创立的新教育理论的信心。他有意把这篇颇有创意的论文发表出来，以便在更广泛范围进行交流。可惜，在保守思想占主导地位的中国教育界，他的教育论文终究没有能够刊登出来。

坏事变好事，论文虽然未能发表，但却催生出来一本教育学专著——《有机建构主义教育》。其实，隆乾关于"有机建构主义教育"从提出到今天，先后经历了几次的修正，从"有机生长教育观"到"有机主义教育观"，再到"有机建构主义教育"，体现了他精益求精的治学精神，真是难能可贵呀，十年磨一剑啊！

过去，我为不少朋友和学生写过序言，一般都是浏览了他们著作的前言或大纲，或是听作者介绍书的梗概后写出的，很少通读作者的书稿。但是，

序　言

对隆乾的这本书,我不仅通读了书稿,而且重要的章节,还反复的研读,目的是对他的学术观点进行仔细的推敲。经过认真研读后,我认为这的确是一本独辟蹊径的教育专著,值得引起我国教育界的关注。总的来说,关于"有机建构主义教育"的立论是能够成立的,是科学的和符合21世纪精神的。与前两次的提法相比,"有机建构主义教育"在两方面都有深化:第一"建构"是个动词,反映的是才智形成的动态过程,而且是学习主体人的能动和创造的过程,这是传统教育无法比拟的。第二,"建构主义教育"是目前西方教育界流行的观点,隆乾有意与这种趋势融合,但又不雷同,因为他首先提出了"才智有机体"的新概念,并基于这一基本概念而建立了"有机建构主义教育"。尽管目前国际教育界建构主义风行,也形成了不同的流派,如以皮亚杰(Piaget, J.)为代表的个人建构主义、以维果斯基(Vygotsky, L.)为代表的社会建构主义、以拉格赛斯菲尔德(Glasersfeld, E.)为代表的激进建构主义等,但尚未曾有人提出过"才智有机体"的概念并据此建立"有机建构主义教育"流派,这正是隆乾的"有机建构主义教育"的创新之处。这一理论也受到了美国教育界同仁的赞赏和重视。

本书不仅从四个方面论证了"有机建构主义教育"的基本原理,而且已经构建了"有机建构主义教育"的体系,包括论智力、创造力、"智力激活式教学法"和"教学七步骤"等。在这些论述中,也多有创造性的见解,如"智力激活式教学法"、"智力的纵向分层"、"官能智力"、"深层智力"、强调"自我驱动"等,都是言他人之未言,是颇值得教育界重视的。教育理论是指导人们实践的科学,创立新理论的目的是为了应用。这正如创新理论之父熊彼特临终遗言所说:"行动——光有理想和理论是不够的,只有行动起来,努力改变现状才是真正对理想的拓荒。"本着这个思想,作者在书中专门有一章"有机建构主义教育对教育改革的建议",总共提出了五点建议,有着重大的现实意义,是颇值得教育界深思和参考的。

然而,《有机建构主义教育》与任何新生事物一样,最初总会有不完善之处,书中也确有值得商榷的地方。但瑕不掩瑜,这些不影响《有机建构主义教育》成为一本创新之作。我相信,作者在听取了教育界学者们的评议之后,一定会采纳他们的建言,使自己创立的教育理论日臻完善。教育是

有机建构主义教育

一块伟大的试验场地，我国拥有任何国家无可比拟的丰富教育资源，衷心希望我国广大的教育工作者，积极投身到这个伟大的试验场中去，发扬创造精神，积极改革，勇于开拓、创新，为创建新的教育理论，进而建立我国教育学派而贡献自己的智慧！

读《有机建构主义教育》书稿有感，写了以上赘言，对本书的出版予以推荐。

武汉大学前校长、教授　刘道玉

2013 年 2 月 18 日

谨识于珞珈山 寒宬斋

前　言

本书首先提出了"才智有机体"的概念。哲学家孔德、斯宾塞、马克思等认为人类社会是一种有机体，人类社会的发展是一个有机的自然发展过程。受他们的"社会有机体理论"的启发，本人提出"才智有机体"的概念，认为人的才智也应是一种有机体，其发展类似于自然有机体如一棵树，是一个有机的自然生长过程，而不是无机体似的简单地积累和机械地相加。本书基于"才智有机体"的概念建立了一套新的教育哲学——"有机建构主义教育"和一套新的教育方法——"智力激活式教学法"以及"教学七步骤"。

第一章首先提出了"才智有机体"的概念，即类似于社会有机体和自然有机体，人的才智也应视为一种有机体，其发展是一个有机的自然生长过程，并遵循着有机体生长发展的一般规律。

根据一切有机体发展的一般规律，本书推导出关于人的才智发展和"有机建构主义教育"的四条基本原理，即第二章，"有机建构主义教育"基本原理一：没有经过大脑的生产创造过程，外界知识、信息的简单堆积（如死记硬背的知识）不能成为才智有机体的组成部分，外界知识和信息必须经过个体大脑积极的"生产创造"，才能真正转化建构为个体的知识和才智；第三章，"有机建构主义教育"基本原理二：对于个体才智的发展，才智的生产创造力，特别是智力和创造力是最活跃和起决定作用的因素，因此应该成为教育的首要目标；第四章，"有机建构主义教育"基本原理三：才智有机体的发展经历不同的发展阶段；第五章，"有机建构主义教育"基本原理四：教育必须立足于"学生自我驱动"。

一种新的教育哲学必须要有具体的教学方法去贯彻和实施。第六章论述了与"有机建构主义教育"哲学相应的教学法——"智力激活式教学法"和"教学七步骤"。

有机建构主义教育

智力是知识学习和才智发展的基础，在当今时代，创造力是教育的最高目标。"有机建构主义教育"主张将智力和创造力的培养和开发作为教育的最首要目标。所以第七章至第九章阐述了"有机建构主义教育"关于智力和创造力的一些新思想和新观点。

"有机建构主义教育"对"天资学生教育"具有特殊的意义，所以，第十章论述了"有机建构主义教育"与"天资学生教育"。教育管理和课堂管理也是教育教学的一个重要方面，所以第十一章探讨了"有机建构主义教育"与教育管理。

"有机建构主义教育"对当代教育改革有哪些具体的建议呢？为什么说"有机建构主义教育"符合21世纪的时代特征和时代精神呢？第十二章是关于"有机建构主义教育"对21世纪教育改革的建议，第十三章分析了"有机建构主义教育"与21世纪精神。

为了避免将"有机建构主义教育"与20世纪上半叶美国教育家约翰逊（Johnson）的"有机教育"（Organic Education）的思想相混淆，有必要将两者做一个简单的比较。20世纪初，亨德尔森（Henderson）和约翰逊最早将"有机体"这一概念借鉴到教育领域，但他们的"有机体"的概念是提倡将每个孩子当做一个完整的有机体看待。亨德尔森在他1902年出版的《教育与更广泛的生活》（*Education and Larger Life*）一书中将教育的目标描绘为培养一个在感官、精神和社会生活方面都健全的有机人体。在约翰逊1907年创办（至今仍然存在）的"有机教育学校"的网站上介绍：她将孩子看作一个有机体，需要各种感觉刺激……她坚称教育即生活。由此可以看出，尽管我们都将有机体的概念运用到教育领域，但亨德尔森和约翰逊是将每个孩子视为有机体——一个健全的有机人体，即他们是将人体视为有机体，而我是将一个人的才智视为有机体——才智有机体。其次，约翰逊的"有机教育"的核心思想是"教育即生活"，是一种进步主义教育（杜威曾赞赏约翰逊是进步主义教育的杰出代表），而我的教育理论是基于"才智有机体"概念建立的一套"有机建构主义教育"。

最后我要特别鸣谢的是我的两位恩师：武汉大学前校长刘道玉教授和哈佛大学的霍华德·嘉德纳教授，感谢他们长期以来给予我的教导和帮助，没有他们的教导和鼓励，我的研究不可能走到今天的地步，也不可能有这本拙作面世。谨以此书献给我的这两位恩师。

由于本人才疏学浅，水平有限，本书难免有错误之处。学术贵在百家争鸣、思想激荡，所以本书中的思想和观点也不可能得到所有的读者的赞同。但求抛砖引玉，恭听学术同行和广大读者的争鸣与批评！

席隆乾
2013年1月于北京

目 录

第一章 "才智有机体"概念 ………………………………… 1

"才智有机体"概念认为：人的才智应视为一种有机体，像自然有机体，如一棵树一样，其发展是一个有机的自然生长过程。

第二章 "有机建构主义教育"基本原理一 …………………… 15

"有机建构主义教育"基本原理一：没有经过大脑的生产创造过程，外界知识、信息的简单堆积（如死记硬背的知识）不能成为才智有机体的组成部分。外界知识和信息必须经过个体大脑积极的"生产创造"，才能真正转化建构为个体的知识和才智。

第三章 "有机建构主义教育"基本原理二 …………………… 30

"有机建构主义教育"基本原理二：对于个体才智的发展，才智的生产创造力，特别是智力和创造力是最活跃和最起决定作用的因素，因此应该成为教育的首要目标。

第四章 "有机建构主义教育"基本原理三 …………………… 47

"有机建构主义教育"基本原理三：才智有机体的发展经历不同的发展阶段。

第五章 "有机建构主义教育"基本原理四 …………………… 73

"有机建构主义教育"基本原理四：教育必须立足于"学生自我驱动"。

第六章 "智力激活式教学法"与"教学七步骤" …………… 90

第七章 论智力（一） …………………………………………… 105

第八章　论智力（二） ……………………………………… 127

第九章　创造力的本质——人类的深层智力 …………… 153

第十章　"有机建构主义教育"与"天资学生教育" ……… 190

第十一章　"有机建构主义教育"与教育管理 …………… 204

第十二章　"有机建构主义教育"对21世纪教育改革的建议 ………… 215

第十三章　"有机建构主义教育"与21世纪精神 ………… 222

Education for the 21st Century：An Organicist Constructivism Education/230

第 一 章
"才智有机体"概念

> "才智有机体"概念认为：人的才智应视为一种有机体，像自然有机体，如一棵树一样，其发展是一个有机的自然生长过程。

预先猜想

才智无疑是教育培养的最崇高的目标之一，才智培养也占据了学校教育的绝大部分时间。这里我要提出的问题是：个人的才智到底应视为一种无机体还是有机体？

自然界无机物如山、水规模的扩大是依靠简单的量的相加，机械累积，越多越好，所谓积土成山，积水成渊。自然界有机体如一棵树的生长，是依靠其遗传的生命力和生长潜能，不断吸取外界的养料、水分和阳光，并通过光合作用，才能将外界的营养物质转化为自己体内的有机组成部分，从而不断地生长壮大，直至长成参天大树。

请读者预先猜想一下：人的才智应视为一种无机体还是一种有机体？人的才智的发展是像无机体（如山、水）一样依靠知识的简单积累和机械相加，还是像有机体（如一棵树）一样是一个有机的自然生长过程？为什么？

才智有机体概念的提出

本章首先要提出一个新的概念——"才智有机体"。才智有机体的概念认为：人的才智应视为一种有机体，个人才智的发展应像自然有机体如一棵树一样，是一个有机的自然生长过程。

自然有机体，如一棵小树，它具有蕴涵于种子之中的由遗传得来的生命力和生长潜能，不断吸收外界的养分、水和阳光，然后进行光合作用，将外界的营养物质转化为自己体内的有机成分，实现自身的不断生长。人的才智的发展也是如此，个体通过生物遗传获得了智力，并从周围环境摄取各种信息刺激，吸收各种经验和知识为养料，并通过自己的思维和认知活动将外界的信息刺激转化为自己的知识和才智，即建构自己的知识和才智，实现自己的才智的不断发展。所以，类似于自然有机体，人的才智也应视为一种有机体。换句话说，从哲学意义上讲，人的才智也是一种有机体。

传统教育的根本弊端在于从根源上就把人的才智错误地当做无机体。无机体如一座山、一湖水，其发展是由各组成部分简单积累、相加。同样，传统教育也把人的才智的发展视为像无机体的发展一样，只要不断地学习积累知识即可。这种错误的哲学必然导致一种错误的观念——希望孩子在幼小的年龄就像知识猛扑过去，学习越刻苦，积累的知识就越多；积累的知识越多，就被认为越有才智。也正是这种错误的观念导致才智本应像一个活生生的有机体一样不断的生长，却被简单的当做无机体对待，其生命力和生长力早早就被摧残了，以后将不再有生长的潜力，就像一棵树，尚未长大就开始枯萎，还没有开花结果就过早地夭折了。正如夸美纽斯（J. A. Comenius）所说："学校变成了儿童才智的屠宰场"（Comenius, 1999）。卢梭（J. J. Rousseau）也曾生动地描写道："出自造物主之手的东西，都是好的，而一到了人的手里，就全变坏了。"（Rousseau, 2011）

下面我将从哲学、生物学和认知科学的角度对"才智有机体"的概念进行详细的论证，并对传统教育的才智无机体的观念的错误和危害性进行深入分析。

第一章 "才智有机体"概念

才智有机体概念的科学论证

我提出"才智有机体"的概念，并据此概念来研究教育和思考教育改革，而我提出这一概念首先是受到斯宾塞（Spencer, 2002）的"社会有机体"概念和理论的启发。受 19 世纪后期新兴的生物学的影响，哲学家斯宾塞首次将生物学中的有机体的概念运用到社会科学中，他认为人类社会也是一种有机体，人类社会的发展是一个有机的自然发展过程，据此建构了一套"社会有机体理论"。受"社会有机体"理论的启发，我尝试提出人的才智也是一种有机体，人的才智的发展也是一个有机的自然生长过程。所以这里首先要介绍斯宾塞的"社会有机体理论"。

斯宾塞（2002）在他的《社会学原理》一书中提出"社会是一种有机体"，他将人类社会和自然界的有机体的特征和发展规律进行比较，认为有五点理由可以将人类社会视为有机体。

第一，它处在不断的生长中。

第二，随着它生长，它的各部分变得分工不同，显示出内在结构的增加。

第三，同时，这些不同的部分被认为负责不同的活动。

第四，这些活动不是简单的不同，他们既相互区别又紧密相关，使得相互共存成为可能。

第五，各部分互惠互助，导致了他们的相互依赖。

斯宾塞根据"社会有机体"的概念，推导了一系列的社会学原理，建立了他的"社会有机体理论"。

受斯宾塞的"社会有机体"概念的启发，并通过对人的才智的本质及其发展规律的思考，本书将自然有机体的概念运用到人的才智和教育研究领域，提出"才智有机体"的概念，并根据"才智有机体"的概念重新审视人类的教育，试图建立一套新的教育哲学理论——"有机建构主义教育"。

为什么人的才智跟人类社会一样，也可视为一种有机体呢？在我看来，人的才智、人类社会、自然界的有机体，它们都具有以下共同特征。

第一，它们都是处于不断的生长之中。自然有机体从一颗种子或一粒胚胎开始，通过吸收外界的物质营养，不断的生长壮大。人类社会通过人们的生产劳动，将自然界的物质能量转化了社会的产品和财富，不断发展繁荣。人的才智自从生命的诞生开始，就积极主动地吸收周围环境的刺激，建构自己的经验和知识，使自己的才智持续地发展。

第二，它们的发展都基于生物遗传或代际传承而来的生长潜力。自然有机体的生长无疑是基于生物遗传而来的生长潜力。其实，人的才智和人类社会的发展也是基于生物遗传的潜力。人为什么能够获得人类独特的高水平的才智，而且人的才智能够不断的发展？首先是因为婴幼儿从父母那里遗传得到智力、认知能力和创造力，正是通过生物遗传获得了这些能力，才能在与周围环境的相互作用中形成经验、知识和才能。对于人类社会，人类的劳动生产力，首先也是从上一代那里传承下来，没有这种代代相传，人类的生产力永远处于动物般的水平，只能靠自然的恩赐维持生存。固然在每一代人也在通过科学技术的进步不停提高生产力，但科学技术进步和劳动生产力的提高必须基于人类已有的科学技术和文明成果。如果没有对前人科学技术和文明成果的继承，人类要突然创造新的科学技术和物质文明将是不可思议的事情。

第三，在它们的发展过程中，外在的物质营养必须通过其内在的"生产创造过程"，才能转化为其体内的有机组成部分。形象地说，如果外在物质营养只是覆盖或堆积在这些有机体的表面，不经过其内在的"生产创造"过程，外在物质营养是不能自动转化为有机体的有机成分。自然有机体，如一棵树，其根须从土壤中所吸收的养料和水分，必须通过复杂的光合作用，才能转化为这棵树的有机成分。不经过光合作用的转化过程，外在营养只是覆盖在树的表面，并不能转化树的有机组成部分。

在人类社会，所谓的社会生产，就是实现自然界和人类社会之间的物质能量的转换。大自然蕴涵着丰富的物质能量，但只有通过人类的生产劳动和创造性活动，这些自然界中的物质能量才能转化了社会的产品和财富。比如，大自然中一直蕴藏着丰富的铁矿石，但人类在漫长的历史过程中都没有掌握炼铁的技术，铁只能沉睡在铁矿石中，不能为人类所利用。直到两千多年前人类才掌握炼铁技术，于是才能从铁矿石中炼出铁来。这时铁便成为了社会的产品和财富，人们就可以运用铁来生产各种器皿、工具，

第一章 "才智有机体"概念

建造房屋等。

对于人的才智，真正的学习是个体建构自己的知识。知识可分为直接知识和间接知识，直接知识蕴藏在自然界、人类社会和宇宙的客观事物中，间接知识存在于书籍等载体中和别人的大脑里。婴从母腹中诞生下来，尽管他从父母那里遗传了智力和认知能力，但却不能直接遗传任何的经验和知识。从知识的角度讲，人生下来大脑是一块空空的白板。与此同时，婴儿出生下来，就被环境丰富的信息刺激包围着。他周围的环境中蕴藏着丰富的信息和知识。到了上学的年龄，书本和老师都可以给他提供大量的知识。然而，儿童被丰富的知识包围或覆盖着，并不意味着这些知识就可以直接为他所拥有，成为他的真知灼见。要将这些外在的知识转化为他自己的真知灼见，同样必须经过一个内在的"生产创造"过程，也即个体知识的建构过程。或者在与周围环境的相互作用中，通过自己的发现和思考，获得直接的经验和知识；或者通过深度理解别人的间接知识，建构自己的理解和知识。外在的知识即使通过教师的讲述和学生的死记硬背堆积在学生的大脑里，没有经过个体内在的生产创造过程，也不能转化为他的真知灼见，成为他才智的内在组成成分。许多教育专家研究发现：向学生简单地解释信息对于促进他们的理解是无效的（Bransford, Brown & Cocking, 2000; Greeno, Collins & Resnick, 1996; Mayer, 2002）。学习者是基于他们已有的知识来建构自己的理解，并且他们的情绪、信念和期望都会影响此过程（Bruning, Schraw & Ronning, 1999; Mayer, 1998, 1999）。死记硬背的主要作用是应付应试教育体制下的考试，匆忙而背，匆忙而考，匆忙而忘。因为这些他们只是死记硬背了知识的外在文字符号，而没有真正意义上建构为他们的知识。Eggen 和 Kauchak（2004）对死记硬背的学习方式批判道：当我们不能对概念的定义和知识的意义形成真正理解时，我们就只能死记硬背，同时不久就会忘记，事实上这样并不能带来任何发展。如果以自然有机体的树为喻，就像一棵树吸收了大量的养料堆积在它的体内，但没有经过复杂的光合作用，这些养料根本没有转化为树的有机成分。

第四，在它们的生长发展过程中，因为外在营养物质必须通过它们内在的"生产创造"活动才能转化为它们体内的有机组成成分，所以这种"生产创造活动"的能力即"生产创造力"是最活跃、最关键和最终起决定作用的因素。我们要促进自然有机体、人类社会、人的才智的生长发展，必须大力培养和开发这种转化过程中的"生产创造力"，并以此作为最首要最根本的目标。

在人类社会的发展过程中，人类是以自然界的物质能量为原料，通过生产劳动，创造出产品和社会财富。马克思曾充分论述过：生产劳动的能力即生产力是最活跃、最革命和最终起决定作用的因素，所以，人类社会的首要目标是大力发展社会生产力。唯有大力发展社会生产力，才能创造更多的物质和文化财富，满足人们日益增长的物质和精神方面的需要（马克思，1995）。人类从石器时代到铜、铁器时代，随着生产工具的变革，生产力水平得到极大的提高。尤其是自18世纪60年代到现在，人类发生了四次科技革命，第一次科技革命：18世纪60年代，标志：瓦特发明蒸汽机；第二次科技革命：19世纪70年代，标志：电力的广泛运用，主要是西门子发明发电机，爱迪生发明电灯和贝尔发明电话；第三次科技革命：20世纪四五十年代。标志：以原子能技术、航天技术、电子计算机的应用为代表，包括人工合成材料、分子生物学和遗传工程等高新技术；现在人类又在经历第四次科技革命，以信息高速公路和互联网技术为标志（http://zhidao.baidu.com/question/51530860.html）。历次科技革命都带来生产力的突飞猛进和社会物质财富的急剧增加。从某种角度讲，人类社会的整个历史也是一部生产工具的不断变革和生产力的持续发展的历史。

自然界的有机体，植物要生长得高大茂盛，土壤中的养料固然重要，但更重要的是植物的光合作用的能力。植物通过绿叶吸收阳光进行光合作用，将从土壤中吸收的养分和水转化为植物体内的有机成分，光合作用的能力才是最根本最重要的因素。动物的生长亦是如此。动物吸取外在的营养物质，必须通过肠胃的消化吸收作用才能将这些营养转化了动物体内的组成部分，促进身体的生长和强壮。富有经验的中医医生，面对一位大病初愈、身体虚弱的病人，都知道不能立刻对他的身体进补，而是要先开胃健脾（如使用一种名叫鸡内金的药物），提高其脾胃的消化吸收能力，然后再逐渐进补，在此之前，医生还要控制病人吃一些高营养、高蛋白的东西，以防损伤消化系统。医生这种以退为进的治疗策略，表明对人体（和其他动物）来说，其生长和身体强健最关键的因素是对外界营养的消化吸收力

第一章 "才智有机体"概念

（遗憾的是，我们许多教育工作者却不像医生那样懂得以退为进的原理和策略，只知道简单的有勇无谋地向前冲）。

对于人的才智，我们周围的环境充斥着丰富的信息知识，特别是当今互联网的普及和数字图书馆的兴起，我们只要动动指头，敲敲键盘就可以获得各种领域的大量的知识和信息。然而问题的关键在于如何培养和增强学生对知识的吸收能力和建构能力，把外界的知识转化为自己的真知，成为自己才智的内在成分。将外界的知识真正意义上转化为个体内在的知识，必须经过个体内部的复杂"生产创造"过程，包括观察、归纳、推理、想象、理解、发现、顿悟、假设与求证等高级的认知思维活动。只有经过这些高级、复杂的"生产创造"过程，个体才能建构起真正属于自己的知识。所以，在人的才智发展过程中，将外界知识转化为个体的真知灼见的"生产创造力"才是最活跃最关键和最终起决定作用的因素，教育不能将知识而应将学生的智力、认知能力和创造能力放在首位。2010年5月31日至6月2日，在北京的举办的"多元智力理论"国际学术研讨会上，哈佛大学的嘉德纳（Howard Gardner）教授在开幕式讲话，他手里拿出一个微型PC机说：教育最主要的是要培养学生的思维能力和理解力，至于知识，我们只要带一个这样的PC机，轻轻地动一下我们的手指头，就可以搜索到大量的我们想要的知识和信息。近年来美国苹果公司推出了iPad平板电脑，使人们获得信息和知识的渠道更加便捷快速，而且集信息、知识、娱乐于一体。建构主义认为知识的获得，不是把真理的金子移交给个体，而是由个体自己去建构。学习者不是被看成知识的被动接受者，而是知识的主动建构者（顾明远、孟繁华，2006）。

从以上分析我们可以看出，人的才智和自然有机体、社会有机体一样，具有有机体的共同特征和发展规律：处于不断的生长发展之中；其发展基于生物遗传的智力；外在信息、知识必须通过个体内在的"生产创造过程"，才能转化为他内在的真知灼见；在才智的发展过程中，才智的"生产创造力"是最活跃、最关键和最终起决定作用的因素。所以，人的才智也是一种有机体，其运行和发展遵循着有机体发展的一般规律，是一个有机的自然生长过程。

有机建构主义教育

传统教育的根本错误在于视人的才智为无机体

传统教育从思想根源或从哲学根源上就把个人的才智当做一种无机体，一种无生命无活力的东西。他们认为人的才智的发展就是知识的简单相加，机械积累。只要学生勤奋刻苦，"头悬梁、锥刺股"，就会记诵大量的知识；知识积累得越多，他们就被认为越有才智，所谓"学富五车而自耀博雅"。中国古代的思想家荀子将知识的获得喻为"积土成山，积水成渊"，这句话在鼓励和劝勉学习者勤奋刻苦方面的确有积极意义，但就其知识观和才智观而言，我认为是根本错误的。山、水都是没有生命没有活力的无机体，只是各组成部分的简单相加和积累。而个人的知识和才智的获得是学习者积极主动的建构过程，绝不是个体被动地接受别人的知识，更不是知识量的简单相加。个体在发现知识和学习知识中是需要深刻的思维能力和理解能力；运用知识解决问题时，需要对知识的迁移能力、灵活运用能力、想象力和创造力；等等。人类正是有了这些高级的智能活动，才有了认知能力和创造能力；有了认知能力和创造能力，才能建构自己的知识。怎样将人类如此高级复杂的获得知识的过程比喻为山、水这些无机物的机械积累和增加呢？

传统教育将人的知识和才智的发展视为无机体似的叠加和积累。所以他们认为教师的主要功能就是传授知识，学生的主要任务就是学习知识，考试的主要内容就是考查知识。这样必然最终催生出以知识为目标的应试教育。考试考什么教师就教什么，教师教什么学生就背什么，完全以考试为目的，以标准答案为准则。每个鲜活、灵动的大脑一旦受到传统教育的加工，犹如生产流水线上产出的思维标准件，整齐划一，缺乏个性和创造性（吴志宏，2002）。

"要素主义教育"和赫希（E. D. Hirsch）的"核心知识"观点就是这种传统教育"知识中心论"的代表。要素主义认为学校的首要目的是将经过筛选的文化要素传授给下一代（Warner, 2006）。要素主义是一种保守的教育哲学，主张回归基础知识，组织有结构的课程，向学生灌输核心知识和价值观，经常性的考试，严格的学术标准，严厉的学科训练，刻苦学习，尊重权威，以教师为中心，反对个人主义。无疑，要素主义是目前占强势地位的哲学观点，影响着教育政策的制定和教学实践（Amstrong, et al.,

第一章 "才智有机体"概念

2009)。赫希倡导教授强调具体确切信息的"核心知识"供学生学习（O'Neil, 1999）。赫希为了贯彻他的"核心知识"观，亲自编写了一套从幼儿园到十二年级的课程，每个学年都给学生灌输大量的主题概念（即核心知识）。在赫希看来，知识是"智力的资本"，即一个人在某一时刻所拥有的知识和技能类似于钱对于资本（Hirsch, 1996）。他还说："如果你通常是一个总体来说有能力的人，你就通常是一个好老师，如果你拥有大量的基本知识，你就往往是一个有能力的人。"（Hirsch, 1998）

嘉德纳教授是赫希的教育理论的激烈批评者，他们之间展开了一系列的文字和电视辩论。嘉德纳不相信所谓的"核心知识"（core knowledge）或"文化水平"（cultural literacy），因为那样的教育没有太多的价值，说得好一点，这是一种肤浅的教育观，说得难听一点，就是一种反智力的教育。赫希相信教育基本上是获得信息和一定程度的文化知识。嘉德纳认为教育的目的是掌握基本的理解方法，建构知识的形式。他说："学习应该是对重要事件的深入探索，并学会如何运用学科思维的方式进行思考，而不是掌握预先设定的每学年五十或五百个课题。"（Gardner, 2000）

总的来说我是与嘉德纳的思想相一致的，或者说我是坚定地站在嘉德纳这边的。我承认学习和建构新知识要以一个人现有的经验和知识为基础，从这个角度讲，我们的确需要学习一些基础知识。但学习基础知识和开发训练学生的智力和学科思维，到底谁是第一位的，谁是第二位的？谁是主要的，谁是次要的？很显然，我的观点是后者是第一位的、主要的，前者是第二位的、次要的。在我看来，至少在幼儿和小学教育（K6之前）阶段，教育的首要目标是极力开发孩子的智力和创造力，一些基础知识应成为训练学生智力和创造力的工具和材料，通过深度挖掘这些材料，训练孩子的思维能力，与此同时也实现了对这些材料的深度理解。更直截了当地讲，如果我们能确保孩子小学结束时（12岁之前）有一个聪明的富有创造力的头脑，那么我们这阶段的教育总体来说就是成功的，否则就是失败的。

无论要素主义还是赫希的"核心知识"观都认为教育基本上就是学习知识和掌握信息，但这里有一个很重要的而又往往被人们忽视的事实，那就是知识不是你想学就一定能理解得透的，尤其是一些深奥复杂的知识，如果学习者没有较高的智能水平，没有训练有素的学科思维和建构知识的

有机建构主义教育

方法，即使他想学习这些知识也理解不透、学不进去。为了应付考试他只能死记硬背了一些文字符号，但这种文字符号的记诵算是真正掌握了这些知识吗？一个学生记住了相对论的公式 $E=MC^2$，他一定理解了相对论吗？一个学生考试之前背熟了一些卢梭、康德的哲学思想概述，考试时往试卷上一填，他就真正懂得了卢梭、康德的思想吗？

教育中有一种最具有迷惑性和误导性的现象就是：学生在考试之前背诵了一些知识，其实只是记诵了这些知识的文字符号，考试时往试卷上一填，结果得了高分甚至满分。于是老师和学生自己都误认为他掌握了这些知识。事实上他记住的是这些知识的文字符号而不是深度理解了知识的意义。他是文字的奴隶而不是知识的主人。我们目前的考试制度的问题就在于：尽管学生写在试卷上的答案是正确的，但我们分辨不出学生只是记诵的文字符号还是深刻理解了知识的意义，是仅仅死记这些知识填充到大脑里，还是建构了自己的真知灼见。从试卷的答案中我们根本看不到学生学习知识时背后的思维过程。相反，有时候试卷中错误的答案反而能看出他的思维过程和思维能力。因为错误的答案必然不是背诵教师所讲的和教材所写的，一定是他自己的想法和见解。我中学时的班主任雷凤云老师，是一位十分优秀的英语教师。他曾给我讲述过他是怎样发现他的一位学生涂强的（涂强和我中学是同一学校的，他比我高两年级）。一次他在批改作业时，发现涂强有一道题做错了，但他从涂强错误的做法看出其思维与众不同。他说尽管涂强的答案是错误的，但折射出来的思维能力却是很强的。于是他发现了这位优秀的学生，并着重培养，后来这位学生成了全校最优秀的学生之一。著名教育家刘道玉发现人才时，从来不看学生的分数、成绩这些外在的东西。他主要是跟学生谈话，观察他的思维能力；或读学生写的文章，看他的独到见解和创造力。他凭借自己的慧眼和卓识发现和培养了一大批卓越人才，这些学生已经在国内和国际上做出了举世瞩目的成就。

这里我想起高中时物理考试的一个"错误"的答题。当时正在学"力"的概念，力是物体之间的相互作用。考试时有这样一道题：两个球体靠在一起但不相互挤压，是否会产生力？标准答案是：不会产生力，因为只是靠在一起，没有相互挤压，就没有发生相互作用。我的答案是会产生力。

第一章 "才智有机体"概念

结果自然被老师判为错误的。我去找老师辩论、申诉我认为会产生力的理由。我对老师说，两个球的表面不可能是绝对光滑，如果我们用一个巨型的放大镜或显微镜来看，球的表面一定是坑坑洼洼的。如果两个球靠在一起，它们的坑洼之处就会相互齿合。结果，一个球的凸出之处就会压在另一个球的凹进之处，就必然产生压力，尽管这种压力是十分微观和微小的。老师虽然没有采纳我的观点，坚持判我的答案是错误的，但还是肯定我热爱思考，思维活跃。由于我经常提出这样的"怪问题"，很多老师都说我爱钻牛角尖。有的任课老师向我的班主任雷风云老师反映我常常爱钻牛角尖、爱提怪问题。我的班主任老师十分开明，回答说：席隆乾有独到的想法和见解是好事，有的孩子你让他提"怪问题"他还提不出来，只知道迷信书本，迷信老师，没有自己的想法和观点。我非常感谢我的班主任老师的开明。事实上，许多问题站在不同的角度去思考，就有不同的看法和结论，所以，答案往往不止一个，而是丰富多彩的。考试的标准答案常常扼杀个人的独到想法和创造力。我这里要大胆说一句：按照传统教育的考试制度和方法，答案正确的学生中未必都是人才，答案错误的学生中未必没有天才。

  传统教育总是在追求知识，难道真的就是知识越多越好吗？学生学得越多就越有才智吗？当然不是这样的。知识学得太多有时对创造力还是有害的。创造力和知识的关系十分微妙。一个人如果一点基础的经验和知识都没有，也不可能进行创造，但知识太多反而阻碍创造力。因为一个人在某个领域所学的知识越多，他考虑这一领域的问题时，大脑里已有的知识自然就会跳出来，思维自然就会跟随已有的知识走，所以大脑就会受到固有的思维定势和模式的束缚，很难产生创造性的灵感。比如，一个星期是7天，即7进制，对于成人，星期六之后我们自然就会想到星期天，星期天之后，我们自然就会想到星期一。如此周而复始，我们太熟悉了，已形成了一种固定的思维定式。可能幼小的儿童却不是这样。我的孩子3岁时就问为什么星期天不叫星期七呀？为什么没有星期八、星期九、星期十呀？一个星期结束进入下个星期一，她偏不叫星期一，而说是星期八。成人已经司空见惯的事情就不会去多想，孩子却是无知者无畏，总是在思考，不停地问为什么，不断地产生自己的新的想法。又如，一提到喝水的杯子，成人

有机建构主义教育

脑子里马上会浮现出一个圆筒形的带把的东西，幼儿大脑里不一定这么想，他们或许希望是两个把，这样拿杯子时一只手拿一个把，更轻松省力些；要是上面永远带着一根吸管，他们喝起水来就更方便些。我的孩子现在4岁半，我观察她总是问题多多，创意频出。所以，如果一个人在某个领域学的知识太多，一旦提到某个问题，他脑子马上浮现的是已有的知识、观点和模式，思想反而固化和模式化了，难以产生创新和灵感。

总之，传统教育的学习观和考试观，都是肤浅的"知识型"的。他们把知识的获得视为简单的传授和记诵，而不是个体的建构，忽视人的智力和认知能力在知识获得中所起的关键性决定性作用。正如前面嘉德纳教授所说：说轻一点它是一种肤浅的教育，说严重一点它是一种"反智"的教育。在我看来，从哲学根源上讲，传统教育不是把人的才智视为一种有机体，而是视为一种无机体，把人的才智的发展理解为知识简单的无机地相加和累积，而不是有机地生长。

"才智有机体"概念的意义

有了"才智有机体"这一新的概念，我们从此可以不再把才智当作无机体看待，而会把个体的才智当作一种有机体，将其发展视为一个有机的自然生长过程。

由于人的才智是一种有机体，我们的教育研究就可以从生物学中借鉴关于自然有机体生长发展的一些原理和规律，同时还可借鉴社会有机体的发展的一些原理和规律，从而在教育研究、生物学和哲学之间架设一道概念性桥梁，对教育进行跨学科的融会贯通的研究。正如安布罗斯（Ambrose, 2002）所说，来自生物学跨学科的借鉴或许能帮助我们改变我们的教育理论和实践。所以，才智有机体的概念可以为我们研究人的才智发展和教育提供一个新的视角，也可为我们剖析和批判传统教育的弊端提供新的工具，对教育理论研究和教育实践都具有重要意义。

根据才智有机体这一概念去重新审视人类的教育，借鉴自然有机体和"社会有机体"发展的基本原理和规律，我们可以推演出了以下四条教育基本原理。第一，没有经过大脑的生产创造过程，外界知识的简单堆积（如死记硬背的知识）不能成为才智有机体的组成部分。外界知识和信息必须

第一章　"才智有机体"概念

经过个体大脑积极的"生产创造",才能真正转化建构为个体的知识和才智。第二,"有机主义教育观"认为:对于才智有机体的发展,才智的生产创造力,特别是智力和创造力,是最活跃和最终起决定作用的因素,所以我们应该把智力和创造力的开发作为教育的最首要目标。第三,才智有机体的发展要经历不同的发展阶段,每个阶段有不同的教育目标和重点。第四,"有机建构主义教育"强调学习者的"自我驱动",学习者内部的"自我驱动力"是其才智发展的根本动力。

下面将分四章详细的论述这四条基本的教育原理,每章论述一条。

引用文献

1. 〔捷克〕夸美纽斯(Comenius):《大教学论》,北京:教育科学出版社,1999。
2. 〔法〕卢梭(Rousseau):《爱弥儿:论教育》,李平沤译,北京:商务印书馆,2011。
3. Spencer, H., *The Principle of Sociology*, New Brunswick: Transaction Publishers, 2002.
4. Branford, J., Brown, A, & Cocking, R. (Eds.). *How People Learn: Brain, Mind, Experience, and School*. Washington, D. C.: National Academy Press, 2000.
5. Greeno, J., Collins, A. & Resnick, L. Cognition and Learning. In D. Berliner & R. Calfee (Eds.), *Handbook of Educational Psychology* (pp. 15–46). New York: Macmillan, 1996.
6. Mayer, R. *The Promise of Educational Psychology: Volume II. Teaching for Meaningful Learning*. Upper saddle River, NJ: Prentice Hall, 2002.
7. Bruning, R., Schraw, G. & Ronning, R. *Cognitive Psychology and Instruction* (3rd ed.). Upper Saddle River, NJ: Prentice Hall, 1999.
8. Mayer, R. Cognitive theory for education: What teachers need to know. In N. Lambert & B. McCombs (Eds), *How Students Learn: Reforming Schools Through Learner-Centered Instruction* (pp. 353–378). Washington, DC: American Psychological Association, 1998.
9. Mayer, R. *The Promise of Educational Psychology: Learning in the Content Areas*. Up-

per Saddle River, NJ: Merrill//Prentice Hall, 1999.
10. Eggen, P. & Kauchak, D. *Educational Psychology: Windows on Classrooms*) (6th ed.). Columbus, OH: Pearson Education, 2004.
11. 〔德〕马克思：《马克思恩格斯选集》（第1卷），北京：人民出版社，1995。
12. 《人类经历的四次科技革命》，2012年6月21日，搜索自 http://zhidao.baidu.com/question。
13. 顾明远、孟繁华主编《国际教育新理念》（第2版），海口：海南出版社，2006。
14. 吴志宏主编《多元智能：理论、方法与实践》，上海：上海教育出版社，2002。
15. Warner, A. R. Philosophies in conflict. A case study in K. T. Henson, *Curriculum Planning: Integrating Multiculturalism, Constructivism, and Education Reform*（3rd ed.）. Long Grove, Ⅱ: Waveland Press, 2006.
16. Armstrong, D., Henson, K. & Savage, T. *Teaching Today: An Introduction to Education* (8th ed.). Beijing: Pearson Education Asia Ltd. and China Renmen University Press, 2009.
17. O'Neil, J. Core knowledge & standards: a conversation with E. D. Hirsch. *Educational Leadership*, 56, 28–31. Retrieved from the ProQuest database, 1999.
18. Hirsch, E. D. *The Schools We Need and Why We Don't Have Them*. New York, NY: Doubleday. p. 19 & p. 256, 1996.
19. Hirsch, E. D. Why general knowledge should be a goal of education. Common Knowledge, 11. Retrieved June 22, 2012, from http://www.coreknowledge.org1998.
20. Gardner, H. *The Disciplined Mind* (2nd ed.), Westminster, London: Penguin Books, 2000.
21. Ambrose, D. "Theoretic Scope, Dynamic Tensions, and Dialectical Processes: A Model for Discovery of Creative Intelligence," in *Creative Intelligence: Toward Theoretic Integration*, eds. Don Ambrose, Leonora Cohen, and Abranham Tannenbaum. NJ: Hampton Press, 2002.

第二章
"有机建构主义教育"基本原理一

> "有机建构主义教育"基本原理一：没有经过大脑的生产创造过程，外界知识、信息的简单堆积（如死记硬背的知识）不能成为才智有机体的组成部分。外界知识和信息必须经过个体大脑积极的"生产创造"，才能真正转化建构为个体的知识和才智。

预先猜想

在阅读本章之前请读者预先猜想以下问题。

1. 如果人的才智是一种有机体，那么外界的知识、信息的简单堆积（如死记硬背的知识）能不能成为才智有机体的组成成分？

2. 外界的知识怎样才能转化为学习者的真知灼见，真正成为他的才智的有机成分？

一切有机体将外界的物质营养转化为自身体内的
有机成分,都是一个复杂的生产创造过程

有机体将外界物质营养转化为自身体内的有机成分,是一个极为复杂生产创造的过程,也是对有机体的发展最为至关重要的环节。自然有机体、社会有机体如此,人的才智有机体也是如此。

自然界的植物要把外界的营养物质和水由无机物生产转化为体内的有机物必须通过植物光合作用的过程。光合作用(photosynthesis)是植物、藻类和某些细菌利用叶绿素,在可见光的照射下,将二氧化碳和水转化为葡萄糖,并释放出氧气的生化过程。植物之所以被称为食物链的生产者,是因为它们能够通过光合作用利用无机物生产有机物并且储存能量。这个过程的关键参与者是内部的叶绿体。叶绿体在阳光的作用下,把经由气孔进入叶子内部的二氧化碳和由根部吸收的水转变成为葡萄糖,同时释放氧气。光合作用包括光反应和暗反应两个复杂的生物化学反应步骤(http://wen-da.tianya.cn/wenda/thread)。

自然界的动物如人体消化吸收食物,将食物中的营养物质转化为人体的细胞内的营养物质和有机成分,也是一个十分复杂的生产性过程。人体的食物消化吸收过程是把大分子分解为小分子,过程为:经过口腔的咀嚼,然后拌着唾液,经过咽喉、食道,进入胃。由于胃壁的不断蠕动,食物与胃腺分泌的胃液混合,促进蛋白质的消化。接着再把成半液体的浓稠状的食物,往下送进小肠,这时肝脏分泌的胆汁,胰脏分泌的胰汁都送到小肠来,和小肠液一起将食物分解成小分子,小肠壁的绒毛吸收后,养分便由血液输送给全身各细胞。整个消化过程需要6.5个小时(http://wenku.baidu.com/view)。

自然界的有机体,无论是动物还是植物,其摄取营养,将外界的物质营养转化为体内的有机成分的过程都是一个复杂的生化反应过程。

对于社会有机体,人类社会必须通过自身的生产创造才能将自然界的物质能量转化为能服务于人类的产品和社会财富。没有人类的生产劳动和创造,自然界的物质能量无论怎样丰富,都不能自动转化为社会的产品和

财富，人类只能像动物一样，自己没有生产能力，完全靠自然的恩赐生存，过着茹毛饮血的生活。过去认为人与动物的根本区别在于只有人类才有思维能力，事实上，只要经常看看"动物世界"节目拍摄的动物群集体捕猎时，在动物群落之间争夺草场、水源等生活必需品的斗争中，表现出来的斗智斗勇，我们就会发现，动物其实也有思维能力，也有谋略智慧。所以，我认为动物也有智力，我们只能说人类的智力比动物更高。但依靠自己的生产劳动创造产品和财富，则是人类特有的能力。我至今尚未发现哪种动物能靠自己的生产劳动创造产品，以满足自身的需要。唯有人类才能征服自然、改造自然，自己通过劳动生产创造社会产品和财富，以满足人类不断增长的物质文化的需要。随着社会的发展和科学技术的进步，人类的生产劳动变得越来越复杂，科技含量也越来越高。

同样，因为人的才智也是一种有机体，个体将外界的知识、信息转化为自己的知识和才智，也应该是一个复杂的生产创造过程。从外界摄取的知识、信息只有经过人的大脑复杂的生产创造活动如猜想、发现、理解、想象、推理、推断等，才能将这些知识转化为自己的真知灼见，建构成为才智有机体的有机组成部分。对于别人发现的知识（如书本上的知识），如果只是死记硬背而没有经过自己的生产创造过程转化为自己的真知灼见，是不能成为个体的才智的有机成分，也无助于学生的发展。下面我们再来详细分析个体的学习和才智的形成过程。

个体的学习与才智的形成过程

我愿意将个体获取自己的知识的过程分为两种方式：学习者自己发现知识和理解吸收别人发现的知识。自己发现知识，即自悟，就是学习者通过直觉思维、顿悟、洞察、想象、推理等思维活动提出猜想、证实（证伪）猜想，通过"猜想——证实"的过程自己发现知识。理解别人的知识，就是学习者理解吸收别人已经发现的知识，如书本上的知识、来自教师以及其他人那里的知识。

个体自己发现知识

关于学习者自己发现知识，这里的"发现知识"是就教育领域而言，它不能等同于科学意义上"发现知识"。科学意义上的发现知识，一定是原创性发现或创造知识，即在全人类范围别人都未曾发现过，具有独创性或原创性。而在教育领域，学习者自己"发现知识"，是指一切学习者通过自己亲自探索发现知识的过程和形式，这既包括学习者发现的别人已经发现而他本人尚不知晓的知识，也包括学习者发现的别人尚未发现的具有原创性的知识。布鲁那（1960）指出："发现不限于那种寻求人类尚未知晓的事物的行为，正确地说，发现包括用自己的头脑亲自获得知识的一切形式或方法。"我认为布鲁那这里所说的发现就是指教育领域的发现。

因此，我建议在教育领域把"发现知识"分为两种：狭义发现和广义发现。那些对人类具有原创意义的发现可称为狭义发现；那些尽管别人已经发现，但学习者尚不知晓而是通过自己亲自探索获得的发现，可称作广义发现。例如，我大学时期的一位同学，他说在高中时就自己探索发现了一条数学原理，他写信给中国科学院数学所的一位数学家讲述了他的发现。那位数学家给他回了信，指出这一数学原理已由其他数学家提出过了。同时那位数学家在回信中也赞赏了我这位同学的独立探索精神和思维能力，肯定他作为一位中学生能独自探索出这一数学原理，的确难能可贵。我认为，我的同学的这种发现就属于广义发现。学生在学校教育时期要做出对人类都具有原创意义的狭义发现不是不可能，但毕竟为数甚少，尤其是中小学生。所以学校教育应倡导学生进行广义发现，通过学生的广义发现培养学生的探索精神和创造力。只要学生的探索精神和创造能力培养起来了，可以相信学生将来迟早会做出具有原创意义的狭义发现的。

学习者如何自己发现知识呢？我认为应包括以下过程：第一，面对某种新的情况或新的问题，个体的大脑里经过积极思考产生灵感和顿悟，提出猜想。第二，对猜想进行求证（包括证实和证伪）。即所谓大胆假设，小心求证。第三，经过求证后将自己认为可靠的知识储存在长时记忆里。第四，需要运用该知识时，从长时记忆中检索提取，灵活运用到新的背景中去解决问题或生产产品。

我们过去对学习者自己发现知识重视不够，一想到获得知识，就是要向书本学习，到学校学习。即使过去的师徒制学习一门手艺，也是要向师父学习。其实，很多学习发生在个体通过自己的探索体验、观察思考中发现知识。孩子从小学习语言，都是从生活实际中学习，没有哪位

第二章 "有机建构主义教育"基本原理一

父母会在孩子牙牙学语的时候就去给孩子讲语法知识。我们即使学习自己母语的语法知识至少也要到正式上小学之后。但幼儿在学习语言时,他们会从语言的听说运用中自己总结出语言的基本结构和规律。每个孩子在进入学校正襟危坐地听老师学究十足地讲语法知识之前,就基本上掌握了本民族语言的基本结构和规律了,并且也能比较熟练地运用了。只需将历史往前推一百年或两百年,就会发现几乎所有的国家的教育都很不普及,许多人都是从未上过学的文盲。然而这些从未上过学的劳动人民,他们除了能够熟练地听说本民族的语言之外,还能从生活中,从生产劳动中自己探索发现出基本的数学知识、物理知识、音乐知识甚至化学知识。比如,他们可以从产品分配中、物品交换中自己发现基本的数学知识;在搬动重物中发现杠杆原理,通过观察冬天河水的结冰、厨房的水蒸气发现水的形态变化,通过观察天象预测天气的变化。

自己通过探索和观察发现知识,也是婴幼儿的天性和禀赋。我女儿安妮一出生我就写了观察日记,我观察到安妮几个月大就能通过自己的观察和体验总结出事物的规律,发现知识了。比如,2008 年 4 月 30 日,安妮刚出生 4 个月 23 天,就通过我与她做的游戏中发现了"客体永存"现象〔参见第八章"论智力(二)"关于安妮的日记第 6 则〕;2008 年 10 月 16 日,安妮出生 10 个月零 9 天,就已经发现并能够运用"惯性原理"了〔参见第八章"论智力(二)"关于安妮的日记第 10 则〕。

当然由于婴幼儿的生活经验太有限了,他也会自己建构出一些错误的观念。比如,在安妮两岁多一点的时候,她有时将玩具搞坏了,就哭,但这些玩具很多是组合件的,她妈就说:别哭,妈妈给你安上。于是她妈妈将玩具重新修复后又给她,她就不再哭了。有一次,她正在吃冰激凌,冰淇淋融化掉了一小点在地上,她手指着掉在地上的冰淇淋,便哭边喊:安上!安上!她以为任何东西掉了都可以安上。又有一次,也是在她两岁多的时候,有一次我们开车带她去玩的时候,在外面找不到路了。我跟她妈说,找不到路了,就查一下地图吧。不久,我们在家里,她妈说电视遥控器找不到了,她就说,查一下地图吧。我就开玩笑说,你以为你爸是比尔·盖茨吗?你家的房子大得需要绘制地图了。

婴幼儿的这些错误认识正是他们的可爱之处。我们不能因为他们刚开始发现和建构知识时会形成一些错误的观念,就去阻止他们的发现和建构。随着他们年岁的增长,经验和阅历的增加,以及正式的学习,他们会慢慢纠正这些错误观念的。

个体理解别人的知识

关于学习者理解别人的知识的过程,总的来说,我是反对漠视学习者内在心智加工过程的行为主义,赞同关注个体学习时的心智过程和结构的认知学习理论。人类的认识论从行为主义发展到认知学习理论是一个重大革命。认知革命发生在20世纪五六十年代(Bruning, et al., 1999),从此它对教育的影响日益增强并延续至今(Greeno et al., 1996)。当前认知心理学家常用计算机来类比人类的信息加工过程,即"信息加工理论"。计算机在处理信息时,先接受信号、进行内部运算和操作,处理后再输出结果,人类加工知识和信息时也是如此(Mayer, 1996)。认知心理学家们对学习时的心智加工过程进行阐释,提出了"信息加工理论(Atkinson & Shiffrin, 1968; Leahey & Harris, 1997; Eggen & Kauchak, 2004)。"信息加工理论"将个体认知获取知识的过程概括为:①通过感官摄取外在的信息刺激,存储到感觉记忆。②通过注意、知觉有选择性地将信息由感觉记忆转入工作记忆。③在工作记忆中进行复述、编码等认知加工,即复述信息,与已有的知识相互作用理解新信息的意义,在个体已有的知识网络中对新信息进行编码,并可能扩展原有的知识网络。④转入长时记忆,并在需要检索提取信息。⑤元认知(metacognition),即个体对自己认知加工过程的意识和监控(Hiebert & Raphael, 1996)。

信息加工理论的代表人物加涅(Robert M. Gagne)认为,学习是个体的一整套内部加工过程。在他的著作《教学的学习基础》(*Essentials of Learning for Instruction*)(Gagne, 1975)一书中,他把与学习过程有关的教学过程分为8个阶段。

(1)动机阶段:一定的学习情境成为学习行为的诱因,激发个体的学习活动,在这个阶段要引发学生对达到学习目标的心理预期。

(2)领会阶段:也称了解阶段,在这个阶段中,教学的措施要引起学生的注意,提供刺激,引导注意,使刺激情境的具体特点能被学生有选择的知觉到。

（3）获得阶段：这个阶段起着编码的作用，即对选择的信息进行加工，将短时记忆转化为长时记忆的持久状态。

（4）保持阶段：获得的信息经过复述、强化之后，以一定的形式（表象或概念）在长时记忆中永久地保存下去。

（5）回忆阶段：这一阶段为检索过程，也就是寻找储存的知识，使其复活的过程。

（6）概括阶段：把已经获得的知识和技能应用于新的情境之中，这一阶段涉及学习的迁移问题。

（7）操作阶段：也叫作业阶段。在此阶段，教学的大部分是提供应用知识的机会，使学生显示出学习的效果，并且同时为下阶段的反馈做好准备。

（8）反馈阶段：学习者因完成了新的作业并意识到自己已达到了预期目标，从而使学习动机得到强化。加涅认为："值得注意的是动机和强化主宰着人类的学习，因为学习动机阶段所建立的预期，此刻在反馈阶段得到了证实。"（Gagne，1975；http：//baike.baidu.com/view）

在我看来，信息加工模型只是部分反映了个体认知的思维活动和过程，因为它是以计算机来类比人类的认知。人脑的思维与计算机的运行固然有一定的相似之处，但人脑的思维活动比计算机的运行机制要复杂得多。在人类的学习和认知活动中，还涉及了许多比信息加工模型所反映的更高级的思维活动和能力。比如，学习者在学习别人知识时的批判性思维、学习者自己发现知识时的创造性思维等。平庸的人学习别人的知识时总是全盘接受，迷信书本，盲从权威；聪明的人学习别人的知识总是带着自己的思考，敢于质疑和批判，哪怕是权威人物的经典著作。1987年，美国芝加哥大学物理系学生罗伯特·盖瑞斯特发现了牛顿所著的《数学原理》中的一个错误，这是该书出版300年来未被发现的。耐人寻味的是，盖瑞斯特是在例行作业时发现的，为此，他荣获了由Sigma Xi颁发的"科学杰出奖"（刘道玉，1996）。学习者自己发现知识时需要直觉思维和灵感思维（Bruner，1960；刘道玉，2009）。我认为，直觉思维和灵感思维是人类最高级、最富有灵性的思维，是人类创造力最本质的内涵之一。为什么人被称为万物之灵呢，我的理解就是人在世界万物中最富有灵性、灵气，最能产生灵感和

有机建构主义教育

顿悟。

纵观历史，无数的教育家和思想家都在探寻如何促进学生在学习过程中的理解，如何促进学生思维的发展并通过思维的发展促进个体的发展。

古代东西方的教育都高度重视学习者对知识的理解转化过程。中国春秋战国时期伟大的教育家孔子（公元前551年至公元前479年），提倡启发式教育。他的《论语·述而》（孔子，2006）中写道："不愤不启，不悱不发，举一隅不以三隅反，则不复也。"这句话的意思是说"不到学生努力想弄明白但仍然想不透的程度时先不要去开导他；不到学生心里明白却又不能完善表达出来的程度时也不要去启发他。如果他不能举一反三，就先不要往下进行了。"宋代理学家朱熹解释："愤者，心求通而未得之状也；悱者，口欲言而未能之貌也。启，谓开其意；发，谓达其辞。"（http：//baike.baidu.com/view）。孔子强调学习中思考、思维的重要性，主张思、学结合。他在《论语·为政》中说道："学而不思则罔，思而不学则殆"，意为：学习了而不深入思考，就会迷惑；但只是去空想而不去学习，那就危险了。孔子是中国古代伟大的思想家、儒家学派的创始人，也是伟大的教育家，一生从事教育事业，弟子三千，贤人七十二，被誉为"天纵圣人""天之木铎"（即上天派来教化民众的）。尽管大约两千五百年过去了，孔子的启发式教育思想在今天看来仍然是先进和科学的。1988年，75名诺贝尔奖获得者在巴黎发表联合宣言，呼吁全世界"21世纪人类要生存，就必须汲取两千多年前孔子的智慧"。由此可见孔子的思想至今仍然绽放着夺目的光辉。

古希腊的苏格拉底（Socrates，公元前469至公元前399），是与中国孔子几乎同时代的思想家和教育家（从出生年岁上可以推算，孔子比苏格拉底大82岁），他与柏拉图和亚里士多德并称为古希腊的"三杰"。苏格拉底自称自己的使命是"教人为善"。他认为公民应当受国家教育，具有高贵的品德修养，"美德即知识"。他在教学中采用诘问法（elenchus）或辩驳式提问（elenctic questioning）。诘问法是一种谈话问答的方法：第一步是讽示，他在讨论问题的谈话中，首先装着自己什么都不懂，向别人请教，让人家发表意见，然后用反诘的方法，引导对方积极思索，努力发现自己认识中的矛盾，从而承认自己无知并产生寻求答案的动机。第二步是产婆术，即

第二章 "有机建构主义教育"基本原理一

在第一步的基础上引导对方的思维走上正确的道路，从而逐步得到理性的认识，达到他的要求（柏拉图，1983；袁锐锷，2006）。苏格拉底的诘问法又称辩证法，他认为，所谓辩证，就是大家聚在一起，相互对话、讨论问题，从而学会逻辑地思考，并从个别的表现、经验中得到某种具有普遍意义的知识。

对于什么是知识，苏格拉底说：知识不是具体的事物，而是事物的本身和本质。如泥是什么，不能说泥是瓷工的泥，炉灶工的泥，砖瓦工的泥，简易的回答是"泥者和水之土也"。同时，苏格拉底还认为知识不在于对事物的感受中，却在于对感受而起的思维中，显然，由思维能达事物之"存在"与事物之理，由感受则不能（柏拉图，1963）。

由此可见，苏格拉底不是以"智慧的先知"自居，而是假装为一个谦卑的"无知者"去提问、与人讨论争辩，引发对方的思考，激发对方的求知欲，最终引导对方的思维走上正确的道路，达到对事物的深度理解和理性认识。有的教育研究者认为苏格拉底应该是西方最早的建构主义者，西方建构主义者的先驱。如果苏格拉底是西方建构主义的先驱，那么孔子就应该被称为中国最早的建构主义者。即使在今天看来，他们的教学方法仍然是那么先进，散发着夺目的光辉，值得我们学习和继承。

古罗马帝国时期的基督教思想家奥古斯丁（公元354～430年）提出了"内在阐释"学说（inner illumination）。他提出一种激进的观点：没有哪位人类教师能够通过运用实例甚至使用言辞真正教会人们任何东西。理解一词的意思是个体的内在阐释，人类教师努力能做的至多就是让学习者到达能够自学或自己理解某事的状态（Augustine，1995）。

早在300多年前，捷克教育家夸美纽斯（Comenius）就倡导废除死记硬背的学习，使学校成为"快意的场所"。他恳请教育工作者尽最大的努力使学生理解他们所学的知识，提出"教得系统而有序，学得彻底而巩固"的原则。只有学生深透理解教学的内容，并能够随时运用这些知识，所学的知识才能成为学生的"心理财产"，也才是真正的有学问。在改进教学的具体措施上，他提出：①遵循和激发学生的求知欲，求知欲是人的自然本性的表现，教育要遵循自然，所以要遵循人的这种天然倾向。我们要采取一切可能的方法来激发学生求知求学的主动性和自觉性。②力求使学生理解

有机建构主义教育

所学的知识，在学生彻底理解之前强迫学生死记是错误的。为了促进理解，除了通过生动的直观外，就是要阐明事物的因果关系（夸美钮斯，1957；袁锐锷，2006）。

20世纪，皮亚杰（Piaget）的认知发展理论声称人是通过与周围环境的相互作用建构他的知识（图式），知识的积极建构过程包括同化（assimilation）和顺应（accommodation）。皮亚杰认为人们都有一种理解世界是如何运作并找出他们存在的秩序、结构和可预测性的内在需要。他把这种需要称为平衡驱力。即个体对世界的理解和他们经验之间的认知平衡状态。当我们能够理解新的经验时，我们仍处于平衡状态，当我们不能理解新的经验时，不平衡就发生了，然后我们就会改变自己的思维。不平衡是发展的主要动力。当我们现有的图式常常不能充分地容纳新的经验，于是我们就不得不有效地加以适应，即调节图式和经验使其相互协调以维持平衡。适应包括两个相应的过程，顺应和同化：顺应（accomodation）是一种在面对新经验时修改已有的图式并产生新图式的适应形式，同化（assimilation）是一种将环境中新的经验整合进现有的图式中来的适应形式（Piaget，1953，1969；Eggan & Kauchak，2009）。

为了促进孩子对事物的理解，皮亚杰强调在教学的过程中要以学生为中心，"在孩子或学习者试图理解这个世界时，让他处于学习过程的中心"（Piaget，1953、1965、1980）。他还提出要激发孩子的好奇心。对于好奇心，他描述道：好奇心就是孩子想解释自己遇到的意想不到的事物和情况的急切需要（Piaget，1969）。

当前正流行的建构主义认为学习者建构着他们对自己所学知识的理解而不是直接通过外部渠道获得知识（如通过其他人或阅读材料）（Bransford，et al.，2000；Bruning et al.，1999）。维特罗克（Wittrock，1991）坚称学生的学习是一个学习者从环境中获得的新的信息与他先前的认知结构相互作用的生产性过程。

教育家和哲学家提出了许多关于建构主义的定义（Fosnot & Dolk，2001；Henson，2004；Schwandt，2003；Shapiro，2002），但他们都坚持建构主义的以下特征。

（1）各个年龄阶段的人都是建构知识或生产知识。

第二章 "有机建构主义教育"基本原理一

（2）人们通过与他们先前的知识和经验相联系或连接生产知识。

（3）知识是一种自治和主观的建构。

（4）学习影响一个人思维方式的积极重构。

（5）人们是在基于个人的经验和社会的相互作用中建构知识，所以，一个人的学习和学习能力受先前经验的影响。

（6）当人们面对背景中的实际的问题或个人的问题，而这些问题的解决需要一种新的思维方式时，认知的增长得到促进（Pelech & Pieper, 2010）。

在建构主义看来，学习者不是录音机，他们不会把所听到的或所读到的东西直接放到记忆中去，他们更多的是根据自己已有的知识来解释新的刺激并以对自己有意义的方式来建构自己的理解（Nuthall, 2001）。

建构主义作为一种教育哲学，目前正受到国际教育界的广泛推崇。许多从事教育实践工作的教师和学校管理者，现在一提到教育哲学，他们首先想到的是建构主义。建构主义教学模式开发了一系列的教学方法：支架式教学、抛锚式教学、随机通达教学、自上而下的教学、情景性教学等（顾明远、孟繁华，2006）。

与认知学习理论相反的是行为主义。行为主义认为学习是由经验而导致的行为上的持久变化，而且这种行为上的持久变化是可以直接观察到的（Skinner, 1953; Gredler, 2001）。行为主义对学习的定义重点是可观察的行为，并不考虑学习者头脑里的想法、目标和要求；在教学方法上强调的是"反复操练"、强化，在学习的动机上强调奖励和惩罚。但认知学习理论和建构主义认为：真正的学习应该是一个积极的心智活动和加工的过程，是对自己的知识才智的积极建构过程。嘉德纳（2008）对行为主义批评说：每个人的思考都要借助于"心智呈像"。但是行为主义者却霸道地将这种观点排除在科学心理学之外。在教学方法上，教师最重要的是促进学生的深度理解。我个人认为：当然，在深度理解的基础上，进行适当的有代表性的作业和练习，对巩固理解和训练运用知识的灵活性也是有益的和必要的，但这只是对深度理解的补充和延伸。在学习动机方面，真正的动机不能靠奖惩这些外在的刺激，而是主要来源于学习者自身的内在驱动力，如兴趣、好奇心、求知欲、理想抱负、自尊和胜任感等内在需要。关于这个问题，

有机建构主义教育

我将在后面的"有机建构主义教育"基本原理四中详细论述。行为主义的最大弊端在于不能解释人的高级心理机能（Eggen & Kauchak，2004），因而不能训练和促进人的高级心理机能的发展。

所以，行为主义教育本质上是一种主张反复强化、机械操练、注重行为变化的教育哲学。它忽视学习过程中复杂的心智加工过程，排斥人的高级心理机能，否定知识的获得是个体对知识的积极的生产创造过程。我觉得行为主义这种不断强化、反复操练（甚至被人讥讽为"操练至死"）的方法对培养从事简单劳动或流水线上技术熟练的工人尚可，因为这些工作不需要太高级的心智，也不需要个人独到的见解和想法，只要程式化的反复操练达到行为上的熟能生巧即可，但行为主义不可能培养出21世纪需要的具有高级心理机能的创造性人才。

通过以上分析，我们不难发现，对于个体才智的发展，外界的知识、信息只是记诵填充到人的大脑里，并不能成为才智有机体的组成部分。外界的知识、信息必须通过个体复杂的心智加工过程，通过大脑积极的生产创造，才能转化建构为个体的真正的知识和才智，成为他的才智的有机成分。传统教育的根本弊端就是把获得知识这一极为复杂的心智过程简单化为教师的讲授和学生的记诵，所以是一种肤浅的教育，也是一种"反智"的教育。在我看来，行为主义与前面提到过的要素主义和赫希（Hirsch）的"核心知识"理论都是束缚学生思维发展的缰绳，违背了才智有机体生长发展的自然规律，使学生的心智之花尚未开放就开始枯萎。

引用文献

1. 《植物的光合作用过程》，2012年搜索自：http://wenda.tianya.cn/wenda/thread。
2. 《人体的消化过程是食物的消化，是把大分子食物分解为小分子》，2012年6月25日搜索自：http://wenku.baidu.com/view。
3. Bruner, J. Bruner, *The Process of Education*. New York: Vintage Books, 1960.

第二章 "有机建构主义教育"基本原理一

4. Bruning, R. Schraw, G. & Ronning, R. *Cognitive Psychology and Instruction* (3rd ed.). Upper Saddle River, NJ: Prentice Hall, 1999.

5. Greeno, J. Collins, A. & Resnick, L. Cognition and Learning. In D. Berliner & R. Calfee (Eds.), *Handbook of Educational Psychology* (pp. 15 – 46). New York: Macmillan, 1996.

6. Mayer, R. Learners as information processors: Legacies and Limitations of educational psychology's second metaphor. *Educational Psychologist*, 31 (4), 151 – 161, 1996.

7. Atkinson, R. & Shiffrin, R. Human memory: A proposed system and its control processes. In K. Spence & J. Spence (Eds), *The Psychology of Learning and Motivation: Advances in Research and Theory* (Vol, 2). San Diego. CA: Academic Press, 1968.

8. Leahey, T. & Harris, R. *Learning and Cognition* (4th ed.). Upper Saddle River, NJ: Prentice Hall, 1997.

9. Eggen, P. & Kanchak, D. *Educational Psychology: Windows on Classrooms* (6th ed.). Columbus, OH: Pearson Education, 2004.

10. Hiebert, E. & Raphael, T. Psychological perspectives on literacy and extensions to educational practice. In D. Berliner & R. Calfee (Eds.), *Handbook of Educational Psychology* (pp. 550 – 602). New York: Macmillan, 1996.

11. Gagné, R. M. *Essentials of Learning for Instruction*, Hinsdale (Ⅲ): Dryden Press, 1975.

12. 《加捏(Gagne)的教育思想:论学习过程》,2012 年 6 月 26 日,检索自:http://baike.baidu.com/view/3906095.htm。

13. 刘道玉:《爱的学校》,武汉:湖北人民出版社,1996。

14. 刘道玉:《创造教育新论》,武汉:武汉大学出版社,2009。

15. 孔子:《论语》,北京:中华书局,2006。

16. 《朱熹对孔子启发式教育的解释》,2012 年 7 月 1 日,检索自:http://baike.baidu.com/view。

17. 〔古希腊〕柏拉图:《申辩篇》,严群译,北京:商务印书馆,1983。

18. 袁锐锷主编《外国教育史新编》,广州:广东高等教育出版社,2006。

19. 〔古希腊〕柏拉图:《泰阿泰德》,严群译,北京:商务印书馆,1963,第 80 ~ 88 页。

20. Augustine. Against the Academicians and The Teacher, trans. P. King. Indianapolis: Hackett, 1995.

21. 〔捷克〕夸美纽斯:《大教学论》,傅任敢译,北京:人民教育出版社,1957。
22. Piaget, J. *The Origin of Intelligence in the Child*. New York: Routledge & Kegan Paul Ltd, 1953.
23. Piaget, J. The psychology of intelligence. New York: Littlefield, Adams, 1969.
24. Piaget, J. Science of education and the psychology of the child. In H. E. Gruber & J. J. Voneche (Eds.). *The Essential Piaget* (pp. 695 – 725). New York: NY: Basic Books, 1965.
25. Piaget, J. The psychogenesis of knowledge and its epistemological significance. In M. Piattelli – Palmarini (Ed.). *Language and Learning* (pp. 23 – 54). Cambridge, MA: Harvard University Press, 1980.
26. Eggen, P. & Kanchak, D. 《教育心理学——课堂之窗》(第6版),郑日昌主译。北京:北京大学出版社,2009。
27. Bransford, J., Brown, A. & Cocking, R. (Eds.). How people learn: Brain, mind, experience, and school. Washington, DC: National Academy Press, 2000.
28. Wittrok, C. M. The Generative Teaching of Comprehension. *The Elementary School Journal*, no. 92 (2): 169 – 184, 1991.
29. Fosnot, C. T. & Dolk, M. *Yong Mathematicians at Work: Multiplication and Division*. Portsmouth, NH: Heinemann, 2001.
30. Henson, K. T. *Constructivist Teaching Strategies for Diverse Middle – Level Classrooms*. Boston: Allyn & Baccon, 2004.
31. Schwandt, T. A. Three epistemological stances for qualitative inquiry: Interpretivism, hermeneutics, and social constructionism. In N. K. Denzin & Y. S. Lincoln (Eds.). The landscape of qualitative literature: *Theories and Issues* (pp. 292 – 331). Thousand Oaks, CA: Sage, 2003.
32. Shapiro, A. The latest dope on research (about constructivism): Part I: Different approaches to constructivism – what's all about. International Journal of Educational Reform, 11 (4), pp. 347 – 361, 2002.
33. Pelech, J. & Pieper, G. *The Comprehensive Handbook of Constructivist Teaching: from Theory to Practice*. Charlotte NC: Information Age Publishing Inc, 2010.
34. Nuthall, G. *Student's Experience and the Learning Process: Developing an Evidence Based on Theory of Classroom Learning*. Paper presented at the annual meeting of the American Educational Research Association, Seattle, 2001.

35. 顾明远、孟繁华主编《国际教育新理念》（第2版），海口：海南出版社，2006。
36. Skinner, B. *Science and Human Behavior.* New York：Macmillan, 1953.
37. Gredler, M. *Learning and Instruction.* Theory into practice (4th ed.). Upper Saddle River, NJ：Merrill/Prentice Hall, 2001.
38. 〔美〕嘉德纳（Gardner, H.）：《受过学科训练的心智》，张开冰译。北京：学苑出版社，2008。

第 三 章
"有机建构主义教育"基本原理二

"有机建构主义教育"基本原理二：对于个体才智的发展，才智的生产创造力，特别是智力和创造力是最活跃和最起决定作用的因素，因此应该成为教育的首要目标。

预先猜想

在阅读本章之前请读者预先猜想以下问题。

1. 你认为是传授学生知识、才智重要，还是培养学生才智的生产创造力重要？
2. 对于人才，是知识重要还是智力和创造力重要？
3. 你怎样理解"授人以鱼，不如授人以渔""给人以干粮，不如给人以猎枪"？

第三章 "有机建构主义教育"基本原理二

对于所有的有机体的发展,生产创造力都是最活跃和最终起决定作用的因素

对于自然有机体的发展,植物的光合作用能力、动物的消化吸收力无疑是最重要和最终起决定作用的因素。一棵树,如果其叶绿体的光合作用能力不强,这棵树不可能长成参天大树。如果一个动物对食物的消化吸收力微弱,它也很难长得高大强健。前面我讲过,高明的医生给身体虚弱的人滋补身体,常常以退为进,首先是给他开胃健脾,增强其消化吸收力,而不是直接给他进食高营养物质。甚至为了保护脾胃,还要先禁止他吃一些高营养难消化的食物。

在人类社会,对于社会的发展,社会生产力是最活跃、最革命和最起决定作用的因素。社会的首要目标是大力发展生产力。在当今时代,科学技术是第一生产力,所以,各个国家都在大力发展高科技,加强科技成果向生产力的转化。同时,各个国家也在增加教育投入,大力进行教育改革,推行创造教育,培养创造性人才。国家之间的竞争,世界500强企业之间的竞争,最重要的就是高科技的竞争。而高科技的竞争归根结底还是教育的竞争。美国在遭受"9·11"恐怖袭击之后,因为要增加反恐经费,许多方面的经费都要压缩,时任总统布什说:任何方面的经费都可以缩减,唯独教育方面的经费不能减少。2008年奥巴马总统上任时,美国及全世界正面临着严重的金融危机,许多企业、银行破产,失业人口大增。奥巴马尽管面临严重的财务困难,仍然坚持将教育经费增加到原来的三倍。2011年中国也将教育方面的投入增加到占GDP的4%。世界500强企业,如微软、苹果、三星公司,都在不断地进行科技创新,抢占高科技的制高点。科技创新是他们赖以生存和发展的根基。高科技就代表着先进的生产力,意味着丰厚的市场利润。

同样,因为人的才智也是一种有机体,外在的信息、知识转化为个体内在的知识才智必须要经过其心智的复杂的生产创造过程,所以,对于个体才智的发展,才智的生产创造力,特别是智力和创造力也应该是最活跃和最起决定作用的因素。我们教育的首要目标应该是尽力培养学生的才智生产创造力,特别是智力和创造力。只有当学生的才智生产创造力得到了

充分的培养和发展，学生才能源源不断地自己生产创造出更多的个人知识和才智。

大家都知道高分未必等于高能，文凭未必等于创造力。美国著名"天资学生"教育学家温娜（Winner，1996）曾通过调查发现：在一项对 400 名取得了杰出成就的成人的研究中，他们中大约有 240 人在上学时或者学习不好，或者过得很不快乐。

纵观历史，许多杰出人物在他们的学校教育期间并没有取得好的分数和荣誉，甚至有的几乎没有接受过正规的学校教育，但他们有极强的才智生产创造力，能通过自学源源不断地生产创造出自己的知识和才智。下面这些著名的例子，可以让读者更直观地感受什么是才智生产创造力，以及才智生产创造力的巨大威力。

丘吉尔从小学到大学都一直被视为差生，他大学入学考试的成绩也很不理想，还是他的母亲通过自己的关系才为他联系到一所大学就读。大学期间丘吉尔学习也不刻苦，成绩平平。他大学毕业后做了一名战地记者，因为要写报道文稿，他才感到自己的知识和文笔太有限，写作吃力，难以胜任工作，于是他决定必须要多读一些书，提高自己的写作水平才能胜任战地记者的工作。当他母亲得知他浪子回头决心认真读书时，十分激动，给他寄去了许多文学名著。丘吉尔利用业余时间认真学习了一年，读了大量的文学名著。一年之后，他不仅能胜任自己的工作，而且开始了文学创作，花了半年时间就写出轰动英国文坛的小说。从此以后，丘吉尔酷爱文学，即使在指挥第二次世界大战，他也没有放弃文学创作。1953 年，他因撰写《第二次世界大战回忆录》（六卷）而摘取了诺贝尔文学奖的桂冠。瑞典文学院给丘吉尔颁予诺贝尔奖的理由是："由于他在描绘历史与传记方面之造诣和他那捍卫人的崇高价值的杰出演讲"。

被誉为"发明大王"的托马斯·爱迪生，是美国著名的科学家和发明家，他只上了 3 个月的小学。爱迪生从小就具有极强的好奇心，他酷爱思考，凡是自己想不明白的事情就要抓住大人的衣角问个不停。有一个著名的例子就是"爱迪生孵小鸡"。8 岁的时候爱迪生上了小学，由于他思维活跃，好奇心极强，经常就一些问题向老师刨根问底，让老师目瞪口呆，尴尬不堪。一次老师在黑板上写下"2 + 3 = 5"，别的同学都是背诵"2 + 3 =

5"，爱迪生却站起来问老师，为什么"2＋3＝5"？老师认为爱迪生是故意捣乱，非常生气，叫爱迪生的母亲把他带回去，说爱迪生总是提怪问题，影响班上其他同学的学习。从此爱迪生的母亲把他领回了家，决定亲自教他。当她发现爱迪生好奇心强，对物理、化学特别感兴趣时，就给他买了有关物理、化学实验的书。爱迪生照着书本，独自做起实验来。可以说，这就是爱迪生搞科学发明的启蒙教育。爱迪生通过自学和独立钻研，做出了包括留声机、电报、电灯、电话、电影等1000多种发明。

亚伯拉罕·林肯是美国的第十六届总统，世界历史上最伟大的人物之一，但他仅接受了初级教育，读了3年的小学。小时候，他辍学在家，帮助家里搬柴、提水、做农活等。用他自己的话说，他的童年是"一部贫穷的简明编年史"。在艰苦的劳作之余，林肯始终热爱读书，他夜读的灯火总要闪烁到很晚很晚。在青年时代，林肯通读了莎士比亚的全部著作，读了《美国历史》，还读了许多历史和文学书籍。他通过自学使自己成为一个博学而充满智慧的人。在一场政治集会上他第一次发表了政治演说。由于抨击黑奴制，提出一些有利于公众事业的建议，林肯在公众中有了影响，加上他具有杰出的人品，1834年他被选为州议员。1860年，他当选为美国的第16任总统。在他的总统任职期间，他领导了美国的南北战争，颁布了《解放黑人奴隶宣言》，维护了联邦的统一。人们怀念他的正直、仁慈和坚强的个性，他一直是美国历史上最受人景仰的总统之一。尽管他从小只受过一点儿初级教育，担任公职的经验也很少，然而，他那敏锐的洞察力和深厚的人道主义意识，使他成了美国历史上最伟大的总统之一。

诺贝尔（1833～1896），生于瑞典首都斯德哥尔摩机械师墨纽·诺贝尔家里。诺贝尔8岁才上学，只读了两年书就辍学了，在家靠一位家庭教师辅导数理化，此外就是跟着父亲到工厂里做一些零活儿。到17岁那年（1850年），诺贝尔以工程师的名义远渡重洋，来到美国，在声名显赫的艾利逊工程师的工场实习。他勤奋学习、刻苦自修，学到了许多新知识。经过重重艰难曲折，他终于在1887年制成了无烟火药，广泛应用于工业、国防方面。随后，他研究引爆炸药的信管，又制成了一触即发的汞雷酸盐火管，即常说的雷管。诺贝尔一生献身科学，孜孜不倦，为了集中精力搞发明，他没有结过婚，过着单身生活。诺贝尔一生共取得350项发明制造的专利。

有机建构主义教育

爱因斯坦是 20 世纪最伟大的物理学家。1905 年，晴空响霹雳，平地起惊雷，爱因斯坦在德国的《物理学年鉴》发表了"三合一"论文，第一篇是光量子论文，提出了光量子的假设（此论文获 1921 年诺贝尔物理学奖）；第二篇是关于布朗运动的论文；第三篇《论动体的电动力学》，提出了狭义相对论。这三个理论对物理学都具有革命性意义，开辟了物理学研究的新纪元。当时物理学研究如火如荼，专门从事物理学研究的大师云集，爱因斯坦是年才 26 岁，还不是专门从事物理学研究的，只是瑞士伯尔尼专利局的一个小职员（负责专利技术鉴定的三级技术员），只是用业余时间进行物理学的思考和研究。直到 1908 年，爱因斯坦才谋到伯尔尼大学的一个编外讲师职务。爱因斯坦中学时学习并不优秀，被老师骂为没出息，而且他在中学毕业后申请瑞士理工学院的入学考试失败，第二年重考才进入该学院学习。

罗丹（1840~1917），法国现实主义大雕刻家。他生于巴黎一个小职员家。幼年非常喜欢画画，曾因专心画画而荒废了别的功课，被普通小学开除。17 岁时投考高等美术专门学校，两次未考中。后来他受雇于一位雕刻家做助手，经过长期的苦学自修，终于成为一位大家。他的作品以形态逼真、描摹生动著名。其代表作品有《雨果的半身像》《思想者》《黄铜时代的人》《夏娃》等。

奥尔科夫斯基（1857~1935），俄国著名数学家和物理学家，液体燃料火箭的创始人。他 14 岁开始自修文学和自然科学。1880 年起开始在卡鲁格省巴洛夫县学校里作数学教员，一面继续自修，研究文学、生物学和化学，并且特别努力研究航天科学。1895 年，他发表了人造卫星的图样，提出以人造卫星为宇宙航行的中途基地向月球和其他星球发射火箭的主张，并科学地论证了借助火箭实现宇宙飞行的可能性。1903 年，他发表了重要著作《以喷气装置探测宇宙》，解决了关于火箭在太空中不受地心引力和介质阻力的影响而运动的问题，并创立了计算火箭速度的著名公式。

原苏联的著名作家高尔基，他自幼丧父，只上过两年小学，11 岁就为了生计到社会上奔波，当过搬运工和面包房工人。贫民窟和码头成了他的社会大学。在辛勤的劳作之余，饥寒交迫的高尔基仍酷爱学习。他自学了欧洲古典文学、哲学和自然科学方面的知识。24 岁那年他在《高加索日报》

第三章 "有机建构主义教育"基本原理二

上发表第一篇文学作品,描写的吉卜赛人生活,文笔优美,情节曲折生动。报社的总编被这篇作品深深打动,召见了作者高尔基,发现他竟是一个流浪汉。从此高尔基开始了他的文学创作的道路,写出了自传体三部曲《童年》《大学》《在人间》以及《母亲》《仇敌》等文学名著。

事实上,像这样的事例俯拾皆是,比如,中国共产党的原总书记胡耀邦只受过小学教育;世界级著名数学家华罗庚只上过初中;当代的科技和商业领袖比尔·盖茨在哈佛只读了两年就主动退学了;与盖茨同样具有传奇色彩的另一位 IT 界领袖人物苹果公司的联合创始人、总裁乔布斯(Steve Jobs)1972 年毕业于加利福尼亚州洛斯阿图斯的 Homestead 高中,后入读俄勒冈州波特兰的里德学院,6 个月后退学,所以,他的教育程度基本上只能算是高中。

显然,采用赞赏高分和文凭的传统标准,这些人才现象是无法解释的。传统教育崇尚知识,重视正规的学校教育,以考分和文凭作为评价人才优劣的标准。如果按照传统教育的人才观和评价标准,以上列举的人都是差生或不合格的人才。在"有机建构主义教育"看来,像爱迪生、林肯、爱因斯坦、丘吉尔、罗丹、诺贝尔、高尔基、胡耀邦、华罗庚、乔布斯这些人,他们虽然在学校成绩不好或缺乏正规的学校教育,但他们有很强的才智生产创造力,特别是具有非凡的智力和创造力。凭借他们非凡的智力和创造力,他们通过自学养成了他们的杰出才智,并且锐意创新,为人类社会作出了不可磨灭的创造性贡献。总结以上这些伟大人物的成功之道,我们不难发现他们身上都有一些共同的特征:①自学能力强。他们智力水平高,思维活跃,能通过自学源源不断地将别人的知识转化为自己的真知灼见。②有强烈的好奇心和求知欲。比如,爱迪生 6 岁时尝试人工孵蛋,爱因斯坦 5 岁对袖珍罗盘表现出极强的兴趣和好奇心。③不受书本知识的束缚,崇尚自我探索、自己猜想。正是他们受到很少的正规学校教育,或在学校教育中表现欠佳,他们的思维很少受到前人知识的束缚和固定模式的羁绊,而是在实践经验和实验中自己感悟和猜想,凭着自己卓越的洞察力和顿悟能力直指真理。④胸怀远大理想。这些人都志存高远,正是胸中远大理想的召唤,他们才能勤奋自学,坚忍不拔。诸葛亮在《诫子书》中说:"非学无以广才,非志无以成学。"刘道玉(2009)鼓励青少年要立大志,求大智,成大才。

与上列举的人才案例形成强烈对比的是中国的"高考状元全军覆没"现象。在中国的应试教育体制下,人们崇拜高考状元。每年高考的分数公布,各省市的高考分数最高者立刻被各大媒体跟踪和报道。中国的北京大学和清华大学每年都争抢高考状元。2012年7月,云南省教育厅厅长罗崇敏对大陆媒体直言:"中国改革开放以来,30多年的高考出了1000多个状元全军覆没:没有一个成为国家精英级的人物,也无一人成为行业领军人物或国际大师。"诺贝尔奖得主、著名物理学家丁肇中曾说过:我所认识的20世纪和21世纪拿诺贝尔奖的物理学家很多,其中很少是学校里面考第一名的(http://dzh.mop.com/whbm)。

与美国比较,美国高校没有"高考状元"的概念。2010年北京市理科高考状元李泰伯申请美国11所顶尖大学全部遭拒(薛涌,2011)。《北京日报》2010年6月16日报道:六成美国"美国高考状元"被哈佛拒收。哈佛大学一名校长谈到该校喜欢招收什么样的学生时说:杰出的大学生来源于优秀的高中生,我们是一个极力培养、鼓励高中生具备创新思维和创造能力的学校。

为什么会高分低能呢?对于这种高考状元全军覆没的现象,从教育学学理上应如何阐释呢?"有机建构主义教育"认为这些高考状元步入工作以后成绩平平,没有成为行业的领军人物和学术大师,主要原因有以下三个方面。

第一,现有的考试方式只能考查学生对知识的记诵情况,检测不出学生在答题背后的思维能力。即使学生写在试卷上的答案是正确的,但他们在答题时大脑的思维状况和心智加工过程如何呢?他们只要死记硬背这些知识和标准答案,填写在试卷上,就可以得高分甚至满分。我们无法从试卷上判断这些答案是学生死记硬背的还是达到深度理解的,也无法从这种统一测试中看到学生答题时的思维过程。

第二,一个学生能在某省市的几十万考生中考取最高分,成为状元,他一定是非常勤奋刻苦地学习书本知识,导致养成了迷信书本的习惯,容易成为书本的奴隶、考试的机器,很难具有批判精神和创新意识。结果这些学生知识量在增长,创造力在废退。而且从时间上讲,这些学生成天都忙于死啃书本，背诵知识，他们哪有时间去独立思考，去质疑和批判。有一个故事讲的是两位书法家，一位刻苦学习前人的书法，广泛临摹古人的名帖，另一位则喜欢自己探索，创立自己的风格。前一位书法家讽刺后一位，说他的字没有哪一笔画是古人的。后一位书法家对前一位反唇相讥，说他的字没有哪一笔画是自己的。我就认识一位某省的高考状元，他大学毕业后到某科研机构工作。他的学术研究能力的确平平，他就承认自己不是创造性人才。

第三，很多学生考取高分并不是依靠智力和能力，而是靠题海战术，大量练习，做遍了各种题型。考试中的应用题本身的目的是考查学生对知识的迁移运用能力，即将知识运用在新的背景中解决问题的能力（这里强调的一定是要"运用到在新的背景中"）。但是如果一个学生平时就浸泡在题海里，已经做遍了各种题型，考试时试卷上的题目类型都是这个学生平时已经练习过的，这些考试题目对他来说已经不再是新的背景，而是旧的背景了，这样怎能考查出他对知识的迁移运用能力呢？所谓对知识的迁移能力，一定是指学生自己第一次将某一知识运用到新的背景中解决问题的能力。四天前发生在我四岁半的女儿安妮身上的一件事很能说明什么是大跨度的知识迁移能力。2012年7月2日的下午，我从幼儿园把安妮接出来，带到我家附近的河畔公园去玩。安妮说走累了，我就和她找了一条长条椅坐下来休息。她因为才四岁半，坐在椅子上脚还够不到地。她说：爸爸你的腿能踩到地上，我的腿还够不到地。我说，你还小，你的腿以后也会长长，到时候就能够到地面了。接着我又跟她开玩笑，逗她玩也训练她的想象力。我说：我来变一种魔术，马上把你的腿拉长，就可以够到地面了。她也毫不示弱，说：我要给你身上安一个遥控器，一按那个红色的按钮，就把你的脚变长，长到天上去，我又按黄色的按钮，又把你的脚缩回来。我当时就非常佩服她对知识的迁移应用力。遥控器是家里开关控制电视机的，她能把它的原理迁移运用到这里来，想象用遥控器控制我腿的伸缩，而且从来没有大人这样教过她，她的这种迁移运用方式绝对是她自己想象出来的。更难能可贵的是，她的这种迁移运用还是两个不同的领域之间的大跨度迁移。许多科学技术的发明和学术创新就是靠这种跨越不同领域或学科的大跨度迁移思维实现的。从心理学的角度讲，大跨度的知识迁移能力，是一种难度很高的高级心理机能。

也许你会认为，遥控器的使用不算什么知识。她毕竟只是一个四岁半的孩子，当然只能懂得她周围环境中的经验和知识。对于婴幼儿来说，生活中的经验就是他们的知识。许多的事情和经验，对我们成人来说已经司空见惯了，但对婴幼儿却是新的知识。例如，我观察到我的女儿一岁时想扔掉手中的一个球都不知道怎么撒手；一岁半时她想下一个小小的台阶都不知道脚应该怎么迈步；一岁零七个月时她在外面的操场上第一次看见自己的身体在下午太阳的照射下形成的黑乎乎的影子，感到害怕，尤其是她看到她走影子也跟着走，她停影子也跟着停，就像一个可怕的幽灵缠绕着她，吓得哇哇直哭。所以，婴幼儿学习生活中的经验和知识，运用生活中的经验和知识，很能体现人类的思维能力。

第四，绝大多数高考状元都是靠勤奋刻苦，牺牲娱乐时间和交际时间换来的。所以，许多高考状元人际交往能力较弱，"高智商，低情商"。人际交往能力对从政、从商方面的工作至关重要。即使从事学术研究，当今学术研究往往是一个团队共同合作，也需要团队精神和交际能力。

综上所述，传统教育以知识学习和获取作为教育的主要目标，以拥有的知识量作为衡量人才优劣的标准，所谓学富五车而自耀博雅。正如嘉德纳（Gardner, 2008）所批判的"他们认为只有学生学习了浩如烟海的知识才算是真正接受了教育"。当今互联网时代，几乎所有的知识都可以通过网上查询和搜索。通过谷歌、百度或其他专门的学科网站，什么样的知识都能搜索到。任何人所能学习和记忆的知识比起互联网上的知识也只是沧海一粟。"有机建构主义"认为个体的才智生产创造力，尤其是智力和创造力，才是才智发展的最活跃最起决定作用的因素。所以，教育的首要目标是培养学生的才智生产创造力，尤其是开发学生的智力和创造力。要"授人以渔，不要授人以鱼"；"要给孩子猎枪，而不是给孩子干粮"。只要学生具有了很强的才智生产创造力，他的大脑里就像装配一套威力强大的认知设备，在需要知识的时候，他自然会去找时间和手段获取他所需要的知识。同时因为他的创造力得到了很好的开发和培养，他以后将不断地创造出新的知识、技术和其他辉煌业绩。

第三章 "有机建构主义教育"基本原理二

才智生产创造力的构成

才智的生产创造力包括哪些要素呢？如前所述，我将知识的学习和获取分为两种方式：自我发现知识和理解别人的知识。所以，才智的生产创造力应该包括个体自己发现创造知识的能力，和个体理解吸收别人的知识的能力。

自我发现知识的能力构成

在我看来，自我发现知识的能力涉及以下几个要素：创造性思维、理解力、创造性个性、基础知识、好奇心。

（1）创造性思维：在所有这些影响个体自我发现知识的因素中，最为重要的是个体的创造性思维能力，如直觉思维能力、猜想能力、顿悟能力、洞察力、大跨度的知识迁移能力等。布鲁那曾说过：直觉思维的有效培养是许多令人高度尊敬的数学教师和科学教师所追求的目标（Bruner，1960）。著名教育家刘道玉曾指出：洞察力非常重要，因为洞察力往往导致创造（刘道玉，2009）。

（2）理解力：理解力即个体用自己的智力和已有的经验、知识去理解事物的本质、内在逻辑关系、因果关系等。理解力无疑是个体发现和创造知识的不可或缺的因素。我们难以想象一个没有理解力的人能够有创造力。

（3）创造性的个性：创造性的个性也是个体创造力的重要组成因素。大凡创造性人才都具有创造性的个性：比如，不迷信书本和权威，敢于质疑和挑战；想象力丰富，思维天马行空，勇于异想天开；不囿于成见，不因袭传统，锐意创新，敢于踏入无人涉足的禁区；与时俱进，关注时代发展的新事物、新信息，伫立在时代的潮头，做时代的弄潮儿；热爱并执著追求的事业；敢于接受挑战，不怕竞争，不怕失败；深入思考，喜欢刨根问底；等等。爱因斯坦发现"相对论"就是思维天马行空，敢于异想天开。霍金提出"宇宙大爆炸理论"，尽管该理论是否正确目前存在很大的争议，但"宇宙大爆炸理论"的确表现出卓越的想象力。科学研究应当鼓励大胆的猜想。当今世界的一些著名的高科技企业的创始人，如微软公司的创始人比尔·盖茨（Bill Gates）、苹果公司的总裁乔布斯（Steve Jobs）、谷歌的联合创始人拉里·佩奇（Larry Page）与谢尔盖·布林（Sergey Brin）、脸谱网

(Facebook)的联合创始人马克·扎克伯格（Mark Zuckerberg）、克里斯·休斯（Chris Hughes）、达斯汀·莫斯科维茨（Dustin Moskovitz）、爱德华·多萨维林（Eduardo Saverin），他们伫立高科技发展的前沿和时代的前列，是典型的时代弄潮儿。

（4）必要的基础知识：自我发现知识必须基于个体已有的基础知识，至少要具备该领域入门的基础知识。一个人在某一领域学得太多的知识有时会影响和束缚他的创造性思维，但一个人如果在某个领域连一点基本的入门的知识和经验也没有，也不可能发现和创造知识。婴幼儿发现知识也基于他们对周围环境的观察，以及他们游戏时对客体事物的操作中获得的经验。

（5）好奇心：好奇心就是当一个人遇到自己凭已有的知识和经验无法解释的事物和情况时产生的想知道或想学习的欲望。儿童的行为往往会引发他们的好奇心和探索精神，而如果儿童的好奇心和探索精神受到鼓励，那么，随着儿童的语言和运动能力的发展，他们就会更进一步扩展对事物意义的探索。这样，在适宜的刺激和支持下，儿童的内在认知需要继续强化他们的探索动机，激发他们去探索更复杂的事物，并且，这种内在认知需要也组成了他们的动机的一部分（Harlan, Rivkin, 2006）。2010年，著名教育家刘道玉曾大声疾呼：要解放孩子的好奇心（参见《长江日报》2010年8月4日）。同样，好奇心也是成人探索和发现知识的动力。"科学"science一词来源于拉丁词根"scire"，意思是"想知道"。古希腊哲学家柏拉图说过：哲学的起源乃是人类对自然界和人类自己所有存在的惊奇（http://wenda.tianya.cn/question）。所以，科学和哲学都始于人类的好奇心。当我们遇到意想不到的情况或自己无法解释的事情，我们就会产生想知道的欲望，这种欲望是一种内在的情绪或情感，促使我们去探索和学习，以期理解和认知它。所以说好奇心会贯穿于我们的整个生活，发展成为一种动力因素，帮助我们实现具有内在价值的目标（Kashdan & Fincham, 2002）。

理解吸收别人的知识的能力构成

关于理解吸收别人的知识的能力，我认为至少应包括下面这些构成要素：智力、已有的经验和知识、兴趣、学习动机。

（1）智力：个体的智力都是从其父母那里通过生物遗传得来的一种生

第三章 "有机建构主义教育"基本原理二

物属性。虽然动物也通过生物遗传获得一定的智力，但动物智力跟人的智力显然不是一个层次。人之所以是世界的主宰，万物之灵，因为人具有比动物更高层次的智力。人类的智力是人类认知能力和学习能力的先决条件。所以，在影响个体学习和理解知识的所有这些因素中，最重要最起决定作用的因素是智力。正如刘道玉所说：智力是获取知识的基础，所以智力的发展应放在教育的首位（刘道玉，1989、2002）。

（2）一个人现已获得的知识：个体发现知识必须基于他已有的知识和经验。建构主义认为，学生并不是空着头脑进入教室，在日常生活和学习中，他们已经形成了丰富的背景经验和知识。学习基于相关的经验和已有的背景知识，依靠他们的认知能力（理智），形成对问题的某种解释。离开学习者的背景知识和经验来谈"建构"是毫无意义的（顾明远、孟繁华，2006）。例如，一个学生不懂得同分母的分数怎样相加，他就不可能发现异分母怎样相加；不知道长方形的面积计算公式，他就不会发现梯形、三角形的面积计算公式；如果他连基本的造句写话都病句重重，他就不可能写出合格的作文，更不可能写出优美的散文、诗歌。婴幼儿学说话也是从简单的单词开始，然后自己建构句型，从不完整到完整，由短句到长句。先前的单词、短句就是他后来说出完整长句的背景知识。

（3）兴趣：俗话说，兴趣是最好的老师。学习者对所学的内容感兴趣，就会有一种强大的内在驱动力，就会主动学习，乐于学习。夸美纽斯指出：兴趣是促进学习最理想的动力。他反对采用严格的纪律和惩罚强迫儿童学习，相反，他强调应把学习变得更有吸引力，从内部激发孩子的学习兴趣（夸美纽斯，1957）。布鲁那强调启发学生对所学的东西的兴趣，把必须要讲的内容转化为儿童的思维形式，以启发儿童对正在学习的东西的兴趣（Bruner，1960）。《孟子·尽心上》中写道："君子引而不发，跃如也。"（孟子，2006）君子教导别人正如教人射术，张满弓而不发箭，只做出跃跃欲试的状态来加以引导。善于引导的老师总是尽力激发学生学习的主动性和兴趣。所以，教学最重要的艺术之一就是设法引起学生对教学内容的注意和兴趣，使他们对教学充满期待。

如何才能提高学生的学习兴趣呢？苏霍姆林斯基对兴趣的奥秘做过如下探索。第一，真正的兴趣在于带领学生挖掘深藏的奥秘，使学生意识和感受到自己智慧的力量，体验到创造的快乐，为人类的智慧和意志的伟大而感到自豪。那些表面的、显而易见的刺激，不能引起学生的兴趣，也永远不能培养起学生对脑力劳动的真正热爱。第二，兴趣的源泉还在于对知识加以运用，使学生体验到理智高于事实和现象的"权力感"。第三，还有一种纯粹思考带给学生的快乐（苏霍姆林斯基，2011）。

此外，教师要提高学生的学习兴趣，还要努力激发学生的好奇心，好奇心可以增加学习的兴趣（Lepper & Hodell，1989）；充分调动学生已有的背景知识和真实生活中的经验。使用更多的背景知识和真实生活的经验，可以使学生对所学新知识的理解更容易、更透彻，兴趣也会随之而提高（Schraw et al.，2001；Schraw & Lehman，2001；Bruning et al.，1999）。

（4）学习动机：学习动机就是指学习者为什么想要学习的原因和理由，是什么促使学习者发生学习的行为。Brophy（1998）界定学习动机是"学生认为学习活动是有意义、有价值的，并试图从中获得预期的收益"。从动机的起因和来源，动机可分为外部动机（extrinsic motivation）和内部动机（intrinsic motivation）。外部动机是指把参加某项活动作为达到目的的手段的动机，而内部动机是指出于对活动本身的兴趣的动机（Pintrich & Schunk，2002）。例如，如果一个学生刻苦学习是为了考上一个好的大学，是为了金榜题名，光宗耀祖；等等，这些都是外部动机。如果一个学生如痴如醉的学习数学是因为他对数学很感兴趣，热爱数学，为数学中的逻辑之美、简约之美、平衡之美所吸引，并立志把数学研究作为自己将来的事业追求，这就是内在动机。研究表明具有内部动机的学生比那些仅仅是由外部动机驱动的学生能达到更高的发展水平（Gottfried，1985）。毋庸置疑，强烈的学习动机尤其是内在动机是激励学习和促进理解的重要因素。

改革目前的考试制度

前面论述了才智的生产创造力，尤其是智力和创造力的培养应当成为教育的首要目标。由于教育目标的改变，考试制度的改革也是必需的。

目前考试和评价方式的弊端在于：许多考试的方式和程序主要是用于检测知识，而无法测试学生对知识、才智的生产创造力，无法真实地反映学生的智力和创造力水平。哈佛大学的嘉德纳教授对现行的考试制度和教

第三章 "有机建构主义教育"基本原理二

育制度批判道：我相信我们现有的许多考试制度，不论用心多么良苦，但从根本上已经是误导了。我们的教育实践比较适合过去的年代，当一个人吸收了浩如烟海的知识时才称得上是受过教育的人。对未来人类的要求，以及我们今天对思维、大脑与教师和学生的文化的了解，都呼吁着一种彻底不同的教育方式。这样一种强调未来的教育要求不仅掌握最重要的学科思维方式，还要有能力运用这些知识去解决新问题、创造新思想（Gardner，2008）。Ritchhart 也尖锐地指出：目前的教育系统已经变得扭曲了，更关注产生有效的考试者，而不是成功的学习者（Ritchhart, et al., 2011）。建构主义评价学生往往是看其对事物的理解和解决问题的能力。这与传统教学中用考试的结果评价学生对知识的学习的方式截然不同（顾明远、孟繁华，2006）。

实际上，我认为即使从检测知识的角度讲，传统的统一测试的方法也不能测试出学生是否真的掌握了那些知识。因为学生即使没有真正理解和掌握那些知识，他也可以通过死记硬背那些知识的外在的文字符号，考试的时候把那些死记硬背的文字符号往试卷上一填，就可得到高分甚至满分。所以这种考试方式有很大的迷惑性，容易给人以假象。教师看到学生填写在试卷上的答案正确就以为他们真正掌握了那些知识。其实，学生写在试卷上的答案无法反映学生答题时背后的思维，也无法看出学生的理解程度（是获得了深刻的理解？还是肤浅的理解？还是只是记住了一些文字符号而根本没有理解？）。一个人对某一知识即使一点都不理解，但他通过记诵和识别外在的文字形式，或通过一些外在的非本质的联系方式，也能给出正确的答案。塞尔做了一个著名的"中文屋思维实验"有力地证明了这一点。该实验的情节是这样的：

塞尔让我们设想他这个对中文一无所知的人被锁在一个有一大堆中文著作的房间里，而这些著作中的一些汉字跟其他特定的汉字有关。现在假设外面的人从门缝里把写有汉字的纸片塞进塞尔被锁的房间里。塞尔拿起每张从门缝里塞进来的纸片，按照纸片上汉字的形状，找到房间里著作的"相关页"上相关的汉字，并找出写有与刚刚塞进来的纸片上的汉字相关的汉字的另一张纸片。然后，塞尔把所有相关联的汉字都写在一张纸片上，并从门缝里递出去。

一个中文读者会把这整个通过门缝传递的汉字纸片,又从门缝里收到写有其他汉字的其他纸片的过程看做是在纸片上提问,然后通过门缝又从拿回来的纸片上得到答案的过程。尽管作为媒介的塞尔既不理解塞进房间的纸片上所写的问题,也根本不理解他用相关的汉字对外界所做的回答,但是,这种提问和回答却可以进行下去。

这个"中文屋思维实验"表明:一个人如果有一系列能把问题和答案联系起来的规则,就算他不理解这个问题,或不理解这个答案,甚至压根不知道提出了问题并有了答案,他都能为每个问题给出恰当的答案,做出成功的回答(Searle, 1980; Curren, 2011)。

所以,传统的考试方式和评价体系根本不能检测出学生的真实的思维能力和理解能力,也不能真正的反映学生对知识的理解程度和运用能力。我们要改革传统的考试观念和制度,从只检测知识变为考核对新知识的生产创造能力。我主张"四个结合":检测知识和检测智力与创造力相结合,考试评分与观察学生平时的思维能力和理解能力相结合,正式评价与非正式评价相结合,书面测试与实践评价和"真实性评价"(应试者被要求在"真实世界"中解决问题或完成任务)相结合。总之,我们要建立一个多形式、多渠道的立体的测试体系,以检测学生的才智生产创造力以及运用知识解决实际问题的能力。

引用文献

1. Winner, E. *Gifted Children: Myths and Realities.* New York: Basic Books, 1996.
2. 刘道玉:《创造教育概论》,武汉:武汉大学出版社,2009。
3. 《高考状元全军覆没》,2012 年 7 月 6 日,检索自:http://dzh.mop.com/whbm。
4. 薛涌:《美国大学是这样的》。桂林:漓江出版社,2011。
5. 《六成美国高考状元被哈佛拒收》,《北京日报》2010 年 6 月 16 日。
6. 〔美〕嘉德纳(Gardner, H.,):《受过学科训练的心智》,张开冰译。北京:学苑出版社,2008。

第三章 "有机建构主义教育"基本原理二

7. Bruner, J. *The Process of Education*. New York: Vintage Books. p. 56, 1960.
8. 刘道玉：《创造教育新思想》。武汉：武汉大学出版社，2009。
9. Harlan, J., Rivkin, M.,《儿童早期的科学经验：一种认知与情感的整合方式》，张宪冰、李姝静、郑洁、于开莲译，北京：北京师范大学出版社，2006。
10. 刘道玉：《刘道玉呼吁解放孩子好奇心》，《长江日报》2010年8月4日。
11. 《柏拉图谈好奇心》，2012年7月检索自 http://wenda.tianya.cn/question/3b86c0f9239e0df4。
12. Kashdan, T. & Fincham, F. Facilitating creativity by regulating curiosity. American Psychologist, 57, pp. 373 – 374, 2002.
13. 刘道玉：《知识·智力·创造力——谈创造教育》，长沙：湖南教育出版社，1989。
14. 刘道玉：《创造思维方法大纲》，武汉：湖北教育出版社，2002。
15. 顾明远、孟繁华主编《国际教育新理念》（第2版），海口：海南出版社，2006。
16. 〔捷克〕夸美纽斯：《大教学论》，傅任敢译，北京：人民教育出版社，1957。
17. 孟子：《孟子》，万丽华、蓝旭注释，北京：中华书局，2006。
18. 〔苏联〕苏霍姆林斯基：《给教师的建议》，杜殿坤译，北京：教育科学出版社，2011。
19. Lepper, M. & Hodell, M. Intrinsic motivation in the classroom. In C. Ames & R. Ames (Eds.), *Research on Motivation in Education* (Vol. 3, pp73 – 105). San Diego, CA: Academic Press, 1989.
20. Schraw, G., Flowerday, T. & Lehman, S. Increasing situational interest in the classroom. *Educational Psychology Review*, 23 (3), 211 – 224, 2001.
21. Schraw, G. & Lehman, S. Situational interest: A review of the literature and directions for future research. *Educational Psychology Review*, 13 (1), 23 – 52, 2001.
22. Bruning, R., Schraw, G. & Ronning, R. *Cognitive Psychology and Instruction* (3rd ed.). Upper Saddle River, NJ: Prentice Hall, 1999.
23. Brophy, J. Motivating students to learn. Boston: McGraw – Hill, 1998.
24. Pintrich, P. & Schunk, D. Motivation in classroom: Theory, reason, and applications (2nd. ed.). Upper Saddle River. NJ: Prentice Hall, 2002.
25. Gottfried, A. Academic intrinsic motivation in elementary and junior high students. Journal of Educational Psychology, 82, 525 – 538, 1985.

26. Ritchhart, R., Church, M. & Morrison, K.. Making thinking visible: How to promote engagement, understanding, and independence for all learners. San Francisco: Jossey-Bass, A Wiley Imprint, 2011.
27. Searle, J. Minds, brains, and programs. *Behavioral and Brain Sciences*, 3, 417-424, 1980.
28. Curren, R. 《教育哲学指南》(*A Companion to the Philosophy of Education*), 彭正梅译, 上海: 华东师范大学出版社, 2011 (Copyright 2003, 2006 by Blackwell Publishing Ltd.)。

第 四 章
"有机建构主义教育"基本原理三

"有机建构主义教育"基本原理三:才智有机体的发展经历不同的发展阶段。

预先猜想

在阅读本章之前请读者预先猜想以下问题。
1. 个体才智的发展是否应划分为不同的阶段?
2. 从婴幼儿到小学、中学、大学、研究生教育的每个阶段,我们的教育目标、教学方法、教育管理、评价标准是应该都一样,还是应该呈现出阶段性的差别?

有机建构主义教育

所有有机体的发展都呈现出阶段性的差别

自然界的有机体的发展都表现出不同的阶段。例如，一株小麦要经历各种不同的发展阶段：从种子发芽，到长叶、抽苗、结穗，到最后的成熟。在小麦不同的发展阶段，其对养料、温度、日照、水分等都有不同的要求，农民针对小麦的不同发育阶段也有不同的培育和种植方法，以及不同的健康标准。比如，小麦第一个发育阶段被称为春化阶段，冬小麦在发芽出苗后，必须经过一定时间和一定程度的低温才能进入生殖生长时期。在这个阶段，温度起主要作用。如果把冬小麦放在春天播种，因缺乏春化阶段发育所需的低温，个体发育就停止在分蘖状态而不抽穗。小麦通过春化阶段后，就进入光照阶段。在光照阶段，小麦必须在一定日照时间才能完成生殖器官的生长发育，开花结实。日照长短在这一阶段起主导作用，其次还有较高的温度。小麦是长日照作物，在光照阶段，若延长日照，一般能促进发育，提前抽穗成熟。若长日照条件不能满足，则不能通过光照阶段，导致抽穗延迟或不能抽穗结实（http://hospital.gdcct.gov.cn/news）。另外，小麦在不同的阶段还有不同的健康标准，我这里讲一件亲身经历的事情：我小时候在农村长大，在上高中的时候，周末和假期也偶尔下地帮父亲干一点农活。有一次，我看见一块地里的小麦在壮苗阶段长得非常葱茏繁盛，我对父亲说，这小麦长得真好啊。父亲回答说，小麦在壮苗阶段长得太茂盛并不好，这个阶段太茂盛，小麦抽穗时长出的麦穗反而较小，产量反而低，那些长得精瘦一些的麦苗以后的产量还要高些。我当时听了虽然并不明白其中的原因和道理，但意识到大自然的确有它内在神奇的规律。所以，时至今日20多年过去了，对父亲的这番话仍记忆犹新。

在人类社会，社会有机体的发展也呈现出阶段性的特征。从原始社会、奴隶制社会到资本主义社会，不同的阶段和社会形态，具有不同的社会生产力水平、不同的生产关系和不同的政治法律制度。生产关系和政治法律制度等上层建筑一定要适合和顺应生产力的发展水平，有利于促进生产力的发展，否则，就会被变革或革命。

对于人的才智的发展，我认为才智有机体的发展也应该经历不同的发展阶段。在这些不同的发展阶段，它需要不同的教育目标、教学方法、教育管理和评估标准。

先前的教育学家们对人的智力和才智发展阶段的划分

先前的教育学家和心理学家,如皮亚杰、蒙台梭利、布鲁那都根据自己的理论和标准对人的智力和才智发展进行了阶段性划分。

皮亚杰"智力发展阶段理论"是以思维运演能力作为儿童思维发展的标志来划分的。他把人的智力发展分为四个大的阶段。①感知运动阶段(从出生到2岁左右),这时的儿童只是运用某种原初的格局来对待外部客体,能开始协调感知和动作之间的活动。但其感知运动的智力阶段还没有运演性质,因为儿童的活动还没有内化。②前运算阶段(2~7岁),这时儿童开始以符号作为中介来描述外部世界。儿童的认知发展仍有对感知运动经验的依赖性,但大部分是依赖表象的心理活动。当他在实际活动中遇到挫折需要校正时,他是靠直觉的调整而不是依靠运演。③具体运算阶段(7~11岁),在这个阶段,儿童能进行具体运算,也就是能在同具体事物相联系的情况下,进行逻辑运算。这时儿童的思维已具有了可逆性和守恒性。④形式运算阶段(11~15岁),在这个阶段,思维能力已超出了事物的具体内容和感知的事物,思维的特点是"有能力处理假设而不只是单纯地处理客体","认识超出现实本身",而"无须具体的事物作为中介了"(Piaget,2011)。

蒙台梭利认为儿童有两个胚胎,一个是生理胚胎,一个是心理胚胎。她认为心理胚胎是人类所特有的。她把人的发展分为三个阶段:第一阶段0~6岁,是各种心理功能形成的时期,3岁之前没有思维意识活动,他们只能无意识的吸收外部给予的东西,这个时期称为"心理胚胎期";第二阶段,6~12岁,是儿童的心理能力平稳发展期;第三阶段,12~18岁,思维开始逐渐成熟起来(蒙台梭利,2006)。

布鲁那提出"再现表象"的理论概念,第一阶段,表演式再现表象(enactive representation,0~1岁),这个阶段的再现表象是以动作为基础,又称动作式再现表象。第二阶段,肖像式再现表象(iconic representation,1~6岁左右),这个阶段的再现表象是以形象为基础,即依靠头脑中的具体形象来尝试解决问题。第三阶段,象征性再现表象(symbolic representation,

有机建构主义教育

7岁以后），这个阶段的再现表象是以语言为基础，即儿童能根据符号和语言文字等进行思维。布鲁那认为，同样一项教材内容，可以加以动作化（表演式）再现表象、肖像化再现表象或象征化再现表象，让儿童根据不同的认知发展阶段学习同一重大概念（结构）。这样就可以及早将这些基本原理教给儿童，他们在小学对此有了直观的理解，以后形式化的术语、高深的原理就不至于成为力所不能的东西了（Bruner, 1966；袁锐锷，2006）。

"有机建构主义教育"对个体才智发展阶段的构想

"有机建构主义教育"基于当今脑科学、神经生理学的最新研究发现，并吸收和借鉴进步主义、建构主义的科学成分以及嘉德纳（Gardner, 1983, 1999）的"多元智力理论"，把个体才智的发展分为五个阶段：第一阶段，0~3岁的婴幼儿阶段；第二阶段，3~12岁，幼儿园和小学教育阶段；第三阶段，12~22岁，中学和大学本科教育阶段；第四阶段，研究生教育阶段（graduate education）；第五阶段，离校后的终生教育阶段（life - long education）。对每个阶段的详细阐述如下。

第一阶段，0~3岁的婴幼儿阶段

0~3岁，是大脑发育和神经突触（神经细胞之间的连接）形成的关键时期，也是与智力有关的基因进一步表达的关键时期。我们要尽可能地提供给婴幼儿丰富的环境刺激，以促进他们的大脑发育和更多的神经突触的形成。他们受到的环境刺激越丰富，他们的神经突触越发达，因此我们应该尽最大的努力为婴幼儿提供丰富的环境刺激，并鼓励他们体验和探索外在的环境，以促进与智力有关的基因的进一步表达和更多的神经突触的形成。

人的大脑，尤其是大脑的神经元（脑细胞）和神经突触（脑细胞之间的连接）是人类智力和认知能力的神经生理基础，所以人的才智发展阶段的划分必须要以脑科学和神经生理学最新研究成果为根据。

人脑是我们拥有的器官中最复杂的，它包含了大约1000亿个脑细胞（神经元）。相比较而言，一只猴子有100亿个脑细胞，相当于人脑的10%，一只老鼠有500万个脑细胞，一只果蝇有10万个脑细胞。神经元（脑细胞）负责加工信息，这种加工是通过化学信号和电信号相互转化完成的。

脑细胞之间彼此连接形成神经突触（又称神经网络或个体的认知地图）。没有一个神经元自己是联系的终点，一个神经元可以与1000～10000个其他细胞相连接。由于每个人的先天因素和后天环境的影响不同（至少不完全相同），作为经验成果的脑细胞的连接也不同。每个人独特的脑细胞之间的连接形成我们个体的独特的认知地图。科学家已经证实，每个人的脑细胞的神经连接就像他的指纹一样在世界上是独一无二的。单单在我们的视觉系统中，我们就有30多个相互连接的脑神经中枢，每一个都有自己的认知地图。当这些地图或神经网络相互对话时，学习就发生了。形成的连接越多，从学习中获得的意义就越大。这样的每一个连接都可以包含50～100000个神经元。如果一个人没有表征真实世界某事的神经网络，学习就不会发生。这就是学习之初难以整体把握新概念的原因，必须扩展已有神经网络以支持新的连接。同时，学习还会使大脑发生器质性改变。我们经历的每一个新的经验都会改变我们大脑的电化学分布。大脑受到任何一种刺激时，就会激活细胞之间的通信过程。刺激越新异和越有挑战性（高到某一程度），就越可能激活一条新的通路。如果大脑觉得该刺激没有意义，则信息将受到较小的重视，留下弱的痕迹。如果大脑认为某件事很重要，应进入长时记忆，就会出现记忆潜能。被称之为"长时增强效应"的这种发出电化学信号的过程，就是科学家所说的持续记忆。我们的认知地图并非纯粹天生或外界因素所致，而是先天遗传和后天环境两者动态相互作用的结果。如果一个孩子生下来就有天才的基因，但养育在不够丰富的环境中，他实际成为天才的机会是很低的。而一个拥有平凡基因的孩子，养育在一个支持性的、智慧刺激的环境中，会因丰富环境的功效而取得成功（詹森，2008）。

在过去的10～15年，神经科学家在大脑怎么发育和何时发育的问题上，已经有了深化的认识。神经科学家现在可以运用最新的技术来检查大脑并观察大脑的运行，正电子放射断层扫描（PET）与核磁共振成像技术（MRIs）能够使科学家观察到，当一个人进行一种特殊的行为时，他大脑中哪一部分被激活了，相关的研究获得了许多有关大脑成长与发育的新信息。一份来自美国PAT国家中心的关于"神经科学与婴幼儿的抚养与教育"研究表明：①生命最初的三年是大脑迅速生长变化的时期。②树突和神经键

有机建构主义教育

的形成需要巨大的能量，婴儿的大脑将使用相当于成年人两倍的能量。③婴儿在这个阶段学到的东西比生命中其他任何阶段都要多。④不论是由基因代码决定的自然发育过程，还是婴儿的成长环境，对创造一个独特的大脑来说都是必需的。⑤设计有助于婴儿大脑发育的物质环境并提供这种抚养关系，是成年抚养者的责任，并且这种先天和后天之间的相互作用是从婴儿出生前就已开始（http：// blog. sina. com. cn/s/blog - 487f7637010007do. html）。

对于婴幼儿的脑发育，当今神经生理学的最新发现也证明了以下重要的四点。第一，婴儿刚出生的时候，就具备了他将来会有的几乎所有的脑细胞，但脑细胞之间的突触（即连接）是很不完整的，必须要通过触、听、尝、看和闻来建立。第二，早期的感觉经验能创造新的突触，甚至改变大脑里的基因表达方式，而且早期的童年经验从物质上决定着大脑的脑细胞是如何连接的。第三，脑细胞连接的数量有25%或更多的上下波动，这取决于环境的丰富程度。第四，用进废退，不被使用或很少使用的神经突触会通过"修剪"而去除。通过"修剪"，一个10岁的孩子拥有50万亿的神经突触，达到成人的数量，"修剪"会持续进行到12岁（詹森，2008；http：//www. slideshare. net）。

所以，0~3岁是婴幼儿大脑的进一步发育和神经突触的形成的关键阶段，我们要为婴幼儿创设丰富的环境刺激，并鼓励他们通过触、听、尝、看、闻的感官去积极体验和探索外在的环境，获得早期丰富的感觉经验和自我探索习惯。他们受到的环境刺激越丰富，他们的神经突触越发达，而且早期丰富的环境刺激和感觉经验还能促进大脑基因的进一步表达甚至改变基因的表达方式。所以，0~3岁阶段的教育的主要目标是通过丰富的环境刺激和积极的自我探索确保婴幼儿发育出一个功能强大的、神经突触发达的大脑，这是他未来一生学习潜力和创造潜力的物质基础。

那么，"有机建构主义教育"对0~3岁婴幼儿教育有哪些具体的建议呢？

（1）尊重和鼓励婴幼儿对周围环境的好奇心和探索精神。对婴幼儿来说，周围的环境中的各种事物都是全新的、陌生的。一个盘子、一个杯子、一片纸、一个小珠子、一串钥匙，这些事物对年长的儿童和成人太熟悉、

第四章 "有机建构主义教育"基本原理三

太司空见惯了,以至于丝毫引不起我们的兴趣,但对婴幼儿来说,却可能是全新的,所以他们具有强烈探索和认知兴趣。另外,他们的大脑需要思考,他们的四肢和身体需要活动,这是源于他们内在的生命力的驱动,所以,他们总是喜欢把一个物体不断把玩,反复感知观察,把它翻转、倒立、拆开、组装,在桌上磨来蹭去等。比如,一个柜门或一个电灯的开关,他们对这些开关的功能和引起的变化很好奇,可以兴趣盎然的连续开关一个柜门或一个灯几十次。他们拿着一个物体在手中如饥似渴地把玩感知,就像成人拿着一个稀世珍宝。如果成人要从他们的手中夺走正在把玩的东西,他们会尽全力拼命争夺。我的女儿8个月的时候,有一次,她在饭桌上拿着一个瓷盘子玩,我观察她其实在十分入迷地观察和感知这个盘子,包括它的形状、颜色、硬度、手感等,她的阿姨(我们请的婴儿照看者)害怕她把盘子掉地下摔碎了,也担心盘子摔碎伤到她,所以就去夺她手上的盘子。她拼命地争夺,两只小手使出了全身的力气紧握着那只盘子,并大声哭喊抗议。阿姨使出巨大的力气也没能把她的盘子夺下来。我看到这种情况,叫阿姨不要夺她的盘子,只是把她抱到床上坐着,并让阿姨也坐在她的旁边看着她玩,随时保护她。这样既可满足和保护她观察感知那个盘子的好奇心和认知欲望,同时,因为床是软的,即使盘子从她手中滑落也不会摔碎伤着她。所以,从这件事我总结出:当孩子正在观察和游戏的时候,大人第一是不要随便夺走他正在玩的东西,第二是尽量不要打扰他,分散他的注意力。他的内在心智或许正在构思一幅杰作,你一打扰他,就会打断他的思路,他的刚刚产生的灵感或许就此消失,并且永远也不会回来。

(2)为婴幼儿设计和提供丰富的环境刺激,并让他们深度感受这些刺激。前面已经阐述过为婴幼儿提供丰富环境刺激的重要性,这里我要强调的是尽量引导他们深度感受这些刺激。浮光掠影的感受所获得的感觉经验比较肤浅,也不会留下深刻的记忆,所以我们要尽量让他们深度感受这些刺激。具体的方法一是同样的游戏和动作让他们反复做,温故而知新,他们的感觉经验和认识也会一次次走向深入;二是让他们专心沉迷某一游戏和动作,他们的专注度越高,心智活动就越深入。我曾观察到我的女儿3岁左右时,一个人专心沉迷在玩具堆里,玩了大约一个小时,最后从玩具堆里站起来,拍拍两只小手,重重地呼吸一口气,俨然成人经过一番专注紧张的劳作后收工的惬意。

（3）给予婴幼儿充足的爱。有研究表明：父母给婴幼儿充足的爱和关怀有助于婴幼儿智力的发展。孩子与父母之间的依恋开始于产前并在生命的第一年中增长。虽然这种依恋在整个生命过程中会持续发展，但早年间的这种情感对大脑的发育十分重要，它会促使孩子形成健康的社会情感。孩子对主要抚养者形成一种安全的依恋感，这种机会窗口将一直开放到孩子两岁的时候。过了这段时间，依恋感的发育以及支持他的大脑回路发展，将会变得十分困难（http：//blog. sina. com. cn/s/blog-487f7637010007do. html）。

（4）发挥情绪因素的强大作用。当儿童发现周围的环境令人感到神妙、愉悦和舒适时，他们会产生喜悦感，这种喜悦感会促进他们情感和认知的发展。同时，儿童对探索过程产生的积极情感，可以促使他们带着重新激发的好奇心继续探索（Harlan，Rivkin，2006）。经典心理学的研究已经表明，当情绪依恋型的婴儿在母亲在场而感到安全时，好奇心和探索精神会随之产生。相反，不安全感与强烈的恐惧感会中断儿童的探索行为甚至好奇心。同时，大量的研究已经证实，焦虑会抑制注意力、记忆力以及解决问题的能力（Blair，2002）。

（5）加强对婴幼儿的营养，为他们的大脑和身体发育提供营养保证。婴幼儿的大脑发育需要大量的营养，将使用相当于成人两倍的能量。所以，婴幼儿的养育一定要重视营养供给。母亲对婴儿要尽量坚持母乳喂养，母乳含有婴儿所需要的最丰富、最全面的营养。要考虑营养的均衡全面，可每隔半年到儿童医院做一次"微量元素检测"，查查孩子是否缺少某种微量元素和营养物质；婴儿2个月后尽可能保持每天晒一小时的太阳，如果冬天没有条件晒太阳，就要吃维生素D，可遵医嘱适当地给孩子补充一些钙、锌、铁等营养元素。当今社会如果婴儿不是出生在特别贫困的家庭，一般是不会出现婴幼儿因食物短缺导致的营养不良。我要特别强调的是许多营养不良的婴幼儿是家人的过度喂养而破坏了婴幼儿的消化系统，由于消化系统的吸收功能被损伤而导致营养不良。尤其是晚饭时不要给婴幼儿喂太多的肉、奶、蛋等高蛋白不易消化的食物，以免损伤他们的胃肠消化系统。许多父母、爷爷奶奶常常因为不能科学理性地给"小宝贝"喂食而犯下这

第四章 "有机建构主义教育"基本原理三

种过度喂养的错误。我的女儿一岁半左右就曾因晚上喂的肉食太多而损伤了肠胃，导致消化吸收功能破坏，大脑和身体的营养不良。病情大约持续了3个月的时间。幸运的是后来找到了一个被誉为北京"小儿医王"的老中医王振海大夫给治好了（在此我向王振海大夫表示衷心的感谢和敬意）。我希望天下的婴幼儿父母都能引以为戒。如果确实出现了这种病状，最好找在这方面经验丰富的中医治疗会有特效。

第二阶段，3~12岁，幼儿园和小学教育阶段

这个阶段是孩子的智力和创造力发展的至关重要的时期。因为如上所述，一个3岁的孩子，大脑绝大部分的神经突触已经形成，而且3岁孩子的神经突触的数量（尚未修剪之前）已达到成人的两倍。根据"用进废退"的原则，那些不用或很少用的神经突触将会被修剪掉，相应的智力很快就会枯萎。修剪将持续到12岁。因此，在3~12岁阶段，我们应该尽最大的努力训练孩子的思维和开发他们的智力，使他们尽可能多激活和运用他们的神经突触，以保持他们大脑的神经突触的灵活性和少被修剪。同时，正如前面的原理二所阐述的，"有机建构主义教育"将智力和创造力的开发视为最首要的目标，因此，这个阶段的第一目标是开发孩子的智力和创造力。按照嘉德纳的"多元智力理论"，人的智力可分为八种独立的类别：语言智力、数理逻辑智力、音乐智力、身体运动智力、空间智力、人际交往智力、内省智力和自然观察智力（Gardner, 1983, 1999）。在孩子的智力开发方面，"多元智力理论"为我们提供了科学根据和指导理论。这个阶段的第二目标是使孩子从外界获得丰富的经历和体验。经验是知识学习的基础（Dewey, 2002, 2007）。我不反对在3~12岁学习一些生活知识和语言、数学、科学和艺术等方面的一些最基础的学科知识，但这些知识应作为开发孩子智力和创造力的材料和工具。例如，我们可以通过引导孩子们深度挖掘一些生活知识和基础的学科知识以训练他们思维和开发他们智力；引导孩子们自己猜想和发现一些知识以培养他们创造力，通过阅读以及自己编造童话、神话和科幻故事，训练他们的想象力。

下面是几个以生活知识和基础学科知识为工具和材料开发儿童智力和创造力的案例。

案例1（此案例适合小学二三年级学生）：孩子都要学数数，1，2，3，

4，5…9，10，11…99，100…。数阿拉伯数字十分简单，但我们仍然可以通过问一些问题将孩子的思维引向深入。比如，为什么我们的祖先要发明数字？为什么要发明十进位制？除了十进位制之外，还有别的循环进位制吗？设想有一个原始部落采用七进位制表达数量，他们捕猎了一些动物，按照我们通常使用的十进位制，他们捕猎的动物的数量是 11 只。请问按他们的七进位制，捕猎的动物的数量应该是多少？（很显然，应该是 14 只）。作为一种常识性知识"数数"，对我们来说是再简单不过的了，所以几乎没有人去思考和理解这是我们祖先的卓越的发明创造。

案例 2（此案例适合 5~7 岁儿童）：爱迪生在上小学一年级时，老师讲 2+3=5，他问老师为什么 2+3=5 呢？老师回答不上来，认为他打断课堂教学，影响其他孩子的学习，并让他的母亲把他领回家。爱迪生从此也失去了上学的机会。那么，现在我们来讨论一下这个问题，为什么 1+1=2，2+3=5，5+3=8，等等。如果我们是老师，我们应如何以孩子能够理解的方式清晰地回答这个问题，并以此来训练孩子的数理逻辑智力呢？你也许会回答：桌上有 1 个苹果，再放 1 个苹果，数一数，是两个苹果，所以，1+1=2；篮子里有 2 个鸡蛋，再放 3 个鸡蛋，数一数，篮子有了 5 个鸡蛋，所以 2+3=5；教室里有 5 个人，又进来 3 个，数一数，教室里共有 8 个人，所以 5+3=8。尽管这可能是许多人对孩子的回答方式，但我认为这并不是很好的回答方式，因为这种回答没有揭示数字之间的数理逻辑关系。

我建议的解释方式是：先将数字 1，2，3，4，5，6，7，…，用连续的空格表示出来。

| 1 | 2 | 3 | 4 | 5 | 6 | 7 | 8 | 9 | 10 | 11 | … | 99 | 100 | 101 | … | 1000 | … |

这个表格每格一个数字，将 1，2，3，4，5，6，7…依次呈现。通过这个表格我们要让孩子理解的是：第一，理解数字的实际意义，1 表示从左至右只有一个空格，3 表示从左至右有 3 格空格，7 表示从左至右有 7 个空格，依此类推。可以让孩子用手指着数空格或给空格涂颜色来感受数字的实际意义。第二，理解一个数字比另一个数字大的实际意义。第 1 空格，数字是 1；往前走一格，到第 2 格，数字是 2；再往前走一格，到第 3 格，数字是 3，依此类推。每往前进一格，空格增加一个，数字增大一个。如从最左边

数起，2比1多一个空格，2比1大1；3比2多一个空格，3比2大1；4比3多一个空格，4比3大1。换句话说，2比1大1，3比2大1，4比3大1，其实际意义是2比1，3比2，4比3从左数起都多一个空格。同理，4比2大2表示左起4比2多两个空格，8比5大3表示左起8比5多3个空格。第三，理解两个数字相加的实际意义。1+1，表示从第1格往前进一个空格。3+2表示从第3格往前进2个空格，5+3表示从第5格往前进3个空格。

让孩子感受和明白了数字、数字大小、数字相加减的实际意义和数理逻辑关系后，我们就可以这样向孩子解释为什么1+1=2，3+5=8之类的问题了：为什么1+1=2呢？因为1+1的实际意义是从第1个格往前进1个格，于是到了第2个格，所以，1+1=2。为什么2+3=5呢？因为2+3的实际意义是：从第2个格往前进3个格，于是到达第5格，所以，2+3=5。

利用学习2+3=5这个机会，我们还可引导孩子观察从第1格起往前进7格也可到达第8格，所以，1+7=8；从第2格往前进6格可到达第8格，所以，2+6=8；从第4格往前进4格，也可到达第8格，所以，4+4=8。同样的方式，还可以得出：5+3=8，6+2=8，7+1=8。

反过来，5-3就是从第5格往后退3格，8-3就是从第8往后退3格。通过这种方式我们又可教会孩子的减法的实际意义和原理。

采用以上教学方式，我们不仅可以使儿童感受数字和数字相加减的实际意义，还可使他们体验大小不同的数字之间的数理逻辑关系，从而训练学生的数理逻辑智力。

案例3：通过阅读和编造童话故事、神话故事、科幻小说训练孩子的想象力和创造力。

我非常主张儿童阅读（以及他们自己编造）童话故事、神话故事、科幻小说。因为这些故事中的雄奇的想象，生动的情节和妙趣横生都非常符合孩子们的兴趣和认知能力，是训练他们的想象力、创造力和语言能力的极为有效方式和材料。经典的童话故事有《安徒生童话》《格林童话》《王尔德童话》等，希腊神话名著有《荷马史诗》《希腊神话与传说》等，中国的神话古籍有《山海经》《楚辞》《封神演义》《搜神记》等，《西游记》也具有强烈的神话色彩。著名的科幻小说有凡尔纳（Jules Verne）的《海底两万里》《地心历险记》《神秘岛》等，阿西莫夫（Isaac Asimov）《宇宙建筑材料》《上帝自己》《机器人三定律》《太空气流》等，威尔斯（H. G. Wells）——《最早登上月球的人》《时间机器》《星际大战》等。

最近十几年来风靡全球的童话故事是《哈利·波特》（已共出版7集）。《哈利·波特》的作者英国作家J. K. 罗琳女士，将哈利·波特介绍给世人时，仅是一贫如洗的单亲妈妈，如今她不但和这位少年巫师一样出名与神秘，她的财富（版税收入）已超过10亿美元，她的哈利·波特系列小说老少着迷，已被翻译成60多种语言，销售超过2.5亿本。她的小说拍成电影，也立即在全球造成轰动。实际上J. K. 罗琳在文学上并没有太大的天赋和造诣，但她的想象力奇特而丰富。她是24岁时在一次等候延误的火车时萌生了写童话故事的想法。她用了5年时间完成哈利·波特第一集"神秘的魔法石"，又过了两年，直到1997年"神秘的魔法石"才上市，但该书一上市立刻大卖。所以，J. K. 罗琳是以奇妙而丰富的想象力征服了全世界的儿童，她的童话故事书无疑是训练儿童想象力的很好的材料。

我认为单是阅读别人写的童话故事书对训练儿童的想象力是远远不够的，还要引导孩子自己编童话故事和其他故事。孩子编故事不仅可以培养他们的想象力和创造力，还可训练他们的语言组织和表达能力。我通过对我的女儿观察发现，只要善于引导，从她熟知的生活情节开始，或以她看过的少儿节目、听过的儿童故事为背景，儿童2岁多就可以编造一些简单的故事了。在她大约3岁的时候，有一次，她和她妈妈一起编一个关于喜羊羊和灰太狼的故事，她拿着一个喜羊羊和灰太狼的道具，在一张桌子上（把桌子作为喜羊羊和灰太狼打斗的战场），想象灰太狼要抓喜羊羊回去吃，要把喜羊羊做成涮羊肉。于是喜羊羊和灰太狼之间打斗开始了，相互斗智斗勇的情节在她和她妈妈的想象中展开，后来情节发展到了尽头，她妈妈都无法将故事再往下编了。这时，我女儿小安妮略为停顿了一下，她接着说，喜羊羊现在一不小心掉到桌子下面了，灰太狼又立即追到桌子下面去，它们在桌子下面的战斗又开始。这样，故事情节又可以围绕桌子底下的战斗继续展开了。对此，她妈妈十分惊讶，安妮才3岁，居然在成人都感到山穷水尽、故事无法延展下去的时候，她能够灵机一动，发挥想象力将故事情节继续延展下去。事实上，一个3岁的孩子的智力水平已经发展得很高了，孩子主要是缺乏像成人那样丰富的生活经验和背景知识，但是在孩子已经熟悉的事物和背景知识范围，他们表现出比成人更有想象力和创造力是完全有可能的。

案例4：以余光中的诗《乡愁》为材料训练学生的大跨度的"类比迁移"思维能力（本案例适合小学高年级学生）。

乡 愁

（台湾）余光中

小时候

乡愁是一枚小小的邮票

我在这头

母亲在那头

长大后

乡愁是一张窄窄的船票

我在这头

新娘在那头

后来呀

乡愁是一方矮矮的坟墓

我在外头

母亲呵在里头

而现在

乡愁是一弯浅浅的海峡

我在这头

大陆在那头

中国的台湾和大陆由于人为的原因长期隔绝，漂流到台湾孤岛上的千千万万的人都有思乡情怀。余光中作为一个离开大陆漂泊海岛30多年的游子和当代诗人，写了许多思乡方面的诗歌，表达自己对大陆的亲人朋友的绵绵情思和对祖国历史文化的眷恋之情，其中最著名的就是这首《乡愁》。这首简短的诗从广阔的时空背景提取了四种象征之物：邮票、船票、坟墓和海峡来抒发自己的乡愁和乡思。在普通人看来，邮票、船票、坟墓、海峡是相距甚远甚至风马牛不相及的四种事物，但在诗人的眼里，它们都有思恋亲友、怀恋故土的意象，于是作者余光中采用了大跨度的"同情类比"的思维方式，以极其简洁而通俗的语言风格将这四种事物巧妙地排列起来，表达一个共同的意象——乡愁。这首诗简单而不失情感的强烈，含蓄而富有艺术的张力。为什么这首诗如此有名和备受欢迎呢？打动读者的美妙之处就在于作者大跨度"同情类比"的思维和技法。

大跨度的"类比迁移"思维，在文学创作上表现为"同情类比"，在科学研究和技术发明上则表现为"同理类比"。人类科学技术的研究和发明上同样非常需要这种类比思维。正如刘道玉（2009a）指出：科学上许多重要理论，最初往往是通过类比而提出来的；科学史上的许多重大发现，也是用类比法而取得的。例如，科学家们在南极考察，常常会遇到暴风雪，行走十分困难。即使是陆地上的汽车，在这种情况下也很难行驶。怎样克服在极地行走困难的问题呢？经过研究，工程师们发明了一种极地汽车，它没有车轮，其底盘贴在雪地上，用轮勾推动其在雪地上快速行驶。速度可达每小时50公里。那么极地汽车是怎样发明的呢？原来，南极考察队的科学家们通过观察，从企鹅身上产生了灵感。企鹅是滑雪冠军，每小时可以行走30公里。在暴风雪里，企鹅的腹部贴在雪地上，双脚蹬地，行动十分迅速。于是，科学家模仿企鹅的体形和动作，设计了状似企鹅，底盘贴地，用形似企鹅双脚的"轮勾"扒雪前进的极地汽车。极地汽车的发明，就是运用了"同理类比"的思维方法。在科学研究上，这类的例子还有很多很多，比如，雷达上的"电子蛙眼"是科学家观察和借鉴青蛙眼睛的特异功能而研究出来的，导航和通信技术中的声呐技术是科学家模仿蝙蝠、海豚等动物的灵敏快速的声呐系统而研发出来的。这种"同理类比"也是人类具有的大跨度的"类比迁移"思维的表现。"类比迁移"思维是人类的一种高级心理机能，我们应时常注意在教学中培养孩子们的这种思维，因为这种思维常常导致创新和发明。

第四章 "有机建构主义教育"基本原理三

由于篇幅的限制,我就不再列举教学案例了。这里我要特别介绍的是全世界最好的学前教育——意大利的瑞吉欧的学前教育。每班把学生分组,每组花几个月的时间研究一个他们感兴趣的主题。那些能引起孩子兴趣的、刺激思考的主题,包括日光、彩虹、雨滴、影子、城市、蚂蚁城、瑞吉欧中央广场上的狮子、罂粟园、孩子们为鸟儿盖的游乐园以及传真机的运作情形等。孩子们从许多不同的角度探索这些物体、主题和环境,他们深入思考在研究过程中形成的疑问和观察到的现象,最后创造出代表他们兴趣和学习的艺术作品。瑞吉欧的学前教育通过这种"主题探索和研究"的方式培养和发展学生的多重呈像和多元智力,鼓励孩子用多重有趣的方式,探索物质世界、生物世界和人文世界(Gardner, 2008)。20世纪90年代初,《新闻周刊》(*Newsweek*)报道:意大利的瑞吉欧学前教育已经领先世界。

其实,在看到关于瑞吉欧的学前教育的报道之前,我在思考关于幼儿教育的创新方式时也提出了"主题教学"的方式,如以"摩擦力""杠杆""浮力""下雨""密度"等为主题,引导学生对每个主题用充足的时间进行深入的探索、发现和学习。后来,我从嘉德纳的《受过学科训练的心智》一书中,看到了关于瑞吉欧学前教育的报道,发现这种方法在意大利的瑞吉欧的幼儿园已经实施了,并形成了成熟的模式和经验。虽然我的"主题教学"的方法不再具有原创性,但我想出的方法和瑞吉欧的学前教育模式不谋而合,因而我是发自肺腑地提倡和主张这种以主题为单位进行深入、透彻和多重探究的教学方式。我以后也还会继续花时间研究和发展瑞吉欧的学前教育模式,比如,我将会探索如何将瑞吉欧的学前教育模式与我在本书后面将要提出的"智力激活式教学法"相结合,以期探索出更科学先进的教育模式。

第三阶段,12~22岁,中学和大学本科教育阶段

经过前两个阶段的智力开发后,12岁的孩子已经有了一个聪明的大脑(表现为强有力的神经元和丰富的神经突触),养成了逻辑推理、深度思考、想象、联想、猜想、大跨度迁移等思维习惯,也掌握了一些科学的思维方法。那么这时我们就应该考虑才智生产创造力的第二因素——基础知识了。

如前所述,我认为一定的基础知识和经验是才智的生产创造力的第二位的但也是必要的因素。我们主张将智力和创造力的培养视为教育的最为

有机建构主义教育

首要的目标和最具决定作用的因素，但并不是否定基础知识学习的必要性。只是将前者放在第一位，后者放在第二位（而传统教育在这个问题上却是本末倒置）。所以我主张在第一阶段和第二阶段充分开发了儿童智力的基础上，第三阶段，12~22岁，中学和大学教育阶段，我们应该同等地重视智力开发和基础知识学习。布鲁纳、古得劳（Goodnow）和奥斯丁（Austin）指出我们应该鼓励和指导学生学习人类的一些基础知识，特别是学科的基本概念和原理（Bruner, Goodnow, Austin, 1956）。建构主义认为学习新知识必须基于我们已有的基础知识，通过新旧经验和知识的相互作用而实现（Eggen & Kauchak, 2004）。当儿童接受到新信息时，需要对新信息做出反应，并在新信息与已有经验之间建立有意义的联络，将新概念与已有的概念联系起来，从而使新概念置于更广阔的情景下（Harlan, J. & Rivkin, M., 2006）。创造力也需要背景知识（Sternberg & Lubart, 1995; Shaughnessy, 1998）。另外，由于互联网和多媒体的普及，现在我们应该更加强调学习学科的基本概念和原理而不是从属性的和细节性的知识，更加倡导深度理解（Blythe, 1998）和"有意义的学习"（Ausubel, D. 1968），而不是记忆大量细节性的信息，因为从属性的知识和细节性的信息我们可以在需要的时候通过互联网搜索。

当今科学和技术的发展既高度分化，又高度综合。许多科学发现和技术创新往往产生于学科之间的交叉边缘，所以跨学科的知识连接和迁移特别重要。中学和大学的教育应尽量让学生广泛地涉猎和学习科学、数学和人文社会科学多方面的学科知识，以使学生知识广泛，视野广阔。我非常赞赏哈佛大学的"通识教育"。1945年，哈佛委员会提出了著名的"红皮书"——《自由社会中的通识教育》（General Education in a Free Society）。"红皮书"为哈佛大学设计了一套通识教育计划（general education program）。报告提出通识教育的目的是培养完整的人，这种人需要具备四种能力：①有效思考的能力；②清晰沟通思想的能力；③做出明确判断的能力；④辨别一般性价值的能力。哈佛大学的通识教育致力于把学生培养成为全面发展的人，即有全面的知识、广阔的视野和完整的人格的"有教养"的人（educated men and women）（朱晓刚，2005）。

同时，在这个阶段，教师仍然必须通过深度挖掘学科知识继续训练学生思维和开发他们的智力。"有机建构主义教育"尽管强调这个阶段（中学和大学本科教育阶段）要重视基础知识的学习，但并不意味这个阶段要放弃和弱化对学生思维的训练和智力的开发。对学生智力和创造力的训练必须贯穿教育过程的始终。在这个阶段我们仍然要通过深度挖掘学科知识，通过某些专门的思维训练课程和活动，继续训练学生的思维能力和智力。即使从学习知识的角度讲，只有学生的思维能力和智力得到充分的训练，学生才能对所学的知识理解得更深刻，运用得更灵活。否则，学生学的知识只是"死知识"，既没有理解知识的真正意义和知识之间内在因果关系和逻辑联系，也不能有效将所学的知识迁移运用到新的背景解决问题。最糟糕的情况是这些学生在听老师讲课时左耳朵进右耳朵出，并没有获得真正的理解，考试前挑灯夜战，胡乱背诵一通应付考试，考完之后这些知识就离他们渐行渐远，直到最后忘得一干二净。

另外，根据哈佛大学嘉德纳教授的"训练学科思维"的思想，还要培养学生的学科思维，使学生能够像科学家、数学家、历史学家一样地思考。正如嘉德纳教授指出：可惜的是，许多教育工作者和政策制定者将科目（subjects）和学科（disciplines）混淆起来。科目仅仅是不同知识领域中各种事实的联合体。比如，历史中的名称和日期，科学中的公式和真相。学科反映的是揭示真相后面的思维方式。科学家理解理论、假设和实验数据之间的关系。历史学家理解历史事件的不可复制性，以及在整个历史过程中人类的作用、动机和所扮演的重要角色。文学评论家则注重文字本身、作者的经历以及作者表达出来的意图之间的张力。绝大部分教学和考试的内容，还主要侧重在科目的层面。学科思维训练就是要将他们年轻的心智激励、塑造成具有科学家、历史学家、数学家或艺术家那样思考能力的心智（Gardner, 2008）。

第四阶段，研究生教育阶段

研究生教育阶段，除了让学生继续学习学科专业知识外，更应该尽力培养学生的学术创新能力和实践创业能力，以便他们能够在现在和将来，能在研究中原创性发现和创造新知识，或在实践性工作中创造辉煌的业绩。所以，我建议研究生教育阶段应高度重视培养学生的学术创新能力和实践创业能力。

关于训练和培养学生的学术创新能力

创新是学术的生命和灵魂,也是科学技术进步的不竭动力。当今时代科学技术日新月异,知识经济正不断扩大,已成为社会经济发展的引擎。没有创新就没有学术的发展,也没有社会的真正意义的进步。而且当今社会激烈的竞争,如世界500强企业之间的竞争十分迅猛,没有持续不断的科技创新和管理创新,任何强大的企业很快就会被市场竞争所淘汰,走向衰败和破产。所以,在激烈的市场竞争和全球化的经济背景中,我们完全可以说:不创新就死亡。所以,研究生教育要着力培养学生的学术创新能力。这样他们离校进入工作后才能成为科研机构和大学的学术研究的生力军,以及企业的产品研发、技术创新和管理创新的中坚力量。

我建议在研究生教育阶段开设一门学术创造思维课,研究科学史上那些科学家和学术大师是如何做出重大创新的,他们做出创造性的成果时的创造性思维方式,以及他们的创造性个性、精神、品格。以他们的创造和发明的事例为材料进行案例教学,以切实训练学生的创造性思维。

刘道玉(2009a)曾写过一本书《创造思维方法训练》。该书既有理论阐述,也有科学、艺术和文学等方面生动的创造发明的事实案例。全书分35章,每章讲述一种创造性的思维方法,共讲了35种创造性思维方法,如创造性灵感思维法、创造性观察思维法、创造性联想思维法、创造性发散思维法、创造性聚合思维法、创造性逆向思维法、创造性双向思维法、创造性"头脑风暴法"、创造性猜想与求证思维法、创造性水平思维法、创造性模糊思维法、创造性直觉思维法、创造性立体思维法、创造性黑箱思维法、创造性神话思维法、创造性仿生思维法、创造性移植思维法等。我十分推崇和钟爱这本书,因为这本书不是停留在泛泛的创造教育的理论探讨层面,而是为训练和培养学生的创造性思维提供了切实可行的材料,可作为这方面的培训教材使用。现在国际教育界对创造教育的理论层面的探讨的著作已经很多了,我们最需要的是在实践层面能够进行案例教学培养学生创造性思维的教材。下面就是引自该书的几个具有代表性的科学家和大师们的创造性思维案例。

案例1:爱因斯坦依靠创造性直觉思维发现狭义相对论。爱因斯坦在描述他发现狭义相对论的心情时说:"我躺在床上,那个折磨我的谜似乎毫无

第四章 "有机建构主义教育"基本原理三

解答的希望,没有一线光明。但黑暗里突然透出光亮,答案出现了!于是我立即投入工作,连续奋斗了5个星期,写出了《论动体的电动力学》。这几个星期里,我好像处于狂态一样。"爱因斯坦所突然感到"答案出现了",就是他的创造性直觉思维的表现。

案例2:爱迪生采用创造性发散思维方法发明电灯。爱迪生为了寻找适合做灯丝的材料,他设计了7600种方案,从中进行筛选,试验了从金属、合金到人的胡须等各种丝状的物质。他先用碳丝做灯丝,但寿命只有45小时,后来改用碳化竹丝,使电灯的寿命延长到1200个小时。最后,美国人柯里奇用钨丝代替碳丝,电灯才真正普及千家万户,成为普遍的照明工具。当爱迪生为了找到理想的灯丝进行了上千次的试验都失败了时,爱迪生却说,我们不认为我失败了一千次,相反,我认为我成功了一千次,因为我已知道了这一千种物质都不适合做灯丝。

案例3:柯尔等凭借创造立体思维方法发现布基球。1985年,美国赖斯大学的柯尔(Robert Curl)、斯莫利(R. E. Smalley)和英国塞克斯大学的克罗托(H. W. Kroto)三名科学家合作研究,通过实验发现了60个碳原子组成的原子团,即一种新的化学物质C_{60}。过去,以纯碳形式存在的物质有石墨和金刚石,前者是平面结构,性质柔软;后者是立方结构,性质坚硬。现在发现的第三种纯碳形态的物质,那它的结构又是什么呢?三名科学家,尤其是有着化学背景的物理学教授斯莫利,根据C_{60}的晶体结构,不断思索着,排列着。他脑子闪现了一个足球的图像,于是他在封闭的球形壳体上找到了C_{60}原子的排列。同时,C_{60}的晶体结构形状又酷似美国建筑师布克明斯特·富勒为1967年蒙特利尔世界博览会设计的网络球体主体建筑,于是三名科学家把他们的发现命名为"富勒氏球"。布基球是通过实验发现的,而它的结构是借助立体思维方法确定的,否则很难想象把60个碳原子有规则排列在一个球形体内。他们三人因为这一发现共同获得1996年诺贝尔化学奖。

为了让读者进一步了解创造性立体思维法,这里再引用一位心理学家测试学生的考题:请你在一块土地上种植4棵树,要求任意两棵树的距离都是相等的。接受测试的学生在纸上画了一个又一个的几何图形,如正方形、菱形、梯形、平行四边形等。然而没有一个答案能满足试题的要求。原来,正确的答案是：其中一棵树种在山顶上，其他3棵树种在沿山顶向下且与山顶上那棵树等距离的适当的地方，于是就满足了试题的要求。

案例4：运用创造仿生思维法发明雷达上用于监视动态飞行物体的"电子蛙眼"仪器。"电子蛙眼"是人们在长期观察青蛙特异功能的基础上，仿生青蛙眼睛而发明的。只要观察过青蛙的人都会发现，青蛙的最特别之处是它有一对凸起的眼睛。这对眼睛对静止的目标并不灵敏，而对动态的目标却明察秋毫。比如，捕食飞行中的苍蝇，它是百发百中的"神枪手"。经过研究，科学家们发现蛙眼有四种"检测器"，它们分别担负着辨识、提取视网膜图像等不同的功能。这是基于蛙眼的这种特异功能，科学家发明了一种"电子蛙眼"，把它装入雷达系统，可以快速而准确地识别动态的飞机、舰艇和导弹等。"电子蛙眼"还广泛地应用于机场等的交通管理上，它能监视飞机的起飞和降落，指挥车辆行驶，防止碰撞事故的发生。除此之外，根据仿生原理还发明了电子鸽眼、电子鹰眼、鱼目镜头等，它们在军事领域得到广泛应用。

因为篇幅的原因，我这里不能列举太多的案例。向读者强烈推荐这本书，不仅因为我作为一位教育研究者从专业角度觉得该书很有价值，而且我自己也反复阅读此书，从中受益匪浅。另外，我还想补充几种创造性思维方法：创造性激情思维法、创造性大跨度类比思维法、创造性反差对比思维法、创造性"与时俱进"思维法。

（1）创造性激情思维法：所谓激情就是强烈、激越的情绪。"情绪"（emotion）一词来源于两个拉丁词根，意为"刺激"（to stir up）与"感动"（to move）。大脑的情绪反应区域和系统通过神经元与我们大脑的其余部分相连。它们所形成的网络构成神经系统的一部分，并作为脑电信息的携带者与身体的其他部分进行交流。通常，我们的思维和情绪一起运作，但有时强烈的情绪也会在我们还没有意识其中的原因时，就已经驱动我们做出行动（Harlan & Rivkin，2006）。总之，情绪对我们的思维至关重要。小仲马在激情挥手之间创作的世界名著《茶花女》，就是创造性激情思维法的典型案例。现实生活中，小仲马与玛丽在一个歌剧院相识，两人都为对方的气质深深吸引。茶花女虽然出身贫寒，但美艳绝伦，雍容大度，成为巴黎交际场的一颗耀眼的明星。其他阔佬阔少都是凭借自己的财富对作为交际

第四章 "有机建构主义教育"基本原理三

花的茶花女逢场作戏,小仲马对她一见倾心,真诚相爱,温存体贴。两人演绎了轰轰烈烈的爱情故事。但由于当时的社会和个人的压力,两人短暂的爱情最终不得不分道扬镳。小仲马悲痛不已,万念俱灰,随父离开了巴黎那片伤心的地方。两年后,玛丽因肺病和其他原因去世,年仅23岁。玛丽离世后四个月,小仲马回到与玛丽度过愉快岁月的美丽的乡间,那里的一草一木唤起了他对玛丽的强烈的思念之情,激发他的创作冲动。在强烈的情感的驱动下,小仲马仅用一个月时间,一气呵成,写成了经久不衰的世界名著《茶花女》。正如文学评论家说,如果没有小仲马对玛丽的一腔激情,就没有《茶花女》这部不朽的传世之作。

(2) 创造性"大跨度类比思维"法:A事物和B事物分属于两个完全不同甚至相距遥远的领域,但却有着某些相似的性质和特征,可采用"同情类比"或"同理类比"的方式,进行大跨度的知识迁移。比如,斯宾塞发现人类社会的发展跟自然界有机体的生长在某些特点和规律上具有相似性,于是他将生物有机体的概念借鉴到社会学研究领域,提出"社会有机体"的概念,并据此建立"社会有机体理论"。斯宾塞这里采用的就是"同理类比"进行大跨度迁移思维。前面讲过的余光中的诗《乡愁》,是通过"同情类比",进行大跨度迁移思维。

(3) 创造性反差对比思维法:创造性反差对比思维法更适合艺术设计,就是通过巨大的反差或强烈的对比,以达到震撼人心的效果并给人以美的享受。比如,在2000年澳大利亚的悉尼举办的第二十七届奥运会的开幕式的点火仪式上,奥运圣火是这样点燃的:一位美丽的姑娘手持火炬来到一个水池里,水池中还冒着喷泉,身后是一个瀑布,水沿着瀑布哗哗地往下流。突然,小姑娘伸出点火火炬,在水池中画了一个"弧"形,点燃了奥运圣火,然后小姑娘退出水池,奥运圣火从水池中慢慢升起,缓缓地,一直到达它应有的高度,点火仪式完成。人们都知道水与火势不两立,水池中不可能燃起火来。而这个点火仪式却偏偏设计成从池水、瀑布中点燃奥运圣火。这一奇妙的设计以及水火之间的巨大反差对比,给人强烈的视觉冲击和艺术美感,其设计者就是采用了创造性反差对比思维法。同样的案例还有纽约的维拉萨诺大桥(Verrazano Bridge)的设计。《新概念英语》第3册对这个桥做过介绍。该桥是世界上最长的吊桥,全长4260英呎,连接着布鲁克林和斯塔顿岛，设计者为奥斯马·阿曼。两座巨塔支撑着4根巨大的钢缆。4根钢缆中的每根由26108股钢绳组成。这座桥的重要特点不仅是它的规模与长度，而且设计理念匠心独运。尽管如此庞然大物，但它的结构却很简单，造型优美，实现了设计者意欲创造一个"用尽可能纤细的线条牵引着一个庞然大物"的梦想。阿曼的这一设计理念也是采用的创造性反差对比思维法，追求强烈的反差对比。

（4）创造性"与时俱进"思维法：创造性"与时俱进"思维法就是要紧跟时代发展的步伐，把握时代发展的新走向、新断层、新趋势，在时代的发展变化中寻找新的契机和创新点。国际著名政治学家、哈佛大学国际问题研究所所长塞缪尔·亨廷顿（Samuel Huntington），1993年夏，他在美国《外交》杂志上发表了题为《文明冲突》的文章，引起国际学术界普遍关注和争论。后来他撰写的《文明的冲突与世界秩序的重建》也在全世界引起了轰动。亨廷顿认为，"冷战"时期世界的冲突主要表现为以美国和苏联为首的资本主义和社会主义两大阵营之间的意识形态的对立，随着美、苏"冷战"的结束，"冷战"后的世界，冲突的基本根源不再是意识形态，而是不同文明之间文化方面的差异，主宰全球的将是"文明的冲突"。"冷战"后，世界格局的决定因素表现为七大或八大文明，即中华文明、日本文明、印度文明、伊斯兰文明、西方文明、东正教文明、拉美文明，还有可能存在的非洲文明（Huntington，2002）。亨廷顿在美、苏"冷战"刚一结束就敏锐地意识到世界冲突的变化和世界秩序的重建，表现出其与时俱进的洞察力和学术创新精神。像物理学这些古老的学科，要在理论物理方面作出重大创新是很难的，许多学理论物理学的博士生都感到自己学术上难以取得成就，没有前途，甚至难以找工作。生命科学是一门新兴的学科，有许多急待人类去研究和揭示的现象和规律。诺贝尔物理学奖得主朱棣文教授带领学生转向生物学研究领域，将他们所学的物理学的知识运用到生物学研究中去，如研究细胞内部分子的运动力学。朱棣文把握了科学发展的新趋势、新走向，成功地实现学术研究方向的重新定位，这也体现了他创造性的与时俱进思维。哈佛大学教育学院"零点项目"曾组织了多次学术会议，探讨10年后、20年后、50年后的社会和经济发展对教育和人才将有什么样的需要，从而指导我们当前应进行怎样的教育改革才能培养未来

第四章 "有机建构主义教育"基本原理三

社会需要的人才。该项目的学术指导委员会主席嘉德纳教授还曾研究互联网时代和后现代主义对教育的要求和影响。这些都体现了把握时代脉搏，站在历史潮头的创新性和与时俱进的思维方法。

关于研究生阶段的专业知识的学习，导师要给予学生方向性指导，要向学生呈现本专业领域最新最前沿的知识和信息，正如哈佛大学的前校长科南特所说，我们已经把学生带到了科学的最前沿，然后告诉他们继续向前走吧。研究生学习要坚持自学与讨论相结合，学习与研究相结合，以同行讨论促进自学，以课题研究带动学习。刘道玉（2009b）曾提出"SSR教学模式"，第一个S代表自学（Study independently），第二个S代表小型研讨会（Seminar），最后一个R代表研究（Research），即学生自学、参加小型研讨会、参与研究三位一体的教学模式。我认为这一教学模式尤其适合研究生教育。

第五阶段，离开学校进入工作后的终生教育阶段

当今时代，科学技术的日新月异，新知识的不断涌现，我们从学校毕业之后还要继续学习，终生学习。人类20世纪创造的科学技术知识超过以往人类几千年的总和。有人说进入21世纪之后，特别是互联网给知识和信息的传播带来的便捷，人类的知识和信息的总量每八年增长一倍。也有人说每四年就要增长一倍。当然，对于具体的数字谁也无法做出精确的统计，但是这是一个信息爆炸的时代，人类的知识和信息正呈几何级数增长，这是不争的事实。所以，我们必须坚持"终身教育"的理念，离开学校进入工作后，仍要继续学习，活到老学到老，不断学习新知识、新技术和新理念，更新自己的知识结构，只有这样才能解决工作中"知识及时化"的问题，确保每个人在工作需要时能够以最好最快的方式获得必要的知识和技能。

"终生教育"（life-long education）的理念最先是由法国成人教育家保罗·郎格郎（Paul Lengrand）提出的。郎格郎早年在法国从事成人教育方面的工作，1948年，他进入联合国教科文组织从事终身教育的组织工作，1965年发表了关于终生教育的个人研究成果，把终身教育上升到新的教育原理的高度。1965年12月，他应邀在联合国教科文组织的"第三次促进成人教育国际委员会"上以终身教育为题作了学术报告，这是在国际会议上讨论终身教育的开端。终身教育，从本质上讲，就是主张学习是贯穿于人的一生的持续的过程，开始于摇篮，终止于坟墓。而传统的观念认为人的一生分为两大部分，前半生主要任务是学习，后半生从事工作生产。前半生的学习就是为后半生的工作储备丰富的知识，后半生工作就是运用前半生所学得的知识。所以，终身教育的思想对传统的理念具有革命性的意义，它一经提出就受到联合国教科文组织的高度重视。因为联合国教科文组织的积极倡导，终身教育理论，很快引起各国的重视，不久成为一种国际教育思潮，并在全世界产生了广泛的影响。郎格郎长期以来通过个人的研究阐明了终身教育思想，并积极从事这一教育思想的宣传工作，所以被国际教育界誉为"终身教育的理论家、实践家"（http：//zhidao.baidu.com/question）。

中国古代教育家也提倡终身学习。孔子说："吾十有五而志于学，三十而立，四十而不惑，五十而知天命，六十而耳顺，七十而从心所欲，不逾矩。"孔子描写自己痴迷于学习："废寝忘食，乐而忘忧，不知老之将至。"（孔子，2006）这说明孔子自己就是一个终身学习，活到老学到老的典范。明朝著名思想家、教育家王守仁（王阳明）勉励他的弟子："义理无定在，无穷尽，吾与子言，不可以少有所得而遂谓止此也。再言之，十年、二十年、五十年未有止也。"（王守仁，2011）可见王守仁也是主张学习是贯穿人的终生的。

引用文献

1. 《小麦阶段发育特性》，2012年7月13日，检索自：http：//hospital.gdcct.gov.cn/news。
2. 〔瑞士〕皮亚杰（Piaget）：《发生认知论原理》，王宪钿等译、序，北京：商务印书馆，2011。
3. 〔意大利〕蒙台梭利（Montessoni, M.）：《蒙台梭利育儿全书》，张成威、董大平译、序，北京：中国妇女儿童出版社，2006。
4. Bruner, J. *Studies in Cognitive Growth*：A collaboration at the Center for Cognitive Stud-

第四章 "有机建构主义教育"基本原理三

ies. New York: Wiley & Sons, 1966.

5. 袁锐锷主编《外国教育史新编》,广州:广东高等教育出版社,2006。

6. 〔法〕詹森(Jensen, E.):《基于脑的学习》,梁平译,上海:华东师范大学出版社,2008。

7. 《神经科学与婴幼儿的抚养与教育》,2012 年 7 月 1 日,检索自:http://blog. sina. com. cn/s/blog_ 487f7637010007do. html。

8. "Infant Brain Development," *The Unfinished Brain*. July. 13, 2010, retrieved from SlideShare, http://www. slideshare. net.

9. Blair, C. Integrating cognition and emotion in a neurobiological conceptualization of children's functioning at school entry. *American Psychologist*, 57, 111 – 125, 2002.

10. Gardner, H. *Frames of Mind: The Theory of Multiple Intelligences*. NY: Basic Books, 1983.

11. Gardner, H. *Intelligence Reframed*. New York: Basic Books, 1999.

12. Dewey, J. *The School and Society*. Bristol, England: Thoemmes Press, 2002.

13. Dewey, J. & Dewey, E. *Schools of Tomorrow*. Montana: Kessinger Publishing, 2007.

14. 刘道玉:《创造思维方法训练》,武汉:武汉大学出版社,2009a。

15. 〔美〕嘉德纳(Gardner, H.):《受过学科训练的心智》,张开冰译。北京:学苑出版社,2008。

16. Bruner, J., Goodnow, J. & Austin, G. *A Study of Thinking*. New York: Wiley, 1956.

17. Eggen, P. & Kauchak, D., *Educational Psychology: Windows on Classrooms* (6th ed.). Columbus, OH: Pearson Education, 2004.

18. 〔美〕哈兰、瑞夫金(Harlan, J. & Rivkin, M.):《儿童早期的科学经验:一种认知与情感的整合方式》(Sience experiences for the early childhood years: An integrated affective approach),张宪冰、李姝静、郑洁、于开莲译,北京:北京师范大学出版社,2006。

19. Sternberg, R. & Lubart, T. *Defying the Crowd: Cultivating the Creativity in a Culture of Conformity*. New York: Free Press, 1995.

20. Shaughnessy, M. "An interview with E. Paul Torrance: About Creativity", *Education Psychology Review*, no. 10(4): 441 – 452, 1998.

21. Blythe, T. and Associates, *The Teaching for Understanding Guide*. San Francisco: Jossey-Bass Publishers, 1998.

22. Ausubel, D. *Educational Psychology*: *A Cognitive View*. New York: Holt, Renihart & Winston, 1968.
23. 朱晓刚：《美国大学通识教育的理念解析》，《内蒙古师范大学学报（教育科学版）》2005年第1期。
24. 〔美〕亨廷顿（Huntington, S.）：《文明的冲突与世界秩序的重建》，北京：新华出版社，2002。
25. 刘道玉：《创造教育新论》，武汉：武汉大学出版社，2009b。
26. 《终生教育的提出》，2012年7月26日，检索自http://zhidao.baidu.com/question。
27. 孔子：《论语》，北京：中华书局，2006。
28. 王守仁：《王阳明全集》，上海：上海古籍出版社，2011。

第五章
"有机建构主义教育"基本原理四

> "有机建构主义教育"基本原理四：教育必须立足于"学生自我驱动"。

预先猜想

在阅读本章之前请读者预先猜想以下问题。

1. 学生的发展是学生的自我成长，还是由教师把学生当做一块无生命无意志的木头随意雕刻？
2. 学生的学习和才智的发展主要是源于学生的内在自我驱动还是外部力量强迫？
3. 请你想一想下面哪些因素是学生发展的内部驱动力，哪些是外部力量：个体的生命力、理想、奖励、惩罚、自尊、自我实现、自我决定、自我胜任感、父母和老师的要求、同辈的赞许、天生的好奇心、兴趣、考试的压力。

一切有机体的生长发展都主要依靠其内部的自我驱动

有机体内在的生命力和其他内部力量是有机体生长发展的根本动力，一切有机体的生长发展都主要依靠其内部的自我驱动。对于自然界的有机体，当我们把一粒种子播下去，种子在土壤中会自动发芽，长出幼苗，并向上生长。让人称奇的是娇嫩柔弱的幼苗能够冲破土壤向上生长。是什么力量使幼苗克服地心的引力，沿着与地球引力相反的方向生长？尤其是幼苗生长能够冲破土壤而出，如此娇嫩柔弱的幼苗哪里来的这么大的力量？显然，这是来自幼苗自身的强大的生命力，正是幼苗自身的内在生命力这只无形的手在推动幼苗冲破一切障碍顽强地向上生长。自然界的生命力如风之存在，它既存在于我们的周围世界，似乎又无影无形；我们既能通过生物个体的生长间接感知到它，却又无法直接看见它和捕捉它。幼苗破土后并将继续在其内在生命力的驱动和遗传基因编码的决定下生长，长成壮苗，进而开花结果，桃树开出桃花结出桃子，李树开出李花结出李子，麦苗结出麦穗，谷苗结出谷穗。当然我们也不否认外界人力的作用，但人力的作用不能揠苗助长，只能遵循它们的内在生长规律，按照它们的生长规律照顾它们，为它们施肥、除草、松土等。

社会有机体的发展也主要是由其内在的动力自我驱动。人类社会发展的根本动因是人们日益增长的物质文化的需要。人们对物质财富增长的需要，促使人们扩大社会再生产，以及创造新的科学技术，改进生产工具，提高劳动者受教育程度，从而提高社会的生产能力。人们对精神需求的增长，促使人们创造出更加丰富璀璨的文化产品和精神成果。总之，人们对物质和精神的需求是社会发展的内在动力，正是这种内在动力推动人类生产力的发展和社会的不断进步。

驱动人的才智有机体发展的内在动力因素

一个人的才智有机体的发展也应该主要由个体的内在动力自我驱动。学习者主要是依靠他的内在动力因素而不是外部的强迫力量驱动着其才智发展，比如，个体内在生命力的驱动；儿童天生的好奇心和求知欲的驱动；自身的兴趣和理想的驱动；等等。正是如此之多的内在动力因素驱动着一

第五章 "有机建构主义教育"基本原理四

个人的思维、求知和创造，从而促进其才智有机体的生长发展。在我看来，驱动个体才智发展的内在动力因素至少应包括以下四个方面：①个体的内在生命力；②儿童天生的好奇心和求知欲；③自身的兴趣和理想；④自我胜任感、自尊、自我实现、自我决定等人性要求。下面是对这四大内在动因的详细分析。

内在动因一：个体内在的生命力驱动大脑的思维活动

一个人首先是一个生命体，而生命的本质在于运动。生物的内在生命力就像不停燃烧的火焰，烧着锅里的沸腾的水，只要火焰不灭，水就永远不会停止沸腾。在内在生命力的驱动下，人体的各个器官都在运动，也需要运动，这是生命的本能使然。我们的四肢和整个身体都需要运动，所以我们每天都需要一定的运动量，才会让身体觉得舒服。有的人喜欢做操，有的人喜欢跑步，有的人喜欢打球，即使那些爱圈在家里不喜欢从事体育运动的人，也几乎每天都要出门散散步，遛遛狗。我们的内脏器官也每时每刻都在运动，比如，消化系统在从事消化活动，呼吸系在进行呼吸活动，我们的血液在循环，心脏在跳动。我曾经观察到一个事例，把一只鸡的双脚和翅膀都捆绑住不让其活动，但还是按时喂给它食物和水，结果这只鸡三天就死了。因为鸡是一种需要活动的动物，把它捆绑起来剥夺了它活动的自由和机会，生命停止了活动就会死亡。

同样，我们的大脑也是人体的一种器官，也会在我们的内在生命力的驱动下自动地进行思维活动。心之官则思，大脑的基本官能就是思维，所以大脑的基本活动就是思维活动。大脑的自动的思维活动既是生命的本能，也是生命力的象征，它开始于胚胎期大脑的形成，终止于个体生命的结束。首先，大脑会对眼前感知到的事物进行思考，当我们看到一个物体，我们的大脑会想它的类别、名称、颜色、功用等，有时还会由此及彼地联想，最明显的例子是牛顿看到苹果落地想到"万有引力"定律。当我们听见一个声音，大脑也会自动思维，如我们听见一个人的声音大脑就会去分辨是谁在说话，并对他说的内容做出反应。当我们听一首音乐，我们就会去思考和感受音乐的美，有的人还会对这首音乐进行评价。其次，即使没有眼前可感知的事物，即某一时刻没有任何信息和刺激进入我们的大脑，大脑也会自动思维。假设一个人被关在一间没有光线、没有声音的屋子里，他

有机建构主义教育

的大脑也会自动思维，这时他的思维更多地表现为想象、联想、回忆等。我在读中学时，我们几个同学一起做过一个试验：闭上眼睛，用意志控制自己的大脑的思考，让大脑保持空白，什么都不要想，看谁坚持的时间最长。结果有的人只能坚持 5 秒钟，最长的坚持了 40 秒钟。坚持时间最长的那位同学说"快憋死了"。

　　世界上最严厉的惩罚莫过于剥夺一个人大脑的思维活动，因为这是违反生命本能的惩罚。我的一位朋友因为某种原因入狱，他在监狱中又违反了规定被关小号（监狱中的一种严厉的惩罚，相当于监狱中的监狱）。他本是一个爱读书、爱思考的人，被关在一间小号里，狱警没收了他所有的书籍和纸笔。他出狱后跟我谈及此事，他说他被关在小号里的那段时间最痛苦的不是饥饿，虽然食物供给很少，但饥饿尚可忍受。最痛苦的是没收了他的一切书籍、纸笔，剥夺了大脑的思维活动，他在里面每天憋闷得要死。他说他曾因为思维空洞憋得实在难受都想过自杀。后来，为了满足大脑思维活动的需要，他就在里面回忆他从上小学到大学所学过的知识，以及他一生所遇到的有意义的人和事。最后他请求隔壁的一个囚犯给他扔了两支笔过去，他就用笔在衣服上、被子上写一些字。最后他的衣服、被子的里里外外都密密麻麻写满了字。这个事例说明，人的大脑会在生命力的驱动下自动思维，剥夺人的大脑的思维活动，就是剥夺人的生命力。

　　儿童大脑的思维有时是出于好奇心和求知欲，但很多时候并非是出于好奇心和求知欲才思考，而是为了思考而思考，是在内在生命力的驱动下而进行自发的思考。这种思维活动纯粹是在做一种思维体操，满足大脑的思维活动的需要。就像一个人如果长时间都待在家里需要出去散步、遛弯，没有任何目的，只是满足身体活动的需要，使自己的身体舒服、心情愉快。我现在还清楚地记得我五岁时，一次小小的游戏活动的心理过程，我将一个杯子倒扣在桌子上，然后把杯子在桌上来来回回地磨来磨去，我清楚地记得当时绝不是出于好奇心和求知欲而这样做，而是因为无所事事，大脑突然产生了这样做的念头（一个 5 岁的孩子对这样的活动已经很熟悉了，不会再有太大的好奇心了）。我把杯子倒扣在桌上反反复复地磨来磨去，感到很满足很有乐趣。当时我的奶奶和叔叔坐在我旁边，我心里想，这样把杯子在桌上磨来磨去的，多快乐多有趣呀！这么有乐趣的事为什么我的奶

第五章 "有机建构主义教育"基本原理四

奶和叔叔他们不做呢？大人为什么要放弃这种快乐的机会呢？我感到不解。正是我当时心里产生过这样一种疑问，我才把这一次游戏时的心理活动过程清晰记在了脑海，并保持至今。

因此，在我看来，人类这种自发、自动的思维活动是内在生命力驱动的结果，也是人类生命力的最高表现。从广义角度讲，人的思维能力、认知学习能力以及一切智能活动能力都是人的生命力的表现。内在生命力驱动我们的大脑几乎不停歇的思维活动无疑是个体的认知、学习以及才智发展的一种重要的内在动因。

总之，人是一种生物个体，因此人体的各个器官包括人的大脑都在内在生命动力的驱动下自动地生长和运行。由于内在生命动力的驱动，孩子们的大脑，作为人体的一个器官，也在自动地不停地运行（思维），他们的感官积极自主地注意和感触外部世界，因而他们对外部世界、对知识都怀有强烈的好奇心和求知欲。在满足他们的好奇心和求知欲的过程中，学习自然地发生了。从这个角度讲，我们可以认为一个人的才智能够在内在生命动力的驱动下自动地发展。卢梭坚称一个人能够受到自然、人和事三种因素的教育，我们各种才智和器官的内在发展就是属于自然的教育（Rousseau，1987）。蒙台梭利（Montessori，2006）认为在婴儿向成人生长的神秘过程中，有一种内在的力量在激发新生婴儿体内的能量；当这种能量被激活之后，新生婴儿的四肢开始运动，他们的大脑开始运行。她又说："孩子们的生命正从内部开始逐渐发展和完善，就像蝶蛹在茧中悄悄成长为蝴蝶一样，如果我们阻止这一进程，无异于用暴力摧残生命。但现实生活中我们怎么做的呢？我们毫无顾忌地阻止他们的活动，就像奴隶主对待奴隶一样。"因此，在一定程度上讲，卢梭、蒙台梭利已经注意到了人的才智发展过程中内在生命力的驱动。

内在动因二：儿童天生的好奇心和求知欲

培根说："好奇心是幼儿智慧的萌芽。"（Bacon，2009）亚里士多德也曾说过："思维是从疑问和惊奇开始的。"幼儿认识世界始于好奇心，好奇心驱动求知欲，求知欲激发儿童的探索和认知行为。

那么，什么是好奇心呢？从心理学上如何界定好奇心呢？皮亚杰给出的定义是：好奇心就是孩子想解释自己遇到的意想不到的事物和情况的急切需要（Piaget，1969）。Kagan（1972）将好奇心描述为解决不确定性的事物的需要。《朗文当代高级英语辞典》对好奇心的解释是：想知道某事，或想知道许多不同的事物的愿望（the desire to know about something, or to know about a lot of different things）。我个人认为"好奇心"可界定为：当孩子遇到他们觉得新奇或不能解释的事物和现象时，产生的想知道、求解释的一种强烈的心理愿望。好奇心是孩子与生俱来的一种重要的认知和学习动机。好奇心应具有官能的天生性、事物的新奇性、求知的主动性、学习的趣味性四个方面的特征。

第一，官能的天生性，儿童天生就具有好奇心和求知欲。就像其他由遗传基因决定的人的官能和能力一样，好奇心也是由人类的遗传基因决定的，是人类长期的生物进化遗传的结果。婴儿降生到这个完全陌生的世界，他们对周围的一切事物，如盘子、杯子、衣服的纽扣、电视的遥控器，甚至一张纸片、一粒石子都会产生强烈的好奇心。当他们抓住这些东西观察感知的时候，如果你要从他们的手中拿走，他们会拼命地争夺。Gopnik，Meltzoff 和 Kuhl 在 2000 年出版了《童床里的科学家：早期学习告诉我们什么是思维》（*The Scientist in the Crib: What Early Learning Tell Us About the Mind*）。该书指出：从婴儿开始，孩子们就在通过资料收集，尝试他们关于事物是如何运行的原理——试验对周围世界的不同行为，并观察会发生什么（Gopnik, Meltzoff & Kuhl, 2000）。3 岁左右的孩子就要开始问许许多多的"为什么"。为什么鱼儿要生活在水里？为什么冬天冷、夏天热？为什么天要下雨？为什么他是男孩而不是女孩（或她是女孩而不是男孩）？我是从哪里来的？等等。当孩子问我们这些为什么时，父母和老师一定要耐心地引导他们探索和思考，尽可能以他们能够听懂的方式向他们解释。

第二，事物的新奇性，儿童往往对新奇的事物才会产生好奇心。如果一个事物对儿童已经十分熟悉了，儿童一般不会产生好奇心。所以，我们要尽可能为儿童提供不断变化的新奇的环境，这样孩子就可以始终保持强烈的好奇心。为什么人的好奇心往往随着年龄的增长和经历阅历的丰富而不断地减弱呢？因为孩子刚降生到这个世界，周围的一切事物对他来说都是那样的新奇和陌生，时时处处都能引起他的好奇心。所以年幼的孩子对不熟悉的东西急切想了解更多，不知疲倦地探索周围的世界。随着年龄的增长,他的经验和阅历不断增加,见识和视野不断扩大,让他觉得新奇的事物也越来越少,好奇心就会逐渐减弱。

第三,求知的主动性,好奇心会激发儿童的兴趣和求知欲。当儿童对某事产生好奇时,他就会主动去探寻,积极寻找解释和答案。好奇心强的儿童更富有灵性和活力,喜欢独立探索和思考,有敏锐的观察力,丰富的想象力和更强的创造力。

第四,学习的趣味性,当孩子带着强烈的好奇心去探索和学习,会更加兴趣盎然,生机勃勃,还能增强对所学的事物的理解。因为在好奇心的驱动下去学习,不是"要我学",而是"我要学"。Renninger 的研究表明:对于个体的孩子,在某些科目上比别的孩子更有好奇心,就会表现出更多的探索,兴趣常常与好奇心如影随形(Renninger, 1992)。

作为父母或老师,我们不仅要保护孩子的好奇心,还要积极地培养和开发孩子的好奇心。我觉得儿童的好奇心和他们的智力一样,如果我们采用有效的措施和教学方法,努力去开发培养,是有很大的增长潜力的。Engel (2011)指出:好奇心是孩子发展的内在力量,又通过社会的相互作用展开。因此,应该在学校加以培养,尽管在我们的教室几乎是缺乏的。父母和教师培养孩子的好奇心有多种方式:可以引导和鼓励孩子多问为什么;教他们遇到问题不放过,要敢于刨根问底;教他们要善于发现问题、提出问题。曾有人问爱迪生成功的秘诀,爱迪生说,我没有什么别的本领,只不过有一种刨根问底的精神罢了。爱因斯坦说过,提出问题比解决问题更重要。

好奇心不仅是推动个体的认知,也是推动人类科学发展的内在力量。科学家和其他从事创造性工作的人,常常把好奇心视为工作的动力(Harlan, Rivkin, 2006)。科学上的许多创造发明都始于人类的好奇心。伟大的天文学家哥白尼在中学时代,听说可以用太阳的影子来确定时间,这个仪器的名字叫日晷。他很好奇,就找老师问了日晷的原理,回家找了些废旧材料,很快就做出来了。他利用自己做出来的日晷,研究太阳和地球的运动规律。哥白尼长大后,提出了著名的"日心说",推翻了过去一直认为是太阳绕地球转的"地心说"。伟大的化学家罗蒙诺索夫,出生在一个渔民家庭,从小随父亲到海上打鱼。他对大海发生的所有自然现象都感兴趣。出海后回到家里，罗蒙诺索夫总是要问父亲许多问题。"为什么夏季傍晚海面会出现光亮的水纹？""为什么冬夜天空会出现绚丽的北极光？""为什么海水每天两起两落？"伟大动物学家古多尔曾经说过：闷热的鸡窝常常和我们儿童时代的回忆交织在一起。小时候，我曾钻进鸡窝一直待了五个钟头，为的是要看看母鸡究竟是怎么下蛋的（http：//zhidao.baidu.com/question）。

内在动因三：自身的兴趣和理想

学生对学习活动的兴趣是一种强有力的内在动机，教育工作者必须通过教学的技巧和策略激发学生的兴趣，让学生的学习活动、思维活动跟随兴趣的指引。这一点我已在第三章中进行了详细的阐述，这里不再重复。这里我想要论述的是兴趣对学习和认知活动的重要意义。

兴趣对学生的学习和认知活动有哪些重要意义呢？

第一，兴趣可以使学生学习产生愉悦的情绪。兴趣和情绪往往相互作用，相互激发，强烈的兴趣可以调动学习者愉悦的情绪，愉悦的情绪又可以激发学习者的兴趣。在自身兴趣驱动下的学习是学生自己"想学习""要学习"，这样的学习过程是一个令人感到满足的愉快之旅。

第二，兴趣能够促进学生学习活动的专注力。兴趣会使学生"积极参与并卷入到学习活动中去"（stipek，1996）。当学生对他们所学的东西感兴趣时，他们会更有控制感（Skinner，1995；Skinner，Wellborn & Connell，1990）。许多科学家因为对研究对象的强烈兴趣，常常专注于自己的研究工作，达到物我两忘的境地。阿基米德因为专注于自己的研究在叙拉古城被杀死。当叙拉古城被敌人攻陷时，他正在伏案钻研他的几何图形，敌人的来临都未能使他从研究中分心。牛顿沉迷于研究竟把手表当鸡蛋煮了。

第三，兴趣可以促进理解力。学生对自己感兴趣的科目往往理解得更深刻，学习成绩也更好。教师要想使学生对所学的内容获得深刻的理解，首先要通过精心的教学设计唤起学生的兴趣。嘉德纳提出的"促进课堂理解的三种途径"，第一条就是"提供强有力的起点，激发学生的兴趣（Gardner，2000）"。所以，兴趣对于促进理解力具有极为重要的作用。

理想也是人的才智发展的重要内在动力。古今中外成就大业者无不具有的远大的理想和宏伟的志向。苏轼在《晁错论》中写道:"古之立大事者,不惟有超世之才,亦必有坚忍不拔之志。"宋代的张载在《正蒙·至当篇》中也说:"志大则才大,事业大。"周恩来少年立志为"中华之崛起而读书"。王世杰9岁时去武昌报考湖广总督张之洞创办的自强学堂,张之洞见他个子矮,年纪小,问他为什么要到武昌来学习,王世杰回答说:为人杰,为尧舜。张之洞把王世杰抱起来大笑不已,当即决定收下他。后来,王世杰成为法学泰斗,国立武汉大学首任校长,并历任中华民国的教育部长、宣传部长和外交部长。所以,青少年学子一定要从小树立远大的理想。理想是学习和成才的内在动力,从小立大志,日后方能成大才,创大业。当然,我们在树立自己的理想和目标之后,还要脚踏实地、勤奋刻苦地学习或工作,持之以恒地为既定的理想和目标奋斗,最终才能达到成功的彼岸,否则只能是空怀理想,纵有凌云壮志,也只是水中月,镜中花。真正科学的态度应该是眼望辽阔星空,脚踩坚实大地,这样的人学业、事业上才能达到登峰造极。

内在动因四:自我胜任感、自尊、自我实现、自我决定等人性要求

20世纪中叶,在教学和学习理论上兴起了"认知革命"。与此同时,在学习动机方面,一场人本主义心理学运动也开始出现。人本主义认为动机来自个体为实现自己作为人所拥有的全部潜能的尝试(Pintrich & Schunk, 2002)。Maslow(1968,1970)认为人本主义的动机观关注于整个个体——身体的、情感的、人际的、智力的以及个体"自我实现"的内在动力,即我们与生俱来的实现自我潜能的需要。

行为主义教育认为学习动机来自教室里给予的奖励和惩罚,奖励某一行为的后果是一种有吸引力和行之有效的方法。比如,一个孩子在教室里的某一行为表现良好就奖励他一朵小红花、一张小贴画或一个小星星,一个学生对某一次作业完成得好就给予他一个A或最高分。按照行为主义的观点,只要我们不断强化学生的某些行为,就可以培养出学生的这方面的习惯和行为倾向。行为主义动机观的根本弊端在于学习者是为了获得奖励或避免惩罚而学习,而不是基于自己的兴趣、理想和个人内在需要而学习,一旦外部的奖励和惩罚等激励因素不复存在,学习者就不再有学习的动力。行为主义不考虑学习者的内在心智加工过程,不顾及个体的天性、兴趣、

有机建构主义教育

特长、理想，如当行为主义强化训练一个学习者踢足球，而这个学习者的兴趣可能是打乒乓球，强化训练一个孩子绘画，而这个孩子的特长和理想可能在音乐方面。所以，从本质上讲，行为主义是把学生当做无生命、无意志、无个性的木头随意雕刻，或把人当做机器训练。我承认行为主义在19世纪和20世纪上半叶机器化大生产时代，曾对培养那些不需要太高的智能和创造力的操作熟练的技术工人，以及生产流水线上各个环节的熟练的操作者是有效的，但行为主义不利于培养出类拔萃的高智能创造性人才。21世纪是知识经济的世纪，是科技创新、管理创新的时代，当今社会最需要的就是高智能、创造性人才。所以行为主义教育既不符合人性的要求，也不能满足时代的需要。

"有机建构主义教育"倾向于人本主义的动机观，认为学习者作为人的内在精神需求、意义和价值追求，如自我胜任感、自尊、自我实现、自我决定等，也是学习和个体才智发展的内在动力，而且是发自于人性深层次的内在动力。相对于行为主义的奖励和惩罚等外在强迫力量，自我胜任感、自尊、自我实现、自我决定这些内在精神需求层面的动力更具有深层性、持久性和人本性，更能激发人的智力、创造力甚至体力方面的潜能。

自我胜任感，又称自我价值感或自我效能感，从认知学的角度讲，是一个人对自己能力、价值的认知和评价，认为自己有能力、知识和经验胜任学习、工作或某一具体事情。自我胜任感是我们对依靠自己的能力解决问题所持有的信念。Blair（2002）指出：自我效能（self-efficacy）是我们应对生活时所产生的一种胜任感和效能感，它对我们所有的人取得学习的成功都至关重要。自我效能感能发展成为一种信念，即坚信自己能够在某种程度上驾驭身边的事情。在学习领域，自我效能感是指学生相信他们能够运用自己的能力圆满地完成学习任务。自我效能感高的学生在完成学习任务时能坚持更久，寻求更深的意义，在学校显示出更低的紧张和焦虑，拥有更高的成就（Bandura, 1997；Multon, Brown & Lent, 1991；Pajares & Schunk, 2005）。而且大量研究表明学生的自我效能感可预测数学、科学、写作等各个不同学科领域的学习成绩（Klassen & Usher, 2010；Pajares, 1996；Pajares & Urdan, 2006）。

自我效能的信念开始于婴儿时期，并在人的整个一生中持续发展，成

第五章 "有机建构主义教育"基本原理四

为儿童掌握事物的动机。如果不为年幼的儿童提供或不允许他们解决一些通过他们自己的行动就能解决的问题,他们的能力得不到锻炼,遇到困难就会产生一种无助感。太容易获得的成功和太容易应对的挑战,都会使儿童能力的发展受到限制,以致儿童难以克服失败。而应对挑战则有助于儿童形成个人的自我价值感(sense of self-worth)和自我效能感。因此,要在学校里为儿童提供一些他们能够自己应对的学习挑战(Seligman, 1992; Harlan & Rivkin, 2006)。

自我胜任感一定是个体对自我的评价,与他人的评价无关。自我胜任感强的人,即使在别人对他的评价较低时,他也充满自信,认为自己有足够的能力和经验驾驭身边的事情。自我胜任感弱的人,尽管别人对他的评价较高,他却认为自己能力不行,缺乏对自己的信心和信念,心情焦虑、紧张,常怀挫折和失败感。抑郁症患者和焦虑症患者就是典型的例子。

自尊(self-esteem),就是指一个人尊重自己,维护自己的人格尊严和面子,不容许别人的歧视和侮辱。苏霍姆林斯基说过:人类有许多高尚的品格,但有一种高尚的品格是人性的顶峰,这就是个人的自尊心(http://zuowen.chazidian.com)。在教育和学习方面,自尊心是促使学习者对自己的学习负责,自觉勤奋学习的内在动力之一。在一个班级或团队中,每个人都认为自己有能力,都希望自己表现优秀,得到老师和同学的赞许和尊敬。如果一个学生在团体中总是表现得平庸落后,不仅可能受到别人的轻视,久而久之自己也会产生己不如人的自卑和痛苦。所以自尊是一种促人奋进,激发潜能的内在力量。

父母和教师一定要保护孩子的自尊心,从小培养孩子的自尊心。孩子的自尊心就像一棵幼小的树苗,一旦被伤害就很难愈合。有的家长无视自己孩子的优势,只盯着孩子的缺点和弱势方面,并拿孩子的弱势方面去跟别的孩子的优势相比,批评说:你看别人怎么那么优秀,你自己多差,你就不如别人。这样很伤孩子的自尊心。如果父母总是这样粗暴地批评孩子,孩子就会真的认为己不如人,丧失自尊心,自暴自弃。科学的方法应该是先肯定孩子的优势和优点,树立孩子的自信心,然后对孩子的弱势方面进行客观的分析,指出孩子弱势方面的具体原因并和孩子一起制订提高的计划。比如,孩子数学差,父母应该跟孩子一起分析他数学差的原因,是数学方面花的学习时间太少，还是数学的基础较差？或者是上课没专心听讲？要么是学习方法不对？在经过客观分析找准原因后再对症下药，制订出切实可行的提高方案，并告诉孩子他的天资并不比别人差，只要按照制订的方案去实施和努力，不久一定会提高的。

教师在教育教学的过程中常见的伤害学生自尊心的现象有：当着全体同学的面批评一个学生的错误，伤害学生的面子；将学生分为三六九等，区别对待；把学生的一点小错误上纲上线攻击人格；甚至拿学生的身体缺陷奚落批评（如有一个学生眼睛近视，有一次他没有完成老师布置的家庭作业，第二天，老师在课堂上很生气地对那位同学批评道：我昨天布置家庭作业的时候你没有听见吗？难道你又瞎又聋吗？）；等等。那些歧视和辱骂学生的老师们，你们要知道：在你们的辱骂中有瓦特，在你们的冷眼中有牛顿，在你们的歧视中有爱迪生。所以，老师一定要尊重学生，保护学生的自尊心。尊重和保护学生的自尊是师德的一条底线，也是教育工作的一个亮点。对学生要多一些鼓励少一些批评，多一些信任少一些责骂。形象地说，要多竖大拇指，少伸小拇指。即使批评学生也要态度委婉、方法科学，让学生心中感到老师不是在责备他而是在热情地用心良苦地帮助他。这样的帮助才能进入学生的心灵，与学生自尊自强的内在动力形成一条直线，汇成一股合力，共同推动学生的进步。

下面是两个截然相反的教育案例，一个是伤害学生自尊心，一个是保护和培养学生的自尊心，一正一反，对比鲜明。

案例1：狗都知道。科学家、发明家张开逊回母校讲学时，回顾了一个令人深思的问题，一位老师在数学课上讲"两点之间直线最短"这一公理时，有个学生始终不知道为什么"两点之间直线最短"，并刨根问底地问老师。这位老师急了，就给学生举了一个通俗易懂的例子："你站在一个正方形田埂的一个田角上，一条狗站在你的对角线上，你手中拿一个肉包子唤狗，狗是沿着对角线从田中间跑过来呢，还是绕田埂跑过来？"学生回答："当然是从田中间直接跑过来呀。"老师听后，讥笑着说："连狗都知道两点之间直线最短，你怎么就不知道呢？"全班一时哑然（董恒，2005）。

第五章 "有机建构主义教育"基本原理四

案例2：让教育成为"自然之物"。有一个小男孩，非常聪明，不过有一个小毛病，喜欢小偷小摸，许多教过他的老师都感到束手无策。由于经常遭到老师、同学的冷眼，他从内心打算"破罐子破摔"。这时换来了一位新的班主任，有一天，班主任让他把一个鼓鼓的包送到某个地方，他欣然答应，途中他抵挡不住好奇心，悄悄打开包，他惊呆了，原来包里装着整叠的钞票！他想不到老师竟然对自己这么信任，他震撼了！从此彻底改掉了坏毛病。他就是吴作栋，后来成为新加坡的总理（吴勇，2005）。

"自我实现"（self-actualization），就是每个个体都追求实现自我的潜能和生命的意义。"自我实现"的愿望是人类天生具有的精神和心理需求，也是一种能持久而深刻地激励人们奋进的内在动机。美国著名心理学家、人本主义运动之父亚伯拉罕·马斯诺认为"自我实现"的动力就是我们与生俱来的实现自身潜能的需要（Maslow, 1968, 1970）。他发展了一种层级模型来反映"完整的人"的需要，即马斯洛的"需求层次理论"。该理论把作为完整人的需求分为五个层次：第一是生存需要，如庇护、温暖、食物、水（也可理解为衣食住行这些基本的生存需要）；第二是安全需要，免除肉体上和情感上的威胁；第三是归属需要，来自家庭和同辈的爱和接纳；第四是自尊需要，认可和赞同；第五是自我实现的需要（见图5-1），实现个体的生命潜能和人生价值。其中第一至第四是匮乏性需要，第五是成长性需要。

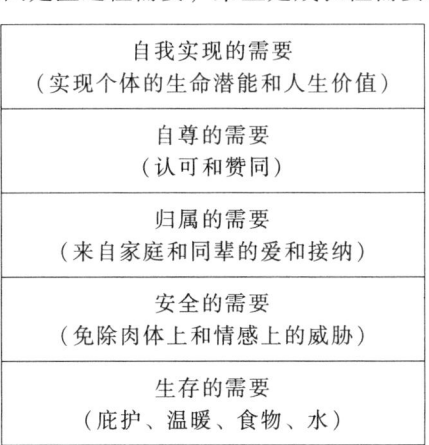

图5-1 马斯洛的需要层次

从马斯洛的需要层次理论我们可以看出，自我实现是一个人的最崇高的精神追求，也是人类最高贵的品格之一。马斯洛相信所有的人都在努力追求自我实现，尽管只有不到1%的人最终达到了目标（Maslow，1968）。

中国传统文化也强调自我现实，激励个体为社会、国家和人类的利益奋斗和献身，追求崇高的理想和人生价值。"穷则独善其身，达则兼济天下"（见《孟子·尽心上》），即当一个人身处穷困时，只能修养自身，在通达顺境时，就要施惠于天下百姓。"圣人不利己，忧济在元元"（见唐代诗人陈子昂的《感遇》诗），意思是圣人不追求一己的私利，他所忧虑和想救助的是普天下的百姓。

"自我决定"（self-determination）即我们每个人在与周围的世界的相互作用中，都希望自己有能力并按自己意志驾驭和决定身边的事情，比如，能够自己做出一些选择和决定，能够自己驾驭自己的生活和人际交往，自治与自我管理，等等。Deci（1980）认为自我决定是个体如何在自己所处的环境的基础上决定采取行动的过程。自我决定理论将人的最理想的运行状态假设为依靠满足三种基本的心理需要：自治的需要、胜任的需要和人际关系需要（Ryan & Deci, 2000）。在这三种基本心理需要中，自治的需要是自我决定理论最核心的因素，因为自治是一种强烈的愿望：希望我们拥有自己的意愿，而不是出于外在的奖励和压力，希望自己决定自己的行动（Deci & Ryan, 2002；Reeve, Deci & Ryan, 2004；Ryan & Deci, 2000）。

在教育领域，尊重学生的自我决定，我们就要允许学生自己选择、自己决定、自我管理。学生可以根据自己的兴趣特长选择自己的发展方向；根据自己的理想建立自己的知识结构；每天要有一定的自由支配的时间；学生要对自己的事情做出选择和决定，并对其后果负责；让学生参与班级和学校的管理规则的制订，并最终发展到自我管理；尊重每个学生不同的个性和"多元智力"组合，允许学生个性发展。蔡元培（1980）提倡教育必然"尚自然，展个性"。刘道玉（2009）倡导学生自我设计、自我学习、自我完善。

总之，以上四种内在动力因素要求教育工作者强调学生的自我驱动而不是外部强迫；自我表达而不是模仿；有指导的自学而不是灌输式教学；自我成长而不是教师雕刻。现在教师在学校所进行的教育是一种人为构想，常常将外部的奖励和压力作为学生学习和才智发展的最主要最根本的动力，

第五章 "有机建构主义教育"基本原理四

把学生当木头按照自己的要求和意志随意雕刻,因而现在学校的很多教育行为都背离了学习者"自我驱动"的原则。

引用文献

1. 〔法〕卢梭(Rousseau, J. J.):《爱弥尔》,李平沤译。北京:人民教育出版社,1987。
2. 〔意大利〕蒙台梭利(Montessoni, M.):《蒙台梭利育儿全书》,张成威、董大平译、序,北京:中国妇女儿童出版社,2006。
3. 〔英〕培根(Bacon):《培根论说文集》,天津:百花文艺出版社,2009。
4. 〔古希腊〕亚里士多德说:"思维是从疑问和惊奇开始的",2012 年 7 月 31 日检索自:http://www.dlzsms.com/alinq/q/school/。
5. Kagan, J.. Motives and development. Journal of Personality and Social Psychology. 22(1), 51–66, doi: 10.1037/h0032356, 1972.
6. Piaget, J. The psychology of intelligence. New York: Littlefield, Adams, 1969.
7. Gopnik, A., Meltzoff, A. N., & Kuhl, P. K. The scientist in the crib: What early learning tells us about the mind. New York: Harper Perennial, 2000.
8. Renninger, K. A. Individual interest and development: Implications for theory and practice. In K. A. Renninger, S. Hidi, & A. Krapp (Eds.), The role of interest in learning and development (pp. 361–396). Hillsdale, NJ: Lawrrence Erlbaum, 1992.
9. Engel, S. Children's need to know: Curiosity in schools, *Harvard Educational Review*, Vol. 81, No. 4, 625–645, 2001.
10. Harlan, J., Rivkin, M.,《儿童早期的科学经验:一种认知与情感的整合方式》,张宪冰、李姝静、郑洁、于开莲译,北京:北京师范大学出版社,2006。
11. 《科学家好奇心的故事》,2012 年 8 月 1 日检索自:http://zhidao.baidu.com/question。
12. Stipek, D., *Motivations to Learn: Integrating Theory and Practice* (4th ed.). Boston: Allyn & Bacon, 1996.
13. Skinner, E. *Perceived Control, Motivation, and Coping*: Thousand Oaks, CA:

Sage, 1995.

14. Skinner, E. , Wellborn, J. & Connell, J. What it takes to do well in school and whether I've got it: A process model of perceived control and children's engagement and achievement in school, *Journal of Educational Psychology*, 82, 22 – 32, 1990.

15. Gardner, H. *The Disciplined Mind: Beyond Facts And Standardized Tests, The K – 12 Education That Every Child Deserves.* New York: Penguin Putnam, 2000.

16. Pintrich, P. & Schunk, D. Motivation in classroom: Theory, reason, and applications (2nd. ed.). Upper Saddle River. NJ: Prentice Hall, 2002.

17. Maslow, A. *Toward a Psychology of Being* (2nd ed.). New York: Van Nostrand, 1968.

18. Maslow, A. *Motivation and Personality* (2nd ed.). New York: Harper and Row. (Original work published 1954), 1970.

19. Blair, C. Integrating cognition and emotion in a neurobiological conceptualization of children's functioning at school entry. *American Psychologist*, 57. 111 – 125, 2002.

20. Bandura, A. *Self – Efficacy.* The exercise of control. NY: Freeman, 1997.

21. Multon, K. D. , Brown, S. D. & Lent, R. W. Relation of self-efficacy beliefs to academic outcomes: A meta – analytic investigation. Journal of Counseling Psychology. 38, 30 – 38. doi: 10 1037/0022 – 0167 38.1.30, 1991.

22. Pajares, F. & Schunk, D. H. Self-efficacy and self-concept beliefs: Jointly contributing to the quality of human life. In H. Marsh, R. Craven, & D. McInerney (Eds.), *International Advances in Self Research* (Vol. 2, pp. 95 – 121). Greenwich, CT: Information Age, 2005.

23. Klassen, R. M. & Usher, E. L. Self-efficacy in educational settings: Recent research and emerging directions. In T. C. Urdan & S. A. Karabenick (Eds.), *Advances in Motivation and Achievement: Vol. 16A. The decade: ahead: Theoretical Perspectives on Motivation and Achievement* (pp. 1 – 33). Bingley, UK: Emerald. Doi: 10. 1108/ S0749 – 7423 (2010) 000016A004, 2010.

24. Pajares, F. Self-efficacy – beliefs in academic settings. *Review of Educational Research*, 66, 543 – 578, 1996.

25. Pajares, F. & Urdan, T. (Eds.). *Adolescence and Education: Vol. 5. Self – Efficacy Beliefs of Adolescents.* Greenwich, CT: Information Age, 2006.

26. Seligman, M. Helplessness. San Francisco: Freeman, 1992.

27. 《苏霍姆林斯基论自尊心》，2012 年 8 月 9 日，搜索于（http://zuowen.chazidian.com）
28. 董恒：《老师请注意你的语言》，《班主任之友》2005 年第 3 期，第 27 页。
29. 吴勇：《让教育成为"自然之舞"》，《中国教师》2000 年第 5 期，第 30 - 32 页。
30. Deci, E. *The Psychology of Determination*. Lexington, MA: Heath, 1980.
31. Ryan, R. M. & Deci, E. L. Self - determination theory and the facilitation of intrinsic motivation, social development, and well - being. *American Psychologist*, 55, 68 - 78. doi: 10.1037/0003 - 066X.55.168, 2000.
32. Deci, E. L. & Ryan, R. M. (Eds.). *Handbook of Self - Determination Research*. Rochester: University of Rochester Press, 2002.
33. Reeve, J., Deci, E. L. & Ryan, R. M. Self - determination theory: A dialectical framework for understanding the socio - cultural influences on motivation and learning: Big theories revisited (Vol. 4, pp. 31 - 59). Greenwish: CT: Information Age Press, 2004.
34. 蔡元培：《蔡元培教育文选》（高叔平编），北京：人民出版社，1980。
35. 刘道玉：《创造教育概论》，武汉：武汉大学出版社，2009。

第六章
"智力激活式教学法"与"教学七步骤"

预先猜想

在阅读本章之前请读者预先猜想以下问题。

1. 什么是"智力激活式教学法"?
2. 你能列举出古今中外有哪些著名的先进教学法?

第六章 "智力激活式教学法"与"教学七步骤"

智力激活式教学法

教学法是实施一种教育哲学或理念的具体方式，也是促进教学的手段。"有机建构主义教育观"主张智力和创造力是人的才智发展的基石，应将智力和创造力的开发放在教育最首位，因此，在教学方法上我提出"智力激活式教学法"。

什么是"智力激活式教学法"呢？概括地讲，"智力激活式教学法"就是在教学过程中，教师应通过精心设计教学材料和方法，尽可能地引出和激活学生的智力和创造力。这不仅可以训练和培养学生的智力和创造力，而且还能促进学生对所学知识的深刻理解和灵活运用。

近三十年的国际教育改革都呼吁开发学生的智力和创造力，那么到底怎样才能有效地开发学生智力和创造力呢？教育研究者和实践者都进行了大量的探索和尝试。有的学校专门开设了思维训练课程，有的国家（如日本）开办了星期日发明创造学校。这些措施无疑是有益和必要的。但我觉得开发学生的智力和创造力主要应在课堂教学中实施，应融合在各科的课堂教学过程中，课堂才是开发学生智力和创造力的主战场。"智力激活式教学法"探索的正是课堂教学中如何激活和培养学生的智力和创造力。

从知识学习的角度讲，建构主义认为学习是积极地建构个人的知识，而不是简单地接受和处理教师或书本传送的信息（De Kock, Sleegers & Voeten, 2004; Woolfork, 2007）。Spiro 的"认知灵活性理论"主张教学必须使学习者深刻地理解知识和灵活地运用知识（Spiro, et al., 1995）。所以，只有教师在教学的过程充分激活学生的智力，学生才能深刻地理解和灵活地运用他们所学的知识。如果课堂上学生的智力和创造力不能被引出和激活，学生不可能深刻地理解和灵活地运用他们所学的知识，也不可能有效地建构他们个人的知识，只能是简单地接受和记诵教师或书本传送的知识。

教学七步骤

为了在课堂教学实践中更好的贯穿实施"智力激活式教学法"，或者说为了使"智力激活式教学法"在课堂教学中变得更加具体和具有可操作性，我设计了课堂教学的"教学七步骤"。在阐述"教学七步骤"之前，首先我

有机建构主义教育

将介绍加涅（Gagne）的"教学九步骤"。加涅（1965）在他的《学习的状态》(*The Conditions of Learning*) 一书中，提出了著名的"教学九步骤"(Nine Instructional Events)。

第一步，获得注意（用刺激激活学习者）。

第二步，告知学习者学习目标（造成学习者对学习的期待）。

第三步，促使对先前知识的回忆（回想和激活短时记忆）。

第四步，讲述本课内容（学生获得对内容的选择性感知）。

第五步，提供学习指导（对短时记忆的语义编码）。

第六步，引出行为表现（实践）（对能促进编码和证实的问题的回答或解答）。

第七步，提供反馈（巩固和评价正确的行为表现）。

第八步，评价行为表现（作为最终评估反刍和巩固所学的知识）。

第九步，增强保持和迁移（回想和概括所学的技能以运用到新的情景中去）。

借鉴加涅对课堂教学分解步骤的方式，我提出"教学七步骤"。

第一步，列出智力清单——列出学习这一课的知识所需要的主要智力清单。这份清单应包括学生学习这一课的知识涉及哪些方面的智力，在这一课内容的学习中，教师应着重训练学生哪些方面的智力、创造力和思维方式。

第二步，讲解背景知识——简述和回忆学习新的知识所需要的已有的背景知识。学生学习新知识必须基于已有的背景知识，并与已有的知识和经验建立有意义的联系，才能形成真正的理解。所以，在引导学生学习新知识之前应先简述和回忆有关的背景知识。

第三步，提出问题——提出问题以激活学生的思维。一个教师向学生提出问题的质量反映他的教学水平。教师提出的问题一定要有挑战性、有意义，能激活学生的思维，引起学生的兴趣和求知欲。同时还要注意问题要难度适中，即学生通过自己的努力和教师的指导能够解决，否则，如果难度超过了学生的能力，学生就会产生挫败感，丧失学习的兴趣。

第四步，有指导的猜想——在教师指导下学生先自己进行猜想。猜想是人类经常使用的一种高级智能，无论婴幼儿认识世界建构理解还是科学

第六章 "智力激活式教学法"与"教学七步骤"

家进行发明创造都始于猜想,也经常运用猜想。遗憾的是自从孩子进入学校,开始了正规的学校教育后,他们猜想的权力就被剥夺了。因为在传统的教师的观念里,他们认为孩子总是不懂的,而他们自己是先知先觉者,是布道者,同时他们也害怕学生胡乱猜想会产生错误、形成谬见,所以他们不允许学生自己猜想,学生必须要先听他的讲解和传授。事实上,猜想是人类与生俱来的本能,也是最能锻炼人的智力和创造力的。让学生在教师指导下猜想可以开发学生的直觉思维能力、顿悟能力和洞察力等,这些能力正是创造力的核心素质。布鲁那(1960)曾告诉我们:数学家、物理学家、生物学家以及其他科学家都强调直觉思维在他们各自领域的价值。从这种意义上说,目前这种正规的学校教育,因为剥夺了学生自己猜想的机会,的确有将学生越教越傻的危险。有这样一个问题:一个人问另一个人,你的知识是哪里来的?另一个人答:我的老师教的。第一个人又问:你的老师的知识是从哪里来的?另一个人答:老师的老师教的。第一个人又问:那么世界上第一位老师的知识是从哪里来的?另一个人再也回答不上来了。

第五步,有指导的自学——在教师的指导下学生自学本课的知识。我始终认为真正有效的学习是自学,一个人一生中的绝大部分知识也是通过自学获得的。在教师指导下的自学可以培育学生的自学能力和自我探究能力,自学能力对学生的一生都很重要。奥古斯丁(Augustine,1995)提出一种激进的观点:没有哪位人类教师通过指向实例甚至使用语词真正教会人们任何东西。按照他的说法,人类教师所做的最多就是让个体达到能够自学或自己理解某事的状态。理解一词的意思是一种内在阐释(inner illumination)。刘道玉(2009)曾指出:绝大多数学者都是通过自学获得知识。

第六步,教师讲述——经过前面五个步骤后,教师详细地讲述一下本课的主要内容,使学生形成完整而清晰的理解。老师在讲述书上的知识时,还要告诉学生知识既有绝对性,又有相对性。尽管书上的知识是经过权威专家的认可和长时间的沉淀,但未必都是绝对正确和不可质疑。我们可以质疑,但质疑一定要有根据。

第七步,迁移运用——让学生运用所学的知识在新的背景下解决问题。学生只有能够将所学的知识迁移运用到新的背景中去解决问题,才算是达到了真正的理解（Gardner，2008；Blythe，1998）。教学不仅要让学生理解知识，还要训练学生运用知识。我们让学生适当地做一些课堂、课后练习，以及将所学的知识运用到生活实践和社会实践中去解决一些实际问题，既有利于培养学生对知识的迁移运用能力，也是有利于学生巩固和加深对所学知识的理解。

下面用我自己了设计的一堂历史课和一堂数学课的教学案例，来具体地阐述和例说"智力激活式教学法"和"教学七步骤"。

传统的历史课的教学方式主要是要求学生记住一些史实如日期、人名、地名和事件。我认为，学习和记诵一些基本的历史史实固然是必要的，但更重要的是理解历史史实的意义和通过历史课培养学生的思维能力和创造能力，事实上，在互联网高度发达的今天，如果你需要详细的历史史实，通过"谷歌"或"百度"搜索即可。历史上的伟大人物都对国家或世界做出了巨大的创造性的贡献，他们都是历史的天空中耀眼的星辰，也无疑都是创造性人才。这些伟大的人物可以作为教师培养学生的创造性思维的最好的最生动的案例。我建议将历史课改为"历史与创造"课，这样历史课的教学目标就更加明确：既让学生学习历史知识，又培养学生的创造力。

我曾在一所学校做过一个学期的历史老师，这里我选取曾教过的一节关于"汉武帝"的历史课程为例来说明"智力激活式教学法"和"教学七步骤"在课堂教学中的运用。我们都知道，汉武帝是中国历史上最伟大的皇帝和政治家之一，对中国的历史产生了深远的影响。这堂课就是按照"智力激活式教学法"和"教学七步骤"进行的。

第一步，列出智力清单：上课之前，我在一块小黑板上列出了这一节课所需要的主要智力和教学目标的清单，内容如下。

（1）通过学习汉武帝处理政治危机和棘手问题的逻辑分析和创造性思维，培养学生的逻辑分析能力和创造性思维能力。

（2）通过学习汉武帝建立强大国家的精神和魄力，培养学生的创造性个性。

（3）掌握基本史实——汉武帝的主要改革措施以及改革后取得的巨大成就，理解为什么他是中国历史上最伟大的皇帝和最杰出的政治家之一。

这堂课一开始，我先简述了列在小黑板上的这堂课的目标。

第六章 "智力激活式教学法"与"教学七步骤"

第二步，讲解背景知识：我接着介绍了汉武帝刚登王位时，他在政治、经济、外交和意识形态方面所面临的严重危机和矛盾。国家危在旦夕，他如临深渊，如履薄冰。

第三步，提出问题激活学生思维：我问学生："如果你们就是汉武帝，想想如何改革，以化解和消除这些危机和矛盾？"通过这个假设和问题，学生的思维被充分地激活了。

第四步，在老师指导下猜想：我要求学生把书合上，不准看书。我鼓励他们思考我提出的问题，也可分小组讨论。这样，学生把他们自己想象成汉武帝，积极而活跃地猜想如何改革政治、经济、军事和思想文化，以便解决危机和复兴国家。

第五步，在教师指导下自学：经过学生自己的猜想之后，我让学生打开书，自学汉武帝的改革措施，并将汉武帝的改革措施与自己猜想的改革措施对比，比较谁更高明。

第六步，教师讲解：在学生自学之后，我再概述汉武帝的改革措施，以及经过汉武帝的改革之后汉朝出现的繁荣。

第七步，迁移运用：在课堂的结尾，我给学生布置了一道作业，要求学生写一篇小论文，题目是：关于对×××管理改革的建议（选材内容可以是关于学校的、社区的、城市的，省级（州级）的，以及国家层面的管理）。

第二个教学案例是关于数学方面的。

我曾到一所学校做教学实验。我教了一节课关于梯形面积的计算公式——$S = (b_1 + b_2) \times h \div 2$，这里 S 代表梯形的面积，b_1 和 b_2 代表梯形的上底和下底（平行的两边），h 代表高（见图6-1至图6-7）。

这一课程我同样采用了"智力激活式教学法"和"教学七步骤"。根据"教学七步骤"进行如下。

第一步，列出智力清单：在课前的教学设计中，我把学习这课知识所需的主要智力和本课的教学目标列在一个小黑板上。

● 培养学生的想象力。

● 培养学生的数理逻辑智力。

● 培养学生的探索精神（从自己已有的知识出发探索新的知识）。

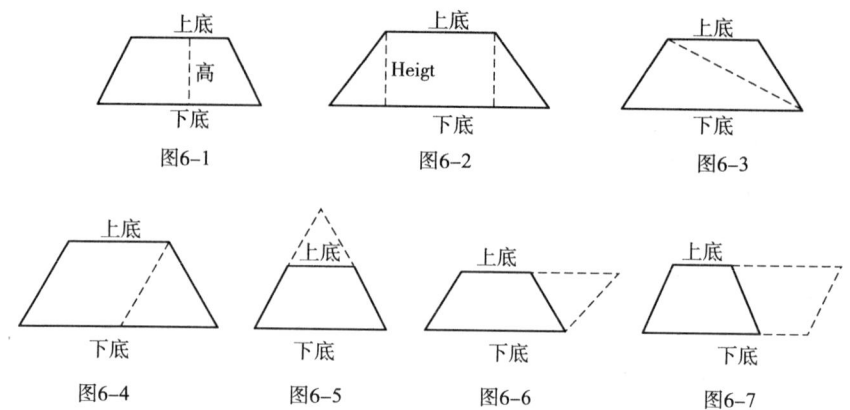

- 熟练地掌握和灵活运用梯形的面积计算公式。

在课堂开始时，我简要地概述了列在小黑板上的智力和教学目标清单。

第二步，讲解背景知识：我讲解了与这节课有关的背景知识——快速复习了同学们先前已经学过的长方形的面积公式、三角形的面积公式和平行四边形的面积公式。

第三步，提出问题激活学生思维：我问学生："你们想想怎样运用已经学过的长方形、三角形、平行四边形的面积计算公式自己探索和推导出梯形的面积计算公式。"

第四步，在老师指导下思考：首先，我让学生观察图6-1，充分发挥他们的想象力，将这个梯形转变为一些长方形、三角形和平行四边形。我鼓励他们尽可能多地构想出不同的转变形式。这样他们的想象力被充分地激活了。他们在纸上画，积极地探索如何将这个梯形转变成一些长方形、三角形和平行四边形。同学们经过探索后，构想出五种不同的转变形式：

（1）见图6-2，将梯形转变成两个三角形和一个长方形，将这两个三角形和这个长方形的面积相加，就可得出梯形的面积。

（2）见图6-3，将梯形转变成两个三角形，这两个三角形的面积之和就是梯形的面积。

（3）见图6-4，将梯形分成一个平行四边形和一个三角形，把平行四边形的面积和三角形的面积相加，我们就可算出梯形的面积。

第六章 "智力激活式教学法"与"教学七步骤"

（4）见图 6-5，将梯形延伸成一个大的三角形，这样图中就会出现一个大三角形和一个由延伸线和上底构成的小三角形。大三角形的面积减去小三角形的面积，我们就会求出梯形的面积。

（5）见图 6-6，将梯形变成一个大平行四边形和一个小三角形，大平行四边形的面积减去小三角形的面积，即等于梯形的面积。

看到学生想象出来的 5 种变换方式，我对他们的想象力表示由衷的赞赏。我又补充了第 6 种变换方式，见图 6-7：再画一个形状和大小一模一样的梯形，从纸上把这个梯形剪下来，颠倒过来，和原先的梯形拼接在一起，这两个梯形就会拼成一个大的平行四边形。这个大的平行四边形的面积除以 2 就等于这个梯形的面积。

第五步，在教师指导下自学：在学生经历了第四步的猜想之后，我让学生看教材，自学梯形的面积计算公式。

第六步，教师讲解：在学生自学之后，我再选取以上六种变换形式中的一种，详细地讲解怎样推导出梯形的面积计算公式（由于课堂时间有限，对其他几种变换形式，有兴趣的同学可课后自己去推导）。以图 6-3 为例，梯形的面积 S = 左边的三角形的面积 + 右边的三角形的面积。根据三角形的面积计算公式，左边三角形的面积 = $b_2 \times h \div 2$，右边三角形的面积 = $b_1 \times h \div 2$ 所以，梯形的面积 $S = (b_2 \times h \div 2) + (b_1 \times h \div 2) = (b_1 + b_2) \times h \div 2$。（至此，我们推导出了梯形的面积计算公式）。

第七步，迁移运用：我让学生运用梯形的面积计算公式在新的情景中解决问题。第一题：有一个水库的大坝，它的外侧面是一个梯形，上底是 150 米，下底是 240 米，高是 30 米。现在外侧面需要用石头加固，求需要准备多少平方米的石头。第二题：我留给学生这样一道课后思考题：运用梯形的面积计算公式，巧妙地计算出 "2+4+6+8+……+96+98+100=？"。

"智力激活式教学法"和"教学七步骤"强调激活学生的思维和开发学生的智力，尤其高度重视激活学生的猜想能力和培养学生自学能力。同时，"教学七步骤"还能加深学生对他们所学的知识的理解，因为这种教学法不是直接给予学生知识，而是使学生一步一步地经历这七个步骤，这些步骤有利于学生获得对知识的深度理解。嘉德纳（Gardner, 2006）指出："教育必须最终在增强人类的理解力上自我辩护"。

简要介绍几个其他的著名教学法

古今中外的教育家在探寻教育规律中，提出自己的教育理论或教育哲学的同时，也提出了许多先进的教学方法。著名的有中国孔子的启发式教学法，苏格拉底的反诘式教学法，布鲁那的发现式教学法，联邦德国的范例教学法，意大利蒙台梭利创立的"幼儿感官教育法"，意大利瑞吉欧地区的幼儿"主题教学法"，美国嘉德纳的"深度理解教学法"，中国刘道玉的"SSR"教学法，"头脑风暴教学法""以问题为中心教学法"，等等。

1. 中国古代教育家孔子开创的"启发式教学法"

孔子（公元前551年至公元前479年），提倡启发式教育，"不愤不启，不悱不发，举一隅不以三隅反，则不复也"。孔子的方法就是先鼓励和允许学生自己去思考、猜想和探索，只有当学生极力想弄明白但仍然想不透的时候才去启发他；只有当学生心里明白快要说到嘴边了却又不能完善地表达出来的时候才去帮助他表达出来。如果他不能举一反三，就先不要往下进行。孔子还主张学、思结合，"学而不思则罔，思而不学则殆"（孔子，2006）。

2. 古希腊哲学家苏格拉底创立的"反诘式教学法"

苏格拉底认为："知识不在于对事物的感受中，却在于对感受而起的思维中""知识不在知觉上求，在心灵本身应事接物的作用上求，我想此作用谓之思维和论断"（参见柏拉图《泰阿泰德》，1963）。显然，在苏格拉底看来，唯有思维才能达事物之"存在"，通事物之规律，由感受则不能。所以苏格拉底创立并实施了"反诘式教学法"，训练提问者缜密的思辨能力，并消除提问者头脑中的错误观念，逐步达到正确的认识。他具体的方法是，第一步是讽示，他在讨论问题的谈话中，首先装着自己什么都不懂，向别人请教，让人家发表意见，然后用反诘的方法，引导对方积极思索，努力发现自己认识中的矛盾，从而承认自己无知并产生寻求答案的动机。第二步是产婆术，即在第一步的基础上引导对方的思维走上正确的道路，从而逐步得到理性的认识，达到苏格拉底的要求（袁锐锷，2006）。Phillips（2003）认为，苏格拉底的反诘法（elenchus）或反诘式提问（elenctic questioning）是让对话者看到他们自己信念中的不一致和矛盾之处，从而消除提

第六章 "智力激活式教学法"与"教学七步骤"

问者头脑中的错误观念,逐步形成正确的理性的认识。

3. 布鲁那的发现式教学法

布鲁那反对让学生被动接受知识的讲授法,提倡发现式教学法。布鲁那认为发现并不限于那种要求人类探究尚未知晓之事物的行为,发现包括用自己的头脑亲自获得知识的一切形式。学生的思维和科学家的思维方式仅仅是程度上的差别,本质上是一样的。因此,学生的学习也应该像科学家那样,在老师的指导下自己去发现知识。科学的教学应该是假设式引导学生自己去发现,让学生利用所提供的材料和信息,亲自去发现应得的结论和规律,成为一个发现者。发现式教学的基本程序是:选定一个或几个问题→创设发现问题的情境→建立解决问题的假设→对假说进行验证→做出符合科学的结论→转化为能力。布鲁那认为发现式教学法有以下几大益处:有利于提高儿童的智力潜能;可以增强对知识的记忆,有利于检索运用知识,可以把外部动机转化为内部动机;有利于使学生学会发现探索的方法(Bruner, 1960;顾明远、孟繁华, 2006)。

4. 联邦德国的范例教学法

20世纪50年代初,各国在教育上都纷纷增添教学内容,搞百科全书式的课程。结果,各级学校的课程变得臃肿庞杂,学生负担十分沉重,智力活动被窒息,学生学习的积极性和教学实际效果都严重下降。面对这种情况,联邦德国的大学、高等师范学校、中学的代表在蒂宾根召开了大学与中小学教育会议。会议代表认为,教育"处在由于教材充塞而窒息智力活动的危险中""中小学开始疏远正在不断进步的科学"。会议提出了教育改革的主张,并通过了著名的《蒂宾根决议》(简称《决议》)。《决议》指出"教学没有彻底性就不可能有成绩,而没有对教材的自觉限制,就不可能有教学的彻底性。工作的能力比泛泛的知识发展更重要。精神世界的本源现象是可以通过个别的由学生真正理解的事实例子加以说明的,但这些事实由于单纯的教材的堆砌而掩盖了真相,而学生本来对这些教材就不甚了解,因此不久就会遗忘掉"。《决议》又说:"透彻地讲解教材的实质,这一点绝对应当领先于任何教材范围的扩充。学生考试的数量应当加以限制,考试的方法更多应针对理解力而不是记忆力。"

有机建构主义教育

会议上，历史学家 H. 海姆佩尔提出了"范例教学"的设想，受到了与会代表的普遍重视。"范例教学"的基本思路是：打破按完整的体系向学生传授知识的原则，教学大纲应该从庞杂臃肿的教材中精选那些对进一步了解事物本质具有实例性、启发性的部分，使学生借助于这些典型案例的研究，理解普遍性的东西。会后，M. 瓦格舍因、W. 克拉夫基等许多教育家发表有关论著，使得"范例教学"在联邦德国的 20 世纪 50～60 年代逐步形成了一个理论体系，并深入到历史、数学和科学的各门学科领域（顾明远、孟繁华，2006）。

5. 意大利蒙台梭利创立的"幼儿感官教育法"

蒙台梭利（Maria Montessori，1870～1952）是 20 世纪初享有国际盛名的意大利女教育家。她被誉为"在幼教方面，自福禄培尔以来影响最大的一人"。

蒙台梭利将对 3～6 岁的儿童的教育分为四个方面：体育、感官教育、知识教育、实际生活练习。其中，感官教育（感觉训练）在蒙台梭利的教育体系中占有最重要的地位，也是她的教育实验的主要部分。她认为：对于幼儿来说，是刺激，而不是对事物的思维，吸引着他的注意。因此感官教育符合儿童心理发展的需要。感官训练既为儿童将来的实际生活做准备，又是儿童接受知识和发展智力的基础，"智能的培养首先依靠感觉……感觉练习是初步的基本的智力活动，通过感觉练习使儿童学会辨认、分类、有序排列，这就是智力和文化学习。"蒙台梭利把感官训练分为触觉、视觉、听觉等方面的训练，每种训练单独进行，并创制了一套教具，共 26 种，供感官练习之用。例如，供视觉练习用的一种教具是：三组圆柱，第一组是高度相等而直径不同，第二组是直径相同而高度不等，第三组是高度和直径都不同，要求儿童分别将其嵌入钻在木盒上的相应孔中。许多心理学家和教育家都认为蒙台梭利的感觉训练是符合人的认识发展规律的。近年来已有不少实验证明儿童的认知能力的培养应从感官训练开始，感觉发展越好，带来的外界信息越多，认知能力就越能得到发展（蒙台梭利，2006；袁锐锷，2006）。

6. 意大利瑞吉欧地区的"主题教学法"

该方法已在前面的第四章中做过介绍。

第六章 "智力激活式教学法"与"教学七步骤"

7. 美国嘉德纳的"深度理解教学法"

1988年,"多元智力理论"创始人、哈佛大学教授嘉德纳(Howard Gardner)和他的同事们提出"为理解而教"(teaching for understanding),后来,他们在哈佛教育学院"零点项目"(zero project)中成立了"为理解而教"研究课题,联合了众多的心理学家、教育学家和一线从事教学实践的教师对这个课题进行了深入而持续的研究。嘉德纳主张,教学应当通过对主题的深度挖掘使学生达到对所学内容的深度理解,教育必须最终在增强人类的理解力上证明自己的正确性(Gardner, 2006)。他认为学生对知识理解主要存在两个方面的障碍,一是幼年时期镌刻的错误观念,这些错误的观念在孩子生命之初的幼小心灵留下深刻的印记,以致后来的学校教育很难清除;二是教学速度使然,如果教师决定无论如何要在特定的时间内把整本书的内容教完,这无异于使大部分学生都无法真正理解课程的内容。所以,他提倡教学首先要将早年错误观念磨平,然后借助正确的引导,展开正确的教育;对于课程内容,应该少而精,深度探讨每个科目中少数重要的问题。对于如何促进课堂理解,嘉德纳提出了三种有效的途径:①提供强有力的起点,激发兴趣;②提供恰当类比,运用类比和隐喻,深化理解;③提供核心观点的多种表征(Gardner, 2008)。

8. 中国刘道玉的"SSR"教学法

刘道玉是中国著名的教育家、教育改革家,原武汉大学校长。他在20世纪80年代任职武汉大学校长期间,曾进行了一系列大刀阔斧的教育改革,被誉为"中国高等教育改革的旗手"。离职后,他又潜心治学,撰写和出版了创造教育书系(共5本),创建了中国的创造教育理论体系。对于大学创造教育的模式问题,他在多年研究的基础上,提出了"SSR创造教育模式"(简称"SSR模式")。第一个"S"是英语词组"Study independently"的缩写,即自学或独立学习,是由学习者自己完成学习的一种方式。第二个"S"是英语单词"Seminar"的缩写,是指大学生在老师指导下进行课堂讨论的一种形式,有时也称讨论式课程。"R"是"Research"的缩写,它的意思是研究、探索。"SSR模式"分别代表三种学习方法,即学生先自学,再在老师的指导下进行课题讨论,同时,还要参与一定的学术研究,学研结合（刘道玉，2009）。

9. "头脑风暴"教学法

"头脑风暴法"（brainstorming）的发明者是现代创造学的创始人、美国学者阿历克斯·奥斯本，他于1938年首次提出"头脑风暴法"。"头脑风暴法"原指精神病患者头脑中短时间出现的思维紊乱现象，病人会产生大量的胡思乱想。奥斯本借用这个概念来比喻思维高度活跃，打破常规的思维方式而产生大量创造性设想的状况。"头脑风暴"的特点是让与会者敞开思想，使各种设想在相互碰撞中激起脑海的创造性风暴。后来，"头脑风暴法"被越来越多的运用于教学中，作为激励全班学生创造思维的一种手段。"头脑风暴教学法"具体做法是：先由教师提出某个问题，然后鼓励学生敞开思想，积极思考，大胆猜想，提出尽可能多的答案或设想，不必考虑答案是否正确，教师也不对任何答案或设想做评论，以确保几乎所有可能的设想都能被提出来（http://zhidao.baidu.com/question）。

10. "以问题为中心"教学法（Problem-Based Learning, PBL）

"以问题为中心"教学法是1969年美国的神经病学教授保罗斯（Barrows）在加拿大的麦克马斯特大学提出的，经过30多年的发展，现已成为一种成熟的教学方式，并在国际教育界得以广泛采用。"以问题为中心"教学法的核心思想是：教学活动要以精心设计的问题为中心展开，学生围绕问题进行探索、思考和学习。该教学法主张以学生为主体，以教师为指导，偏重学生的小组合作学习和自主探究，强调通过教师的精心设计，把学习任务设置到复杂的、多面的和真实的问题情景中去。Barrows（1996）总结了"以问题为中心"教学法的六个基本特征如下。

（1）是由以学生为中心的学习组组成的。

（2）学习以小组合作的形式发生。

（3）教师的角色是促进者和指导者。

（4）问题是为学习组织的聚焦和信息刺激的基础。

（5）问题能够促进学生问题解决技能的运用和发展。

（6）学生的新知识是通过自主学习而获得。

学生在探究和解决问题的过程中，在小组合作中，不仅学会了相关的科学知识，也培养了学生分析问题解决问题的能力、团队合作能力以及内

第六章 "智力激活式教学法"与"教学七步骤"

在学习动机（Hmelo-Silver，2004）。

引用文献

1. De Kock, A., Sleegers, P., Voeten, J. M. New learning and the classification of learning environments in secondary education. *Review of Educational Research*, 74, 2004.
2. Woolfolk, A. *Educational Psychology* (10th Ed.). 北京：中国轻工业出版社，2007。
3. Spiro, R. J., Feltovich, P. J., Jacobson, M. J. & Coulson, R. L. Cognitive flexibility, constuctivism, and hyertext: Random access instruction for advanced knowledge acquisition in Ill – structured domains. In: Steffe, L. & Gale, J. (ed.), *Constructivism in Education*. NJ: Lawrence Erlbaum Associates Publishers, 1995.
4. Gagne, R. M. The conditions of learning. New York: Holt, Rinehart and Winston, 1965.
5. Bruner, J. S. *The Process of Education*. New York: Vintage Books, 1960.
6. Augustine. Against the academicians and the teachers, trans. P. King. Indianapolis: Hackett, 1995.
7. 刘道玉：《创造教育新论》，武汉：武汉大学出版社，2009。
8. 〔美〕嘉德纳（Gardner, H.）：《受过学科训练的心智》，张开冰译，北京：学苑出版社，2008。
9. Blythe, T., and Associates. *The Teaching for Understanding Guide*. San Francisco: Jossey-Bass Publishers, 1998.
10. Gardner, H. "The Development and Education of the Mind," in *Selected Works of Howard Gardner*. New York: Routledge, 2006.
11. 孔子：《论语》，北京：中华书局，2006。
12. 〔古希腊〕柏拉图：《泰阿泰德》，严群译，北京：商务印书馆，1963。
13. 袁锐锷：《外国教育史新编》，广州：广东高等教育出版社，2006。
14. Phillips, D. C., Theories of teaching and learning. In Curren, R. (Eds.), *A Companion to the Philosophy of Education*. Oxford, UK: Blackwell Publishing Ltd, 2003.

15. Bruner, *The Process of Education*. New York: Vintage Books, 1960.
16. 顾明远、孟繁华主编《国际教育新理念》(第 2 版),海口:海南出版社,2006。
17. 〔意大利〕蒙台梭利(Montessoni, M.):《蒙台梭利育儿全书》,张成威、董大平译、序,北京:中国妇女儿童出版社,2006。
18. 《头脑风暴法》(Brainstorming),2012 年 8 月 16 日检索于 http://zhidao.baidu.com/question。
19. Barrows, H. S. Problem-based learning in medicine and beyond: A brief overview. In Wilkerson, L & Gijselaers, W. H. (eds). *New Directions for Teaching and Learning*, no. 68. *Bringing Problem – Based Learning to Higher Education: Theory and Practice*, 3 – 13. San Francisco: Jossey-Bass, 1996.
20. Hmelo-Silver, C. E. Problem-based learning: What and How Do Students Learn? *Educational Psychology Review*, 16 (3), 2004.

第七章
论智力（一）

预先猜想

在阅读本章之前请读者预先猜想以下问题。
1. 你认为什么是人类的智力？人类的智力是怎样起源的？
2. 你认为动物和植物有智力吗？
3. 嘉德纳的"多元智力理论"把人类的智力分为哪八种智力？
4. 你认为智力可以进行纵向分层吗？最基层的智力是什么？最高层的智力是什么？

智力的定义

智力是一个复杂的开放性的概念。其复杂性表现为每个人都能感觉到自己和他人的智力的存在，如我们都能感觉到人的思维能力、学习能力、灵活运用知识和经验解决问题的能力、甚至创造能力。但如果问一个人什么是智力时，除了专业的研究人员，绝大多数人却很难说清楚什么是智力，或对智力给出一个明确的定义。说它是一个开放性的概念，是因为即使专业研究者，对智力的定义也是多样化和不统一的。Gregory（1998）说：智力有许多种定义，从狭义上看，有多少个专家被问及智力的定义，智力就会有多少种定义。另外，尽管对智力的定义林林总总，但这些定义又具有很强的相似性。下面列举一些词典和专业心理学家对智力的定义。

词典对智力的定义如下。

（1）智力是运用记忆、知识、经验、理解、推理、想象和判断去解决问题和适应新的情景的能力（All Words Dictionary，2006年版）。

（2）智力是学习、理解和考虑问题的能力（*Longman Dictionary of Contemporary English*，2006年版）。

美国心理学会对智力的定义如下。

智力是个体不同于他人的通过思维理解复杂的想法和思想，有效地适应环境，学习经验，进行各种形式推理，克服障碍。

心理学家对智力的定义如下。

（1）智力不是一种单一的、统一的能力，而是多种功能的组合。"智力"这一术语指的是在特定的文化中生存和发展所需要的能力的组合（Anastasi，1992）。

（2）我们应当用"智力"一词意指一个生物解决新问题的能力（Bingham，1937）。

（3）智力是一种通过智力测试可以测量的东西（Boring，1923）。

（4）智力是为一种或更多的文化背景所珍视的解决问题和生产产品的能力（Gardner，1983）。

（5）我宁愿称之为"成功智力"，理由是强调运用你的智力在你的生活中获得成功。所以，我将智力定义为你在你的生活中、社会文化背景中取

第七章　论智力（一）

得你想要达到的任何东西的技能——即人们都有自己的不同的目标，有的是为了在学校取得很好的成绩和考试成功，有的可能是为了成为非常优秀的篮球运动员、演员、音乐家（Sternberg，2003）。

（6）智力是一种同化，同化进入现有的包括所有经验给予的信息、资料的范围框架之内。无疑，精神生活也是对环境的顺应。同化绝不是单纯的，通过整合新的元素进入先前的图式，智力不断地修改先前的图式以使先前的图式适应新的元素（Piaget，1963）。

（7）智力是一套认知能力，能使一个人在他所处的任何一种环境中适应并取得成功，这些认知能力包括诸如记忆、回想、问题解决之类的能力。有一组认知能力导致对各种不同环境的成功适应（Simon – ton，2003）。

（8）智力是一个全球性的概念，涉及一个人有目的的行为、理性的思考和有效地应对环境的能力（Wechsler，1958）。

智力是人类思维能力、认知能力、创造能力的基础，也是教育培养的首要目标。任何一个教育工作者和教育家都必须研究智力。可以毫不夸张地说：一个教师如果不研究智力是不可能成为合格的教师，一个教育家如果不研究智力就不可能成为真正的教育家。

我作为一位痴迷的教育研究者，对智力从生物学、心理学和教育学的角度进行了长期的研究，对智力产生了下面的观点和想法。当然我的观点也未必都正确，只是以猜想的形式提出来与读者讨论和商榷。

第一，我曾从生物学和生命科学的角度研究人类智力的起源和本质，冒昧地提出一种猜想：一切生物都应该具有生命智力，即一切生物都是依靠生命智力能动地指挥和调控生物体内部复杂的生命功能和生化反应，如呼吸功能、消化功能、新陈代谢等，将复杂如化学工业园的生物内部的生命活动和生化反应调整得井井有条、高度有序。人体，作为一个生物个体也应该具有生命智力。人的生命智力的中枢应位于脑干，负责指挥和调控人体内诸如呼吸功能、消化功能、血液循环、免于功能、新陈代谢等一切生命活动和生化反应。在我看来，我们通常所说的智力可能是从生命智力中分化和派生出来的，最原初最根本的目的是为了认识环境、适应环境和利用环境以于环境中求取生存。从这个角度讲，我们也可以把通常所说的智力理解为人和动物认识环境、适应环境和利用环境以在环境中求取生存的能力。众所周知，智力的中枢就在大脑。大脑和脑干有功能的分工，大脑负责智力，脑干负责生命智力，同时，大脑和脑干也有极其复杂的联系（大脑和脑干之间有极其复杂的神经网络联结），大脑应最终接受脑干的总调控，因为大脑的思维活动也是人的生命功能之一，大脑的思维能力也是人的生命力的重要表现之一（在我看来，人的性功能、身体的运动功能和大脑的思维功能都是人的生命力的体现）。

第二，嘉德纳（1983，1999）把人的智力分为八种不同的智力：语言智力、数理逻辑智力、空间智力、音乐智力、身体运动智力、交际智力、自省智力、自然观察智力。我认为嘉德纳是根据智力活动领域的不同和大脑的区域分工，从横向对智力进行划分的。我这里从生物学和教育心理学的角度，把人的智力纵向分为四个层次：官能智力（physical faculty intelligence）、认知智力（cognitive intelligence）、应用智力（applicative intelligence）、创造智力（creative intelligence）。

下面，我将从"智力的起源"、"智力的纵向分层"两个方面进行深入阐述。

智力起源的猜想——细胞、生物和人都应该具有生命智力，智力可能起源于生命智力

1. 细胞的复杂性和神秘性

细胞，作为生命的基本单位，其结构、功能和内在化学反应十分复杂。在一个细胞内部，有数千种化学反应和功能高度有序地同时或持续地进行着。一个细胞就像一个微型的化学工业园。因此，人们惊叹细胞神秘、神奇和神妙！

2. "智能细胞"的猜想——细胞应该是一种智能体，具有生命智力

什么是智能体？所有能够执行智能行为，如记忆、认知、理解、解决问题等能力的实体，都可称为智能体。人类能够记忆、认知、理解、解决问题，所以人类具有智力，是一种智能体。当今生物学家承认大猩猩、猴子、海豚等许多动物都具有智力，因为他们显示出一些智能行为。高级计算机和机器人能够在人类编写的程序的驱动下自动阅读和处理信息，所以

第七章 论智力（一）

它们被称为人工智能。

我提出细胞是一种智能体，是因为细胞有一系列复杂的生命活动、功能和生化反应都表现出智能行为，这些智能行为可以证明细胞是一种智能体，具有生命智力。细胞正是依靠生命智力将细胞内部极为复杂（复杂得如化学工业园）的生命活动、功能和生化反应指挥和调控得高度有序。下面让我们详细分析细胞内部的行为和活动。

①细胞的代谢：在细胞的代谢过程中，每个细胞能够井井有条、高度有序地执行成千上万种化学反应。细胞就像一个微型的化学工业园。在人类社会，人类要建造和运行一个复杂的化工厂或化学工业园，必须依靠人类的智力和创造力。如果没有人的智力和创造力，或者说让一群智障人士去建造和运行管理一个复杂的化工厂，这个化工厂就会混乱、坍塌甚至爆炸。同样，对于一个细胞，要将类似于一个复杂的化学工业园的细胞内部的几千种的化学反应组织和调控得井井有条、高度有序，必须具有信息处理、组织、协调、调控等能力。如果细胞没有智力怎样能有这些能力呢？派一批智障人员到人类的化工厂或化学工业园去，他们能具有信息处理、组织、协调和调控能力吗？所以细胞的这些行为必须依靠细胞的生命智力。细胞这个复杂的化学工业园是细胞经过极其漫长的进化、由简单到复杂不断进化累积的结果。

②细胞的 RNA 对遗传信息的表达：RNA 能够转录和翻译 DNA 遗传信息，控制蛋白质的合成。对于人类社会，必须依靠人类的智力才能进行转录、翻译和表达之类的工作。这些工作对人类来说都是一种智能行为。同样，对于细胞，细胞的 RNA 能够转录和翻译 DNA 遗传信息，以及表达遗传信息合成蛋白质，这些也应该是细胞的具有智能性质的行为。具体的讲，细胞的 RNA 转录、翻译和表达 DNA 遗传信息，必须具有识别能力、阅读理解能力。所以细胞的这些行为也体现了细胞的生命智力。如果细胞没有智能，RNA 不可能进行对 DNA 遗传信息的转录、翻译和表达这些带有智能性质的工作。

③当细胞遭受病原体入侵的时候，细胞会自动启动免疫系统。科学研究已发现人和动物的体细胞有一种特殊的能力可以识别不同的抗原，并立刻做出免疫反应，释放白细胞直接攻击入侵的病原体，或产生相应的防卫

蛋白即抗体，抗体有一种识别病原体的功能。人体和动物体的免疫系统还有一种特殊的记忆能力和识别能力，它能够记住入侵的病原体。当同样的病原体第二次入侵的时候，免疫系统将迅速而猛烈地进入免于反应状态。细胞的这些反应能力、识别能力、记忆能力等，都是细胞具有智能的体现。

④对受损的DNA的自动修复：细胞能够自动修复受损伤的DNA，以维持DNA的精确性。细胞对受损的DNA的自动修复必须具有识别能力、查错能力和修正能力，这种自动修复也应该是细胞的一种智能行为。

⑤当生物突然遭遇重大灾变时，能够跳跃式进化（而不是达尔文式的渐进式进化），如细菌突然遭遇抗生素，面临灭绝之灾时，它们能够跳跃式进化，迅速产生抗体对抗和适应抗生素，即通过跳跃式进化，一些细菌很快就能产生对抗这些抗生素的抗体，使该抗生素失效，对它们不再有杀灭能力了，从而使自己幸存下来。如果细菌已经对某种抗生素产生抗体之后，我们要杀灭这些细菌，就必须使用更高级别的抗生素。这样道高一尺，魔高一丈。所以，细菌的这种跳跃式进化，根本不是达尔文式的、无方向的、随机的、渐进式进化，而是有方向的、迅速的变异和进化，以对抗和适应要杀灭它们的抗生素。这种生物突然遭遇重大灾变，为了使自己幸存下来而进行有方向的跳跃式进化，显然是智能性和创造性行为，体现了细胞的智力和创造力。

根据上述这些细胞的智能行为的证据，我们可以得出一个结论：细胞也应该具有智力，是一种智能体。由于细胞的智力主要是负责调控和维持细胞内部的生化反应、生命活动和生命功能，所以，我将这种智力称之为生命智力。诚然，由于目前生物学和生命科学研究能力的有限性，我们目前对细胞生命智力的内在运行机制还不能完全清晰地揭示和认知，但这并不影响我们断定细胞具有生命智力。因为我们可以从细胞所表现出来的一系列的智能行为认定细胞具有智力，就像我们目前对人的大脑的智力运行机制也并不了解或了解得非常有限，但我们仍然可以从人所表现出来的智能行为认定人是具有智力的。以前人们认为智力是人类所特有的，动物没有智力，现在科学家的观念也改变了，他们从动物所表现出来的智能行为认定动物也是具有智力的，只是没有人类的智力水平高。所以，如果有证据表明一种生物确实表现出一系列的智能行为，我们就可以据此认定该生

第七章 论智力（一）

物具有智力。高级计算机和机器人在人类编写的程序的驱动下表现出一些智能行为，我们不也称它们为人工智能吗？以上我分析了细胞的确表现出一系列的智能行为，为什么在细胞的智能行为的事实面前，我们不能接受细胞具有生命智力这一观念？为什么我们对细胞要报以偏见？

  如果细胞具有生命智力，那么，它的生命智力中枢位于哪里呢？在我看来，细胞的生命智力中枢应位于细胞染色体上的蛋白质。细胞染色体上的一些蛋白质应该是一种复杂的智能蛋白，所以是细胞的最高智能中枢，可以能动地（intelligently）接受和处理由细胞的信号传导系统传来的大量的信号，将细胞内部的各种复杂的活动、功能和生化反应指挥和调控得有条不紊、高度有序。另外，目前生物学家发现参与合成蛋白质的 DNA 只占 2%，98% 的 DNA 并不直接参与合成蛋白质，他们把这些不参与合成蛋白质的 DNA 称为"垃圾 DNA"。在我看来，这些不参与合成蛋白质的 DNA，并非"垃圾 DNA"，这些 DNA 很多是细胞的生命智力系统的一部分，是参与细胞的智能指挥和调控的。就像一个化工厂，真正参与一线生产劳动的工人只占总员工的一部分，厂长及各级干部、办公室人员、科研人员、销售人员等他们都不参加一线的直接的生产劳动，但并不能说这些人都是"垃圾人员"或"闲杂人员"，他们从事的是全厂的管理调控、组织协调、新产品研发、市场营销等，他们的工作同样重要。所以，以我的猜想，细胞复杂的生命智力系统应包括：染色体上的蛋白质（最高智能中枢），一些"垃圾 DNA"，一些非编码 RNA，各种酶，其他各种特别的调控蛋白，以及细胞的信号传导系统。正是这个复杂的细胞智力系统将细胞这个复杂的化学工业园组织调控得就像人类的化学工业园一样高度有序、生生不息。

  目前生物学界对一个小小的细胞复杂得像一个微型的化学工业园，惊呼神奇、神秘和神妙，我觉得根本原因在于人类没有认识到细胞具有生命智力，没有认识到细胞有一个复杂的生命智力系统在负责组织和调控细胞内部复杂的生命活动、功能和生化反应。如果想到细胞有一个复杂的生命智力系统在负责调控和维持细胞这一微型的化学工业园，我们对细胞的复杂性就容易理解了，也就不会惊呼神秘、神奇和神妙了。

  众所周知，细胞 DNA 遗传信息必须通过生物遗传代代相传，生命的遗传信息才不会中断。同样，细胞的生命智力也必须通过生物遗传代代相传，否则细胞的生命智力就会出现代际中断,即在上一代与下一代之间出现中断。那么,细胞的生命智力又是怎样代代相传,薪火不灭呢?在我看来,细胞的生命智力是通过细胞分裂前期母细胞与子细胞之间染色体的复制而代代相传的。我们都知道,细胞的基因遗传信息是通过DNA的复制代代相传的。生物学的研究已经表明细胞分裂是从染色体的复制开始的,细胞的DNA位于染色体上,所以DNA的复制也是通过细胞染色体的复制而实现。母细胞为子细胞的染色体复制在细胞分裂的间歇期(即未到分裂期)就已经开始了,到了细胞分裂期的前期已经完成了。在晚前期已经能够看到每条染色体包含两条染色单体的双重结构,这表明此时的染色体已经进行了复制(杨业华,2006)。前面我已经讲过,细胞的生命智力中枢是染色体上的蛋白质,所以,母细胞为子细胞率先进行的染色体复制,也就为子细胞复制了生命智力中枢和生命智力,这样就确保了细胞的生命智力代代相传,薪火不灭。

总之,承载生物遗传信息的DNA位于染色体上,细胞分裂时率先进行的染色体复制确保了DNA遗传信息的复制和代代相传。在我看来,细胞的生命智力中枢也在染色体上(染色体上的蛋白质),染色体的复制也确保了细胞的生命智力中枢的复制和生命智力的代代相传。换句话说,染色体的复制既使细胞的DAN遗传信息得以复制和传递,也使细胞的生命智力中枢得以复制和生命智力得以传递。在我看来,目前的生物学只认识到染色体的复制带来的DNA遗传信息的复制,而没有认识到染色体的复制也带来了细胞生命智力中枢的复制和生命智力的代代相传。

3. 不仅是细胞,植物、动物、人体等一切生物都应该具有生命智力

细胞是最小的生命单位,也是最小的生命体,细胞具有生命智力,同样,多细胞复杂的生物,如植物、动物、人体一切生物都应该具有生命智力,负责组织、调控和维持其内在的复杂的生命功能、活动和生化反应。

人体是一个生命体,也应该具有生命智力。而且人体是由无数个细胞、多个的器官和系统组成的高度复杂的生命个体,一定具有一个极其复杂的多层级的生命智力调控系统,负责调控和维持人体内部复杂的生化反应以及生命功能、活动。在我看来,人体的生命智力系统的中枢应位于脑干,是脑干总调控和维持人体内部的生命功能、活动和生化反应,因为脑干控

第七章 论智力（一）

制人的呼吸、消化、心脏跳动、新陈代谢、血液循环等。如果一个人的脑干被彻底损伤，他的呼吸、心跳、消化和其他生命功能和活动就会停止，这个人就会很快死亡。以前医学上只要发现一个人的呼吸或心跳停止，就宣布这个人死亡。现在医学上提出：要确定一个人脑干死亡了，才能真正确定这个人死亡。我们经常看到一些报道：有的人死了，已经送到太平间甚至已经装进棺材里，可为什么后来又活了过来呢？以我的看法，一个人呼吸或心跳停止了，被认为死亡了，但如果他的脑干还没有死，即他的生命智力中枢还没有死，还能继续发挥作用，他的生命智力中枢和生命智力系统还在积极拯救这个生命，有的时候可以把他拯救过来，并重新启动他的呼吸、心跳以及其他生命体征，使他死而复生。

　　一艘在大海中航行的船由于某种事故，船上只剩下极其有限的一点可饮用水，而这艘船到达最近的港口补给淡水需要许多天时间。这时船长就会告诉船上所有的人饮用水的真实情况，并严格地控制和分发极有限的可饮用水，以维持最低限度的生存需要，尽量减少因缺少饮用水而死亡的人数。在这种生命危急关头，人体会自动关闭那些非维持基本生命必需的器官的活动及其对水的需求，只保留那些维持人的生命必需的器官的最基本的活动和它们对水的最低限度的需求，这样，极少量的一点点水就能维持一个人的生命。是什么在指挥调控人体自动关闭那些非维持基本生命所必需的器官的活动及其对水的需求呢？这只无形的手是什么呢？在我看来，这只无形的手就人体的生命智力。人体的生命智力中枢脑干在此危急时刻指挥和调控人体关闭那些非维持基本生命必需的器官的活动及其对水的需求，以减少人体对水的需求，克服缺水危机。

　　由于是脑干而不是大脑在负责这些指挥和调控，所以人是意识不到这些指挥和调控活动的，人能意识到的只是大脑的思维活动，对于脑干的活动人是意识不到的。只要一个人生命尚存，脑干时时刻刻都在组织和调控人体复杂的生命功能和生化反应，但这些调控活动不经过人的大脑，所以，人是意识不到的。人意识不到脑干复杂的调控活动，并不意味着脑干的调控活动就不存在。就像我们意识不到我们的血液在循环，但我们的血液仍然在不停地循环。

　　某一地方发生强烈地震，如2008年的中国汶川地震，被困在地震废墟中等待救援的人，身体也会大大减少对食物和水的需求。这时人体的生命智力中枢脑干也会指挥和调控人体自动关闭那些非维持基本生命必需的器官的活动和它们对食物、水的需求，即使对那些对维持基本生命必需的身体器官的活动，也会将它们对食物、水的需求降至最低限度。所以，那些被困在废物中的人常常靠极少的食物和水就能维持很多天的生存，创造一个又一个的生命奇迹。汶川地震的时候，有一位老太婆被夹在石缝里，动弹不得，有一只狗每天到她身边，用舌头舔她的嘴巴，通过这种方式为她输送有限的水分，老太婆就这样坚持了7天，最后被发现获救，奇迹般的活下来了。

人体具有生命智力的最强烈的证据是母亲的怀孕和分娩。母亲怀孕后，从中医的角度讲，母亲身体的气血就要更多汇集到子宫，保护胎儿，为胎儿提高营养。当胎儿长大到几个月后，母亲的生殖道就会逐渐变大，为婴儿的分娩做准备。我曾仔细观察过一个新生儿的头比成年男人的双拳合在一起还大，即使一个8个月的早产儿的头也有成年男人的两个拳头合在一起那么大。如果母亲的生殖道不提前增大，只保持平时正常情况那么大，是不可能生下婴儿的。当母亲分娩之后，她的生殖道又要逐渐缩小，几个月后又恢复到正常大小。母亲在临分娩时，骨盆要自动裂开，腹部和子宫要自动收缩，对胎儿形成巨大的压力，将胎儿往外挤压。母亲的这一系列分娩行为和现象都不是母亲在有意识为之，完全是身体的自发行为和现象。如果说母亲的分娩行为是她有意识的可以主观控制的行为，为什么有的母亲分娩发作时将婴儿生在去医院的路上甚至大街上呢？有哪位母亲愿意在去医院的路上或大街上生孩子呢？显然分娩行为不是母亲的大脑意识可以主观控制的，完全是身体的自发自动行为。那么是什么在指挥和驱动这些自发自动的分娩行为呢？显然是因为人体具有生命智力，是人体的生命智力中枢脑干及其他相关的生命智力系统在负责指挥和驱动这一系列复杂分娩活动。

以上事实充分证明人体是具有生命智力，可以能动地组织、指挥和调控人体内部的生命功能、活动和生化反应。动物的身体跟人体的生物机理相似，所以，动物的身体和人体一样，也具有生命智力。植物也应该具有生命智力，负责组织和调控植物体内的生命功能、活动和生理现象，否则植物内部的生命功能和活动就不能正常运行，也就会死亡。

4. 智力可能起源于"生命智力"

如前所述，一切生物都应该具有生命智力，生命智力主要是负责组织和调控生物体内部的复杂的生命功能、活动和现象，使它们高度有序地正常运行。另外，生物都是一定环境中的生物，必须适应周围的环境，在环境中谋取生存和发展，所以，生物必须从生命智力中派生和分化一种智力出来认知环境、适应环境和利用环境。在我看来，我们通常所说的智力就是这种生物认知环境、适应环境和利用环境的智力。

首先，人是万物之灵，世界的主宰，人的智力最为发达。对人类来说，环境包括人文环境和自然环境。人都是生活在本民族或国家的历史文化背景中，要与环境中的其他人交流和交往，于是形成和发展出了语言智力和交际智力；人也是生活在自然环境中，要认知自然界，以及利用自然界以生产创造产品和财富，于是就形成和发展了数理逻辑智力、空间智力、自然观察智力；人类希望自己的生活更愉悦，更丰富多彩，模拟自然界的声响，通过声音的高低强弱、快慢长短的变化，创造了音乐，形成和发展了人的音乐智力；人类的身体需要运动，需要体育运动、舞蹈以及其他身体运动，于是形成和发展了身体运动智力，人类需要认识自我、反思自我，于是形成和发展了内省智力。在我看来，这就是嘉德纳的"多元智力理论"中的八种人类独立的智力的起源。

我们大脑运用智力进行思考的对象林林总总，但所有思考的对象都是周围环境中的人、事物和现象，包括来自人文环境和自然环境的。人类的知识也是来源社会实践和自然实践，是对环境中的人、事物、现象的认知和研究。以社会人文环境中事物和现象为认知和研究对象的科学被称之为社会科学，以自然界的事物和现象为认知和研究对象的科学，被称之为自然科学。除此之外的研究对象，那就是人类自己，包括人的思维、精神、心理、生理等，但人也可视为自然环境的一部分。所以，我们大脑思维的对象，认知研究的对象都是环境中的东西，从这个角度讲，我们通常所说的智力也可以称为环境智力。

人的大脑负责对社会环境和自然环境的人和事进行思维和意识活动，而不管身体内部的复杂的生命功能和活动。人只能意识大脑的思维活动，不能意识和感觉到脑干对身体内部的生命功能和活动的调控活动，至多只能是当身体内部的某种生命功能和活动出现了问题，人会感到身体不适。

虽然脑干负责生命智力、大脑负责智力，但大脑和脑干并不是完全孤立地各自运行，而是紧密联系、彼此协调的。大脑的思维活动也是人的生命活动的一部分，大脑的思维能力也是人体的生命力的表现之一，所以，大脑的思维活动也要受到脑干的总负责和总调控，大脑是具体负责和执行人的思维能力。神经解剖学发现，脑干和大脑之间有大量神经网络连接彼此。我猜想，脑干中一定有一个区域或细胞群专门负责指挥和调控人的大脑，大脑又具体负责和执行思维活动。如果脑干中专门负责调控大脑的那部分区域或细胞群受到损伤，而脑干中的别的区域都没有受伤，那么这个人就会出现大脑思维能力丧失，而身体的其他生命功能和生命体征依然正常。因为脑干的别的区域没有受损伤，仍然能够正常地指挥和调控除大脑思维之外的其他生命功能和活动。于是，这个人就会成为植物人。

总之，我猜想：人的生命智力应该是由脑干总负责，智力则应该是由大脑负责。智力可能是在生物进化的历史进程中由生命智力派生和分化出来的，所以，智力可能来源于生命智力。

动物和植物是否有智力？

首先，讨论动物，在我看来，动物需要在环境中求取生存，在环境中主动寻找食物、水、阳光等生存必需品，需要在环境中趋利避害，确保自己生命的安全，所以动物也需要认知环境和适应环境，也应该进化和形成一定的智力。

动物具有一定的智力，这一点目前已得到科学界的普遍承认。以前科学家不承认动物具有智力，认为智力、思维能力是人类所特有的，现在科学家普遍都承认动物是有智力的，如猴子、猩猩、海豚等都表现出较高的智力水平。凡是养过狗或仔细观察过狗的人，都感受到狗是具有智力的。比如，狗可以听懂主人的一些话，可以为主人做一些简单的事情，与主人保持某些默契，经过专门训练的警犬和导盲犬的能力就更强了。许多独居的老人喜欢养狗，把狗作为自己的忠实伴侣和排遣孤寂的方式。一次，我去一位朋友家，这位朋友养了两条小狗，晚上我们一起去附近的公园散步，也带上了这两条小狗。我们以一种缓慢的步调在公园里走，两条小狗在我

第七章 论智力（一）

们的前后来回地跑。我对朋友说，小狗这样跑来跑去，跑丢了怎么办？朋友说，不会，小狗是时常在回头看我们的，它们往前跑几十米，就会跑回来。有一次他的确把两只小狗弄丢了，当他回去找时，发现小狗一直在与他分开的地方死守了几个小时。小狗知道那里是它和主人分开的地方，主人一定会去那里找它们。

我喜欢看中央电视台的"动物世界"节目。每期的"动物世界"节目都是摄制人员深入到大自然的动物的世界中拍摄下来的真实画面，反映了动物们真实的生活情景。动物群落之间捕猎、争夺草地或水源时发生的战争场面，表现出动物具有很高的智力水平。我曾看到一群豹子捕猎一群野马，豹子为了不让野马发现和逃跑，先从较远的外围把那群野马秘密包围起来，然后悄悄地潜行，逐步缩小包围圈，等距离野马较近时，突然像箭一样射出去，猛地扑向野马。还有一个节目拍摄的是关于非洲草原上一群狮子和野牛争夺草地的画面。战争一开始，双方先是排出自己队伍中年轻力壮的精兵强将在最前面对阵，不仅斗力，而且斗智斗勇。它们表现出来的战略、战术、勇气跟人类古代两个部落之间的争斗或战争几乎一模一样。当双方打斗到一条河边时，事先埋伏在河边的狮子并不立刻出击，而是一起发出巨大的吼声，吓得野牛拼命往前冲，纷纷掉进前面的河里，这时埋伏的狮子们迅速出击，将掉进河水里的野牛捕获。年长的狮子往往老谋深算、胸怀兵法，而有的年幼的狮子则有勇无谋，只知道一味往前冲，结果一无所获。对动物的智力感兴趣的读者可多看看中央电视台"动物世界"这个节目，像这样的例子俯拾皆是。

所以，智力不是人类所特有，动物寻求生存必需品时，尤其是在捕猎和战斗中，表现出的智力水平是相当高的，我们过去否认动物的智力，确实表现了人类的妄自尊大。我承认动物智力水平和人类是有差距的，但这种差距绝对没有想象的那么大。

植物是否具有环境智力呢？植物要在周围环境中谋取生存，但植物与动物又有区别，植物因为扎根在土壤，是固定在某一个地方，所以植物不会在运动中寻找食物、水等生活必需品。当发生水灾、火灾，或天敌来了，动物为了自己的生命安全可以转移，可以选择性地趋利避害，植物则不能移动，只能被动地接受这些灾难。所以植物事实上是否真的具有智力，我

有机建构主义教育

对这个问题还缺乏深入的研究和充足的证据，目前尚不能做出定论。不过人类现已观察和掌握到的一些零星、片段的证据倾向于认为植物可能也具有一定的智力，如捕蝇草、茅膏菜能主动捕食入侵它们的蚊蝇和昆虫。我曾在中央电视台的一个电视节目中看到一种长在浓密的森林里的藤蔓植物，为了获取阳光，必须缠在高大的树干上往上爬，爬到树梢上去吸收阳光。这种藤蔓植物沿着树干往上爬，爬得很快，5天就可以爬到树梢上。总之，在我看来，植物一定具有生命智力，但植物是否也像动物和人那样，具有一定的智力，哪怕是极低的，这个问题尚不能确定。希望有兴趣的科学家去深入研究这个课题。

这里，我要特别强调的是，无论"生命智力"的概念，还是"智力可能起源于生命智力"，我都是以猜想的形式提出来的。因为猜想不是一种确定的科学结论，有的猜想最终被证明是正确的，有的猜想最终被人们发现是错误的，这样我就不用担心如果我的思想是错误的而误导读者了。当然这样说并不表示我对自己的思想不自信，我认为不能因为自信而放弃对科学的慎重。

2008年，我提出"生命智力"的概念和理论后，曾将论文投给美国《科学》杂志，《科学》杂志认为我对"生命智力"的分析是令人感兴趣的、很有意思的（Your analysis is interesting）。但因为"生命智力"是一个全新的概念和理论，如果成立的话，将会引起人们对生物世界的理解发生革命，所以他们出于对科学的慎重不敢轻易发表，他们告诉我，遗憾的是他们不发表这种类型的文章（regret to say that it is not the sort of work we publish）。后来，我又投稿给美国《进化生物学》（*Evolutionary Biology*）杂志，该杂志的主编Benedikt Hallgrimsson教授也认为我的文章不适合在他们杂志发表，但他写了一封长信指导我继续研究，建议我可把我的思想先通过出书、参加国际学术会议讨论等其他方式提出来。Benedikt Hallgrimsson教授并在信中告诉我："从某种角度讲，科学总是谨慎和保守的，这样也是很有理由的。如果我们太轻易放弃我们对自然界的理解的核心信条，就会冒因接受错误的思想而进入知识的盲巷的风险。另一方面，如果我们对所有的新思想都置之不理，我们又会错过获得重要的新思想新见解的机会，因此我们尽力在这两个极端之间保持平衡。"（Science is, in some ways, conservative, and there are good reasons for this. If we abandon the core tenets of our understanding of nature too easily, we will run the risk of going down intellectual blind alleys by accepting ideas that are wrong. On the other hand, if we disregard all new ideas, we miss the opportunity to gain fundamental new insights. We strike a balance between these two extremes)

鉴于《科学》和《进化生物学》杂志对我的"生命智力"思想的反馈情况，我现在愿以一种猜想而不是确定的科学知识的方式提出来。猜想只是一种猜测、假设，起一种抛砖引玉的作用，引导人们朝这个方向去思考，去研究和证明，无论是证实还是证伪。我想这样从科学态度上就更为慎重和严谨了。

智力的分类

前面我已经讨论过智力是一个多义性、开放性的概念。同样，对智力的分类也有多种理论，各不相同。一些教育心理学家从不同的视角和标准对智力做出了不同的分类。下面简单介绍几种。

1. 从思维的不同功能和作用对智力的分类

基于大脑思维的不同功能和作用，我们通常将智力分为记忆力、理解力、想象力、反应力、逻辑推理能力、抽象思维能力、创造力等。严格地讲，这些类别并不是各自独立的，所以这种分类也不是很科学的。但这是人们最普遍最通常使用的方式。

2. 嘉德纳的"多元智力"理论

美国著名心理学家、哈佛大学教授霍华德·嘉德纳（Gardner, 1983, 1999）根据神经心理学的调查和研究，提出了"多元智力"理论，把人的智力分为八种不同的种类：①语言智力——掌握使用口头语和书面语来表达自我及记忆事物的能力。②数理逻辑智力——发现模式、有逻辑性地思考和推理，以及进行数学运算的能力。③音乐智力——辨别组合音高、音调和节奏并且利用它们来表演或创作的能力。④空间智能——辨别并使用操作空间的能力。空间智力卓越的典型代表是建筑师和雕塑家。⑤肢体动作智力——使用身体各部分或整个身体协调起来解决问题或者制造产品的能力。这种智力表现卓越的通常是运动员和舞蹈家。⑥交际智力——善于察言观色，识别他人的意图、感觉以及动机的能力。一般来说，公关人员和政治家都是拥有高度人际交往智力的人。⑦内省智力——认识反省自身并利用这些信息来调控自己生活的能力。⑧自然观察智力——观察辨识自然界中的动植物，并对它们进行分类的能力。自然观察智力是嘉德纳1999年新添加的第八种智力。

3. 流体智力（fluid intelligence）和晶体智力（crystallized intelligence）

流体智力和晶体智力的概念是由 Raymond Cattell（1963，1971）提出的，后来由他的学生 John L. Horn 进行了进一步的发展。流体智力是一种在新的情景下逻辑地思考和解决问题的能力，这种智力独立于后天习得的知识，是一种分析新的问题，识别问题之间的模式和相互关系，以及运用逻辑进行类推的能力。流体智力对所有逻辑问题，如科学、数学和技术问题的解决是必需的。

晶体智力是一种运用技能、知识和经验的能力。这种智力并不等同于记忆知识，但他的确依赖于从长时记忆中获得信息。

4. 智力三维理论

美国心理学家、耶鲁大学教授 Robert Sternberg（1985）提出了"三维智力"理论（triarchic theory of intelligence）。根据他的"三维智力"理论，智力的三个基本的主要的成分是：①成分智力（componential intelligence），即对信息进行分析以解决问题的能力；②经验智力（experiential intelligence），即在解决问题和创造新思想时运用先前的知识作为信息的能力；③情景智力（contextual intelligence），即运用智力适应环境的需要的一种实践性智力。

最近一二十年，还有一些心理学家或学者提出了一些别的智力，如情绪智力（又称情商 EQ）、逆境智力（又称逆商 AQ）。

情绪情感智力又称情商（Emotional Quotient，简称 EQ）。美国的心理学家 Salovey, P. 和 Mayer, J. D.（1990）在他们的博士论文《情绪智力、想象、认知和个性》中论述过情绪智力。但直到1995年，哈佛大学的心理学博士，《纽约时报》的专栏作家丹尼尔·戈尔曼（Daniel Goleman, 1995）出版的《情商：为什么情商比智商更重要》一书，EQ 的概念才引起了全世界的广泛研究与讨论，该书也畅销全球。在这本书中，戈尔曼接受了 Salovey 和 Mayer 对情感智力的定义，认为情感智力包括五个方面：了解自身情绪、管理情绪、自我激励、识别他人情绪、处理人际关系。

逆境智力，又称逆商（Adversity Quotient，简称 AQ），是由商业顾问保罗·斯托尔兹（Paul Stoltz），1997 年提出一种实践性智力。Stoltz（1997）出版了一本书《逆商：变困境为机会》，该书论述了逆商是指测量个体感知和应对逆境和挑战的能力。Stoltz 认为当一个人陷入逆境或困境时，逆商高的人更善于处理不确定状态和复杂的情况。在我看来 Stoltz 的逆境智力应该属于环境适应智力，逆境也是一种环境，即一种困顿和充满挑战的环境。每个人的一生中都会面对逆境。环境适应能力强的人就会认真思考和分析逆境，积极调整心态，放开忧虑或恐惧，想出应对策略并坚持不懈地执行，积极应对逆境，应对挑战，最终走出逆境，走向成功。

所以，我猜想人可能还存在一种"环境适应智力"。环境适应智力是指一个人善于认识和分析新的环境、积极调整自己以适应新的环境，包括自然环境、人事环境、形势情景（如逆境、险境）、文化背景等，以谋取生存和发展的能力。这种智力强的人面对在新的环境种善于调整自己，审时度势，挑战逆境，应对险境，适应能力和生存能力强。当一个人进入陌生的工作单位，他必须适应新单位的人事环境和工作环境，如果是到国外工作，他还要适应新的国家的自然环境、语言环境和文化背景。当一个人面对困难复杂的环境时，他必须认真分析，沉着应对，以驾驭复杂的环境。比如，一个政治家面对复杂的政治形势，他要审时度势，灵活变通，以应对复杂的政治局面。我认为这些情况都需要较强的环境适应智力。在我看来，中国的政治家周恩来总理就是一个环境适应能力很强的人，他在中国共产党的历次政治斗争的旋涡中，都能确保自己浮在水面，不会沉没。他在自己的政治生涯中的确表现出高度的灵活性，善于分析政治环境和形势变化，讲究策略，审时度势，既坚持原则又灵活变通。

智力的纵向分层

前面我介绍了几位心理学家根据他们的方法和标准对智力的分类。这里，我想从纵向把智力分为四个不同的层级：官能智力、认知智力、应用智力、创造智力（见图 7-1）。

④ 创造智力
③ 应用智力
② 认知智力
① 官能智力

图 7-1 智力的纵向分层

(1) 官能智力 (the physical faculty intelligence)：官能智力是由遗传基因决定的大脑的一种思维官能。官能智力不包括任何知识，它只是人脑的一种生理的官能。婴儿刚生下来就具有官能智力，但不具备任何知识，因为官能智力能够生物遗传，而知识、经验不能生物遗传。每个人都是出生以后，通过从生物遗传得到的官能智力去认知环境中事物，获得经验、知识。人的每一种官能智力意味着人脑具有这种思维官能。官能智力为人的思维提供一种生理上的物质基础，就像计算机的硬件是计算机复杂的功能运行的物质基础。

(2) 认知智力 (the cognitive intelligence)：认知智力是人认知和理解环境中的事物、人以及他自身的能力。认知智力必须基于一定的已有的经验和知识，例如，初生的婴儿不具备任何的知识和经验，但他们具有遗传而来的官能智力。比如，小学生学习加法要以能数数为基础，学习乘法要以懂得加法为基础，学习四则混合运算则要以掌握加减乘除法为基础。而官能智力则不涉及基础知识，它纯粹是人的大脑的思维官能。

也许有读者要问：认知智力必须基于一定的已有的经验和知识，那么人最初的经验和知识是怎样形成的呢？婴儿最先是通过自己的观察和感知获得对妈妈（他的精心照顾者）以及身边的人和事物如奶嘴、奶瓶、衣服、被子、婴儿床等的感觉和知觉，然后基于这些感觉和知觉逐步获得妈妈、奶、奶瓶、衣服等概念。婴幼儿的这些概念是初步的不完整的（如婴幼儿有时叫精心照顾他的阿姨为妈妈），并且最初是以动作和图像而不是语言符号再现表象的。婴幼儿的经验和知识就是这样始于感觉和知觉，从无到有，由少到多逐步发展起来的。

总之，我认为认知智力是以官能智力为生理基础，以先前的感觉、经验和知识为知识基础。

（3）应用智力（the application intelligence）：应用智力就是将所学的知识应用到实践中和新的情景中解决问题的能力。应用智力必须以官能智力和认知智力为基础。如果没有官能智力，人的大脑就会愚笨得像一根木头，谈何应用智力。如果没有认知智力，我们就不能通过认知和学习获得知识，谈何应用知识。另外，一个人通过认知获得了知识，却不能灵活地应用知识去解决新的情景中或实践中的问题，学习再多的知识又有何用？我们认识世界的目的是为了利用世界和改造世界为人类服务。具体地讲，我们学习知识是为了将所学的知识应用到新的情景中或实践中去解决问题或生产产品。所以，应用智力也是十分重要的，从某种角度讲，应用智力比认知智力更重要，因为认知本身不是目的，应用知识才是目的。即使一个学富五车的人，如果他不能将所学的知识内化为自己的能力，如果他不能将所学的知识应用到新的情景中或实践中去解决问题，这样的学生只是百无一用的书呆子。

（4）创造智力（the creative intelligence）：创造智力就是指创造新理论、新技术、新思想以及在实践中做出新的贡献的能力。创造力必须基于前面的三种智力，是人类智力的最高层级。对于个体，创造力是一个人的能力和灵性的最高表现。对于社会，创造力是社会历史进步的根本动力。从某种角度讲，人类社会的发展史就是一部记载人类不断创造、发明和发现的历史（刘道玉，2009）。创造力也是当今世界各国教育培养的首要目标，在目前经济全球化背景下，各国经济和科技竞争归根到底是民族创造力的竞争。关于创造力，本书将在第九章中详细讨论。

在我看来，所有的官能智力都是由基因的遗传信息决定的，它们自从胚胎的形成就开始发育。婴幼儿期是与大脑和大脑的生理官能有关的基因表达的关键时期，因此，这个阶段是婴幼儿的官能智力发展的关键期。

所以，"有机建构主义教育"认为官能智力是人类其他智力的基础，我们必须高度重视婴幼儿官能智力的开发，强调通过他们感兴趣的游戏，他们所熟悉的事物，他们对大自然的观察，以及使他们兴趣盎然的儿童故事等去尽早开发和培养他们大脑的官能智力。我的观点非常鲜明：官能智力必须尽早开发！

影响智力发展的第三种因素——个体的性格类型

传统的观点认为只有两个因素影响和决定一个人的智力发展，一是先天的遗传因素，另一个是后天的成长环境，包括生活和成长的家庭环境、社会文化环境甚至周围的自然环境。在我看来，个体的智力发展恐怕还与他的性格类型有关，个体自身的性格类型可能是影响其智力发展的第三个因素。比如内向凝思型的性格的人，他们的深层智力可能更为发达，因为他们性格内向，表面上不显山露水，但心里却常常在沉思。这样的孩子智力能够朝更深更高的水平发展，以后学习一些深刻的知识也更有优势，长大后更适合从事学术研究和创造性的工作。爱因斯坦就是一个性格非常内向的人，他小时候很少跟同龄的小伙伴玩耍，即使跟小伙伴们在一起，他也总是心不在焉，心里入神地思考一些深刻的问题，或者别人觉得司空见惯的事情而他向深入思考。为此，他经常遭到小伙伴们的嘲笑和作弄。事实上，很多创造大师的性格都是内向凝思型的。外向迅捷型的人，他们性格外向，说话做事反应很快、动作迅捷，但是他们大脑不深思熟虑，事物在他们的脑子里像一阵疾风迅速掠过，这样的孩子智力难以向纵深发展，思想不够深刻，当学习到比较深的知识时就吃力了，也难以做出创造性成就。我认识一个人，她小时候就是一个外向迅捷型的人，说话、干家务反应快，动作迅捷，小时候帮父母干家务动作迅捷、利落，深得父母的喜爱。但她不喜凝思，上学后学习就比较吃力，成绩一直很差。她长大后开了一个饭馆，因为她做事风风火火，动作迅捷，将饭店打理得生意兴隆。当然，这也算是人尽其才。她的妹妹从小与她的性格正好相反，属于内向凝思型的，做起家务事来显得并不利落，甚至有些笨手笨脚，但妹妹却学习很好，尤其是学习一些深奥的知识更显优势，研究生毕业后进入中国某高级学术研究机构，在学术上也颇有造诣。性格外向迅捷型的人更适合从事那些要求动作快技术熟练的工作，适合交际工作和新闻记者等。

创造性的个性对创造力的影响尤为明显。教育心理学界普遍承认创造性个性是影响创造力的重要因素之一。创造型人才大凡都具有创造性的个性，如深入思考、刨根问底、开拓进取、标新立异、富于幻想、异想天开、不囿于传统、不拘小节等。

第七章 论智力（一）

当然人的性格也是很复杂的，世界上性格绝对黑白分明的外向迅捷型或内向凝思型的人只是少数，大多数人是两种性格兼而有之，只是各有侧重而已。另外，我们也不能说一种性格就是绝对好的，另外一种就是绝对不好的。每种性格都有各自的优点和缺点，社会对人才的需要也是多元化和多层次的。

我也就这个问题曾与"多元智力理论"的创始人霍华德·嘉德纳（Howard Gardner）教授通信讨论过。2012年7月20日嘉德纳教授给我的回信说："过去还几乎没有关于人的性格类型与智力之间关系的探索。你所说的是有意义的。另外一位作者 Harvey Silver 曾猜想过个人风格与智力会相互作用相互影响：一个外向型的语言智力强的人可能会做新闻记者，而一个内向型的人更有可能成为一名诗人。"（There has been little exploration of the relation between personality types and profiles of intelligences. What you say makes sense. One other author, Harvey Silver, hypothesized that styles interact with intelligences: an outward going person with linguistic intelligence might become a newspaper reporter, while an introvert would be more likely to be a poet.）

引用文献

1. R. L. Gregory. *The Oxford Companion to the Mind*. Oxford, UK, Oxford University Press, 1998.
2. Anastasi, A. What counselors should know about the use and interpretation of psychological tests. *Journal of Counseling and Development*, 70 (5): 610–615, 1992.
3. Bingham, W. V. *Aptitudes and aptitude testing*. Harper & Brothers, New York, 1923.
4. Boring. E. G. Intelligence as the tests test it. *New Republic*, 35: 35–37, 1937.
5. Sternberg, R. J. An interview with Dr. Sternberg. In J. A. Plucker, editor, *Human intelligence: Historical Influences, Current Controversies, Teaching Resources*. 2012年8月23日检索自 http://www.indiana.edu/_intell, 2003。
6. Piaget, J. *The psychology of intelligence*. Routledge, New York, 1963.

7. Simonton, D. K. An interview with Dr. Simonton. In J. A. Plucker, editor, *Human Intelligence: Historical Influences, Current Controversies, Teaching Resources*。2012 年 8 月 24 日检索自：http://www.indiana.edu/_ intell, 2003。

8. Wechsler, D. *The Measurement and Appraisal of Adult Intelligence* (4th edition). Williams & Wilkinds, Baltimore, 1958.

9. Gardner, H. *Frames of Mind: The Theory of Multiple Intelligences*. NY: Basic Books, 1983.

10. Gardner, H. *Intelligence Reframed*. New York: Basic Books, 1999.

11. 杨业华主编《普通遗传学》（第 2 版），北京：高等教育出版社，2006。

12. Cattell, R. B. Theory of fluid and crystallized intelligence: A critical experiment. *Journal of Educational Psychology*, 54, 1–22, 1963.

13. Cattell, R. B. *Abilities: Their structure, growth, and action*. New York: Houghton Mifflin, 1971.

14. Sternberg, R. J. *Beyond IQ: A Triarchic Theory of Intelligence*. Cambridge: Cambridge University Press, 1985.

15. Salovey, P. & Mayer, J. D. Emotional intelligence, Imagination, Cognition, and Personality, 9, 185–211(doctoral thesis, 博士论文), 1990。

16. Goleman, D. *Emotional intelligence: Why it can Matter More Than IQ*. New York: Bantam Books, 1995.

17. Stoltz, P. *Adversity Quotient: Turning Obstacles into Opportunities*. New York: John Wiley & Sons, 1997.

18. 刘道玉：《创造教育概论》，武汉：武汉大学出版社，2009。

19. Gardner, H. Gardner's letter to me, June 20, 2012.

第 八 章
论智力（二）

预先猜想

在阅读本章之前请读者预先猜想以下问题：
1. 你知道皮亚杰的"智力发展阶段"理论吗？
2. 你认为婴儿是否有再现能力和思维能力？
3. 你认为幼儿是否有抽象思维能力、逻辑思维能力和形式运算能力？
4. 你是否赞成婴幼儿的官能智力应尽早开发？

对皮亚杰 "智力发展阶段" 理论的批判

"智力的纵向分层",尤其是"官能智力"概念的提出,有利于更好地分析和批判皮亚杰"智力发展阶段理论"。皮亚杰把人的智力发展分为四个阶段(Piaget,2011;顾明远、孟繁华,2006)。

第一,感知运动阶段(0~2岁)

这个阶段儿童运用某种原初的格局来对待外部客体,能开始协调感知和动作间的活动。但其感知运动的智力还没有运演性质,他们没有自我意识,也没有客体永存的意识。智力在这个阶段纯粹是实践性的。这种纯粹实践性的智力是以知觉和运动为其唯一的工具。它既不能再现,也不能从事思维活动,但是它已构成了行为的模式,用作以后建立运算结构和概念结构的基础。

第二,前运算阶段(2~7岁)

这个阶段,符号和语言的机能开始形成,儿童能够通过符号或以符号为媒介来注意当时感知不到的对象或事物,从而使它们再现出来。符号机能使得感知运动智力可能借助于思维而扩展。此刻儿童的认知发展仍有对感知运动经验的依赖性,但大部分是依赖表象的心理活动。当他在实际活动中遇到挫折需要加以校正时,他是靠直觉的调整而不是依靠运演。

第三阶段,具体运算阶段(7~11岁)

这个阶段儿童可以进行初步的逻辑思维活动,他们已经能够在头脑中,从一个概念的具体变化中抓住实质性的东西。他们的动作不仅是内化的,而且是可逆的,并且已经达到守恒的水平。但是这个阶段儿童只能进行具体运演,也就是只能在同具体事物相联系的情况下,进行运演。他们的这种运演的局限性表现为:一方面,还不具有足够的形式变化,脱离不了具体事物或形象的支持;另一方面,这种运演是孤立的、零散的,还不能够形成一个有机系统。

第四阶段,形式运算阶段(11~15岁)

这个阶段儿童的思维能力已超出事物的具体内容或感知的事物。思维的特点是:有能力处理假设而不是单纯地处理客体;认识超越于现实本身;无需具体事物作为中介者。所以此刻的儿童掌握了一种新的推理方式,这

第八章 论智力（二）

种推理方式已经不再完全限于处理具体对象或可以直接再现的现实了，而是可以进行命题运算，并运用命题推论出逻辑结论。总之，这个时期的儿童思维发展非常迅速，与成人非常接近，可以在头脑中把形式和内容分开，可以根据假设和条件进行逻辑推演，即达到逻辑思维的高级阶段——形式思维阶段。

从皮亚杰的"智力发展阶段"理论我们可以看出，皮亚杰认为儿童的智力是按照年龄阶段由低级到高级逐步出现和发展的：0~2岁的儿童的智力只有知觉和运动，没有运演性质，还不能从事思维，也没有自我意识和客体永存的观念。2~7岁开始以语言和符号作为中介来描述外部世界，心理活动大部分依赖表象，可以进行以符号代替外界事物的表象性思维，儿童的智力思维仍然没有运算的性质。7~11岁，儿童的智力能够进行具体运算，即儿童能够进行初步的逻辑思维，但这种逻辑思维脱离不了具体事物和形象的支持。11~15岁，儿童的智力思维已发展到逻辑思维的高级阶段，能够离开具体事物和现实，进行假设推论、命题推理等形式思维了。

在我的"智力纵向分层"理论看来，我对皮亚杰的"智力发展阶段"理论总体上是持反对和否定的态度。我认为从"官能智力"层面讲，儿童的各种智力包括抽象思维和逻辑思维都是由基因决定的，随着基因的表达，相应的脑细胞和脑蛋白的形成，这些智力都会在婴幼儿期形成和出现，而不是像皮亚杰所说的那样分阶段呈现。从认知智力层面讲，由于儿童特别是婴幼儿刚来到这个世界，对世界的许多事物还十分陌生，缺乏基本经验和基础知识。正如我的女儿安妮1岁半时，下一个小小的台阶都不知道怎么迈步，第一次看见地上自己的影子，她走影子也跟着走，她停影子也停，不知是什么怪物缠上了她，吓得哇哇直哭。前面我论述过，认知智力必须以必要的经验和基础知识为基础，孩子对周围的事物如此陌生，如此缺乏基本经验和基础知识，怎么能对陌生的事物表现出认知智力呢？安妮两岁的时候从医院打针出来，我们给她买了一个气球安慰她。她拿在手上玩，一不小心手松开了，气球飞到天上去了，越飞越高，越飞越远，安妮自然会哭泣。这时我能给她讲空气浮力原理吗？能给她讲空气和氢气的比重差吗？为了安慰她，止住她的哭泣，于是我给她讲，你下次要抓紧气球的绳子，再也不要松手了。你一松手，气球就去找它的妈妈了，气球也有妈妈，我们就让它去找它的妈妈吧。于是安妮就不哭了。即使对于一个成人，如果他是一个从来没有上过学的文盲，没有基本科学知识，我们也很难给他讲空气的浮力、氢气、空气的比重差这些科学原理。所以，不管孩子还是成人，如果缺乏某方面的经验和基础知识，都会缺乏认知智力。较之成人，孩子面对的陌生事物更多，经验和基础知识更少。有的事物和现象成人已经司空见惯了，但对于孩子特别是婴幼儿，他们可能完全陌生，缺乏经验和基础知识，当然会对许多事物和现象表现出认知智力低下。所以，我们容易形成一种误解：成人或大孩子比幼小的孩子聪明，比幼小的孩子智力水平高。

我承认皮亚杰的"智力发展阶段"理论是以许多他观察到的儿童表现为根据。但这些表现是具有迷惑性的，掩盖了事物的本质。儿童由于缺乏对周围事物的基本经验和基础知识，一些事物对成人已经司空见惯而他们却完全陌生，在认知这些事物时缺乏认知能力。但是我们不能根据他们对陌生的、没有经验的事物缺乏认知智力，就否认他们的"官能智力"的存在，更不能据此就武断认为儿童的某种智力在某个阶段之前是不存在的，或某种智力只有到了某个阶段才会具有。儿童随着年龄的增长，他们的经历和阅历越来越丰富，经验和基础知识也越来越丰富，所熟悉的事物也日益增多，他们的认知能力也日益增强。这容易给人一种假象：似乎儿童的某种智力在某个年龄阶段之前没有出现，而到了某个年龄阶段后就突然出现了。皮亚杰正是根据这些假象认为儿童智力的出现是分阶段的，并提出了他的"智力发展阶段"理论。在我看来，皮亚杰关注和研究的是儿童的认知智力，而不是官能智力。对于儿童的官能智力，我认为，随着婴幼儿智力基因的表达和大脑细胞和组织的形成，他们大脑的各种思维官能也就具备了，即他们官能智力层面的各种思维能力就已经形成和出现了。就像一个婴儿的身体一旦长成一个独立的个体，他们身体的各种功能包括呼吸功能、消化功能、免疫功能就都已经具备了，尽管这些功能较之成人要弱，但弱不等于没有。事实上，我观察到幼小的孩子对于他们熟悉的事物，对于他们反复操作的游戏和动作，他们照样表现出抽象思维能力、逻辑分析能力甚至更高层次的想象能力、猜想能力和大跨度迁移思维能力等。

再者，儿童到了皮亚杰所说的年龄阶段，在认知事物时就一定具有运

第八章 论智力（二）

算能力、抽象思维能力和逻辑分析能力吗？我敢断言如果一个儿童一直缺乏对某一事物的经验和基础知识，即使他到了皮亚杰所说的年龄阶段，甚至到了成人，也不会对那些缺乏经验和基础知识的事物的认知表现出这些高水平的运算能力和逻辑分析能力。如果一个人对认知的对象完全陌生，对该事物连一些基本的经验和基础知识都没有，他怎么去进行抽象思维和逻辑分析。所以，我认为这跟年龄阶段没有太大关系，关键在于他对认知的事物对象有没有经验和基础知识。

皮亚杰在创立他的理论时，仔细观察了他的孩子们，并写了观察日记。我也承认皮亚杰观察到的关于婴幼儿认知能力的许多现象，有的是真实的，但我的解释跟他不同，他认为儿童不到某个年龄阶段就没有某种智力，到了某个年龄阶段才会出现某种智力。我的解释是儿童的各种思维的官能智力早就具备了（尽管儿童的官能智力可能因为运用和锻炼的机会少会比成人弱一些），儿童对陌生的事物缺乏认知能力，主要是因为儿童对认知的事物对象缺乏经验、基础知识和相关的认知心理模式等，即使成人在这种情况下也会缺乏认知能力。而且，我观察到婴幼儿并非对所有的事物的认知都像皮亚杰所描述的那样缺乏运算能力、抽象思维能力，婴幼儿对他们非常熟悉的有经验的事物、游戏和动作，照样能够表现出运算能力、抽象思维能力。

从我的女儿安妮2007年12月7日出生后，我就注意观察她，也写了观察日记。我观察发现安妮从小在她已熟悉的事物和游戏中，在她反复操作过的动作中，表现出了很高的智力水平。下面是我观察我的女儿安妮在幼小时候的一些智力表现（这些都是摘自我的观察日记）：

（1）2007年12月9日，安妮刚出生第三天。医院的护士给她洗澡，这是她第一次洗澡。洗完后，她表情很安详舒适，大概是她觉得洗了澡后干净清爽。我抱她时，她的眼睛专注地看着我，像是我们有某种默契。由于我坚持胎教，在她出生前四个月，几乎每天晚上都给她读10分钟的儿歌。所以，她一生下来，就对我的声音很熟悉。每当听到我的声音，她就感到安慰。她哭的时候，只要我一开口跟她说话，她听见我的声音就会停止哭泣。

有机建构主义教育

（分析：因为我坚持给安妮胎教，她一生下来就对我的声音熟悉，听见我的声音就感到安慰，这说明安妮在母腹中就有了记忆力，记住了我的声音，对我的声音感到熟悉。）

（2）2008年1月2日，安妮出生25天。早上，宝宝安妮又有了令人惊喜的变化。她早上起来似乎心情很好。她的外婆抱着她，逗她，她仰着小脸，睁着眼睛，表情生动，不停地向外婆笑着，眼睛里也满是欢喜和笑意。外婆高兴极了，说安妮会逗人了。我跑过去，在边上一说话，她立刻又看向我，又不停地笑。小嘴张着，笑得那样的尽情和甜美。笑完了又望着我，表情生动，眼睛滴溜溜地转，像是要与我说话的样子。我心中称奇，这哪里像一个25天的孩子，倒像一个三四个月的孩子与大人的那种交流能力。

（分析：安妮刚25天，她心中已经有了心思，也很想与大人交流，尽管不能使用语言，但她用笑和其他丰富的表情来向大人表达，与大人交流。）

（3）2008年2月2日，安妮1个月零25天。我发现安妮睡觉也会做梦，并在梦中表现出喜怒哀乐。我抱着安妮，她刚睡着不久，突然大笑起来，不仅表情笑意十分明显，而且笑声也很大，比醒着的时候笑得更灿烂，更强烈。这是我自她出生以来见她笑得最灿烂的一次，而且是睡着了之后笑的。这说明她在睡梦中脑子里出现了令她欢欣愉悦的事物或景象。另外，最近她颈部的支撑力也增强了，头能够经常大幅度地左右转动看东西。眼珠也常滴溜溜地转个不停，显得很有生机和灵气。

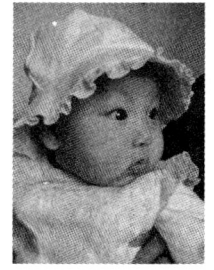

安妮出生一百天

（分析：皮亚杰认为0～2岁的儿童的智力是纯粹实践性的，是以知觉和运动为其唯一的工具。他既不能再现，也不能进行思维。可安妮现在才1个月零25天，如果她头脑里没有再现能力，怎么会做梦呢？梦不是基于对现实生活的再现吗？如果她没有思维，她睡梦中怎么会想象出一些事物或景象让她笑得如此灿烂呢？）

（4）2008年3月22日，安妮3个半月。雷老师（我的高中英语老师、班主任）来家做客。雷老师抱着她，逗她玩，做出一些手势。安妮也模仿着做手势回应，尽管她的手势很简单，也不太协调，因为她的植物神经调控能力还很弱。但她至少已经表现出模仿别人动作的意

第八章　论智力（二）

识了。另外，就在这几天，她妈妈也发现她开始模仿大人的动作了。前天，安妮躺在沙发上，她妈妈做体操给她看，她高兴得笑，两手不停地挥舞，模仿她妈妈的动作。

（分析：安妮3个半月就有了模仿成人动作的意识和一定的能力了。）

（5）2008年4月12日，安妮4个月零5天。安妮这两天变化大，进步很快，能力有了质的飞跃。她现在完全能够与大人交流互动。虽然她还不能用语言，但她用眼神、表情、笑容、简单的声音与大人交流。我觉得她现在已经表现出一定的抽象思维能力。我今天用一个玩具与她做抛物游戏，她看见玩具被我抛到空中，又落在沙发上，这样重复进行了三次。当我第四次将玩具举到空中，摇了摇，还没有抛，她的目光就主动朝下看，这说明她从前面的经验料想到我即将要抛玩具，而且玩具必然要往下落，所以，她的目光提前朝下看。从这件事我们可以看出，安妮在这个游戏重复三次后，她心里就抽象出物体做抛物运动时"先上冲后下落"的路线轨迹了。

（分析：安妮从反复发生的抛物游戏中，自己在心里就总结出了物体做抛物运动的路线轨迹。她刚过4个月，抽象思维能力已初露端倪。）

（6）2008年4月30日，安妮出生4个月23天。我跟安妮在床上玩一个游戏。在她面前放一个小球，然后，我用一块小方巾把这个小球盖上，她看不见小球了，就以为小球消失了。我把方巾揭开，她看见小球还在那里，就笑起来。我这样盖上又揭开，重复几次，她看见小球消失又重现，重现又消失，每次都哈哈大笑。到后来，只要我一揭开方巾，她根本不低头看小球，就哈哈大笑，因为她已经明白小球是不会消失的，只要我一揭开，球肯定在那里。这个游戏对成人来说的确算不了什么，但对一个4个多月的婴儿来说却是一个重大的发现，她发现了"客体永存"的现象，即一个物体，放在那里，即使被某种东西遮盖了，我们看不见，但它并没有消失，仍然在那里。

（分析：皮亚杰认为0~2岁的孩子不懂得"客体永存"的现象，从我与安妮的这次游戏说明：第一，安妮在这个游戏之前，她的确不知道"客体永存"现象，因为前面几次，我一揭开小方巾，她看见了小球还在那里，就大笑起来，显然，她发现了一种意想不到的惊喜。第二，重复几次这个游戏后，她懂得了"客体永存"的现象。因为到后来，每次我揭开方巾，

133

她看都不看，就哈哈大笑。这说明，她已经断定：不用看，揭开方巾后小球一定在那里。所以，孩子懂不懂得"客体永存"的现象，不在于年龄大小，而在于他们是否有了观察到的经验，是否发现了"客体永存"的现象。如果我那天不跟安妮玩这个游戏，安妮至少不会这么早发现和懂得"客体永存"的现象。）

（7）2008年7月8日，安妮7个月零1天。今天星期二，她妈妈要去上班（她妈妈每周星期二、星期五上班，其他几天不坐班）。今天中午，安妮听见门外有脚步声，就以为是她妈妈回来了，她要她姑婆（我们请来照顾她的）带她去开门，到门外看看是不是她妈妈回来了。因为她不能说话，也不能自己走路，她就屁股使劲往外撅，双手把她姑婆往外推，意思要她姑婆抱她出去看。当她姑婆带她去开门时，她就笑了。打开门后，她四周看了看，没有她妈妈，才悻悻然回来。

（分析：安妮才7个月，她已经从平时的生活经验中抽象出了"门外有脚步声，妈妈就回来了"这一模式，头脑里就建立了"妈妈回来"和"门外脚步声"之间的联系。所以，她从门外的脚步声推断妈妈回来了。）

（8）2008年8月4日，安妮还有3天就8个月了。今晚，我和安妮一起玩布娃娃，我把布娃娃抛到空中，又接住。安妮看得很高兴，大笑不已。后来，我把布娃娃拿在手中使劲旋转，本想玩点更猛烈、更刺激的动作逗她乐。但安妮看见我这样折腾布娃娃，心想布娃娃一定很难受，她就哭起来。我看出来了，她是同情布娃娃，为布娃娃难过，我立即停止了对布娃娃的折腾，她也不再哭了。安妮虽小，却很有同情心，心地善良。

（分析：人之初，到底是性本善，还是性本恶，是一个长期争论的古老的话题。从这件事我们可以看出，现在才8个月的安妮是富有同情心的，所以我相信人之初，性本善。人的同情心应该是与生俱来的。因为同情心就是当看到别人遇到不幸和苦难时，我们会想到如果自己遭遇同样的不幸，将是什么样的心情，因此当别人遭遇不幸和苦难，我们会理解别人的不幸，产生与别人同样的心情和心境，进而与别人产生心情和情感上的共鸣。从这个角度讲，我觉得对孩子的道德教育应该从唤醒孩子天生的同情心开始。一个富有同情心的人，他的道德品质是不会差的，至少他有坚实的善的精神底子。）

第八章 论智力（二）

（9）2008年9月22日，安妮9个半月。安妮的好奇心强，特别喜欢观察，常常目不转睛地观察人或事物。从她的眼神和丰富灵活的表情可以看出，她内在的心思一定很丰富。前几天，玛丽亚来了，她的眼睛直直地长时间地观察玛丽亚，玛丽亚说："安妮使劲看我，看得我都不好意思了；安妮的眼神很有内容。"今天，我们带她到外面玩，她在外面观察一位干活的工人，一动不动地观察一位工人干活，那位工人说："小宝宝一直看着我，看得我都发毛了。"

（分析：观察力是智力的一个极其重要的方面，许多杰出的人物都有卓越的观察力。安妮才9个多月，如此喜欢观察，喜欢思考。）

（10）2008年10月16日，安妮出生10个月零9天。安妮9个月大时，就骑一种学步车（一种帮助她行走的车）在家里走来走去。因为家里从小客厅到大客厅之间的房间地板的衔接处有一个小小的坎，她骑学步车从小客厅到大客厅时，有时被这个小坎卡住，她就哭。每当见到这种情况，我就把她的学步车往后拉几步，她再往前一冲就过去了（其实我就是想要她借助惯性力冲过这个小坎）。近段时间来这样的情况一共发生了两三次。2008年10月16日，我和她妈妈带她去小区外面玩。她正骑着学步车，前面有一位年轻的阿姨向她招手，逗她玩。她也想过去跟那位阿姨玩，可她的学步车前面有一道小台阶，卡住了她的学步车。于是，她就往后退了几步，再奋力地往前冲，想冲过那道坎，如此反复几次。可那个坎较高，她不可能冲过去。

（分析：这个事例说明：虽然安妮现在才10个多月，不可能懂得惯性的原理，但她从前两次在家里骑学步车被卡住了的处理办法，发现和抽象出了一套方法：学步车被卡住了→往后退几步→再往前一冲就过去了。所以，她这次遇到学步车被卡住，也想按这种方法解决问题。尽管她此时还没有语言能力，但在大脑里已自己建构了一套解决这种问题的心智图像模式，并且她还能将这种心智图像模式运用到新的情景中去解决问题。所以，此时的安妮对她熟悉的事物或事情，不仅表现出了抽象思维能力，还显示出了对经验模式的迁移运用能力。）

（11）2008年11月8日，安妮11个月零1天，还不能说话。11月初北京的天气转冷，家里还没有来暖气，屋里非常冷。她妈妈刚洗完澡，只穿了一件毛衣坐着吹头发。外套远远地扔在沙发的扶手上。安妮的姑婆（我们请来照顾安妮的）抱着安妮站在旁边。只见安妮不停地"啊、啊"叫着，似乎很着急地看着她妈妈，小手指一下外套，又指一下她妈妈。我们正疑惑她是什么意思呢。她又指一下外套，然后指一下她妈，这样反复几次，嘴里啊啊地叫着。这时，我们恍然大悟，原来她是在叫她妈妈穿外套，别冷着了呢。她妈妈赶紧穿上外套，心里超级感动。这时，安妮也不叫了，很怡然自得地玩去了。

（分析：安妮已经懂得关心人了。尽管她刚11个月，也还不会说话，她心里已经知道天气冷，她妈妈应穿上外套，别着凉。）

（12）2008年12月17日，安妮1岁零10天。安妮性情开朗活泼，也很幽默。她常自己设计一些游戏跟大人玩，或主动创设一些节目跟大人逗乐。如我昨晚在书房看书，她骑着学步车来把我的门撞开，向我叫。我出来，她又跑开，哈哈大笑。一会儿又来撞门，叫我，如此反反复复，主动跟大人游戏、逗乐，搞得她昨晚兴奋无比，晚上12点多才睡觉。今天又来跟大人逗乐，她主动要玩"藏猫猫"的游戏、追逐的游戏。她先来挑逗大人，大人向她走去，她便使劲爬（她还不能走），并哈哈大笑或尖叫。大人不追了，她又来逗大人。

（分析：安妮刚1岁，就能主动设计游戏项目，可见她已经表现出了创造性和主动性，性情也很活泼开朗。1岁孩子的心思、思维就已经不简单了。）

（13）2009年2月20日，安妮1岁2个月零13天。安妮每天只要不睡觉，脑子就没有空闲过。一会儿玩玩具，一会儿要读卡片，一会儿要听音乐、听故事。我开玩笑说，安妮是我们家最忙最累的一个，因为她的大脑总在思维，身体总在运动，除了睡着了，几乎一刻也没有停过。而且她大脑和身体的活动全是出自作为一个人的生物机体的本能，没有任何外在力量的驱动或强迫。

（分析：安妮的大脑和身体都在不知疲倦地动个不停，这完全是出自内在生命力的自发驱动，没有任何人的要求和强迫，对于她这样1岁两个月的孩子，我们也不可能要求和强迫她什么，这就是自然教育。）

（14）2009年3月4日，安妮1岁两个月零27天，刚会走路，还不会

第八章 论智力（二）

说话。安妮现在的思维有时令人吃惊。她最近喜欢玩打人的游戏，即轻轻拍大人一下，挑逗大人，看大人的反应。今天中午，小杜阿姨（我们请来照顾安妮的）跟她玩时，她从后面轻轻拍打了一下阿姨，阿姨问她："是谁打的我呀？"她居然指着旁边的洋娃娃，意思是告诉阿姨是洋娃娃打的。晚上我回家，阿姨告诉我这件事，我还有些不信。没过多久，安妮又来拍打我的肩膀，玩同样的游戏。我才发现果真如此，我们三个大人都被逗得哈哈大笑。

（分析：安妮才1岁两个多月，就知道如此挑逗大人，并"嫁祸于"洋娃娃。皮亚杰说0~2岁的孩子没有思维，但安妮才1岁两个多月，就表现出这样的思维。）

（15）2009年3月14日，安妮1岁3个月零7天。今天带安妮去香山公园玩。安妮在公园的一块开阔地，手拿放着音乐的手机，扭动身子跳舞，惹得众多游客驻足观看，大家看到这么小的孩子，自己能随着音乐的节拍跳舞，感到既惊讶又好笑。安妮还要挑选自己喜欢的音乐，听到她不喜欢的音乐，就让妈妈帮她换歌曲，听到喜欢的音乐，她就自己边听边跳。

（分析：据我的观察，婴儿的音乐智力和舞蹈智力是发育比较早的，也是不需要大人教完全可以自学自悟的。音乐就是声音的高低、快慢、长短的变化，不需要太多的基础知识。舞蹈亦然，孩子顺着音乐的节拍自己手舞足蹈就行了。正因为如此，音乐、舞蹈、体育这些方面的天赋特别重要，如果一个孩子在这些方面不是很有天赋，将来最好不要选择这些方面作为他未来的职业方向。）

（16）2009年3月17日，安妮1岁3个月零10天。安妮从1岁开始，就很喜欢听大人给她读一段一段的故事了。我们买了几套故事书，读给她听，还买了一些讲故事的磁带，放给她听。她听故事十分专注，并感到很快乐很满足。虽然这些故事大多数内容她目前应该是听不懂的，但她的大脑有求知的欲望和功能，这种欲望需要得到满足。就像小孩子看电影一样，很多情节是看不懂的，很多台词也是听不懂的，但小孩子被带到电影院，感受到那种氛围，也会很快乐，很满足。

（分析：所以，我们不要因为1岁左右的孩子听不懂就不给她读故事。只要他们有兴趣，愿意听，我们就可以读给他们听。这样既可以满足他们的求知欲，也有利于刺激大脑语言区脑细胞的发育，促进相关基因的充分表达和语言智力的发展。对于婴儿，大人最先给他们说的话，他们肯定是听不懂的，但我们仍然要跟他们说话，总不能等他们能听懂能理解别人说话的意思了我们再跟他们说话吧。婴幼儿刚开始都是听不懂别人说话的，但听的次数多了，加之结合实物、背景、动作手势等，他们慢慢地就能听懂一些话了，然后再由少到多逐步发展。）

（17）2009年4月13日，安妮1岁4个月零6天。近两个月来，我观察到安妮虽然还不会说话，但她已经能听懂大人说的很多话了。她能在大人的口令下准确地指出自己的头发、五官、衣服、裤子、鞋子、袜子。比如，我说头发，她马上用手指着头发；我说袜子，她马上用手指着袜子。

（分析：这说明孩子在说话之前已经能够听懂大人说的很多词很多话了，他们的大脑里已经积累了一些语言材料，只是他们的发音器官和大脑负责发音的神经系统还没有成熟，他们还发不出复杂多变的音来，所以说话能力出现得要晚一些。很多人都说，孩子不说话则已，一说话就很快进入语言爆发期，一下子能说很多话。其实，在孩子能说话之前，他们的大脑里已经储存了很多的语言素材了。）

（18）2009年4月14日，安妮1岁4个月零7天。今天我带安妮去楼下花园里玩挖沙子。我们给她买了一套挖沙子的玩具桶、玩具铲子等。我们来到花园里，找了一块沙子比较多的地方。安妮自己挖沙子，一铲一铲地往桶里倒。我发现她倒沙子时，不知道将铲子翻转或向下倾斜，沙子自然就会往下倒进或滑进桶里的道理。她是通过左右摇晃铲子往桶里倒沙子，自然倒起来很费劲。看见她倒沙子真有趣。我当时并没有打断她，立即教她正确的倒法。我当时想，还是给小孩子机会让她自己去探索吧。

（分析：如果皮亚杰观察到安妮不会倒沙子这一表现，他又会认为是孩子的智力水平低的原因了，得出结论：1岁多或2岁之前孩子的智力水平不知道将铲子翻转或向下倾斜倒沙子。事实上，这根本不是智力水平的问题，而是因为她第一次挖沙子，没有任何经验。只要多带她挖几次沙子，她多探索几次，自然会发现倒沙子的方法，并从实践中总结出经验。如果说是因为安妮现在的智力水平达不到，为什么她在此之前，甚至在出生几个月的时候，在她熟悉的事物上经常表现出比这更高的智力行为。所以，这不

第八章　论智力（二）

是智力水平的问题，而是是否熟悉，有没有经验的问题。我曾观察到安妮第一次扔一个石子，扔一个气球时，她都不知道怎样撒手。我们叫她松手，她根本听不懂什么是"松手"，也不知道应该怎样松手。后来，多玩几次，多探索几次，她自己慢慢就会了。）

（19）2009年5月21日，安妮1岁5个半月。安妮现在还不会说话，她说话比较晚，2岁两个月才真正开始说话。阿姨小杜说安妮很聪明，无论什么，教一遍就会。例如，阿姨告诉过她下雨会淋湿头发、衣服。后来，她妈和她在一起的时候，一说起下雨，她就从头到脚比画一遍，意思是下雨会淋湿头发、衣服，全身都会淋湿。阿姨教过她大西瓜很大，后来一看见大西瓜的图片，她就嘴里嘟囔着"da，da"，两个手掌张开，比画着大西瓜有多大，可爱极了。让她从一堆图片中找出一个小姐姐，她一会儿就找出来了，然后高兴地鼓掌。楼下小区里有一位奶奶锻炼身体，做伸展动作，边做边逗她。从此她们成了"好朋友"，安妮每次下楼看见奶奶做操，就给她鼓掌，学她做操的样子，模仿得还真像。在家一提起那位奶奶，她就开始表演做操。安妮的舞蹈动作都是自创的，而且每个阶段都在发展，从以前的扭腰、挥手，到这几天又变成了"街舞"。她听着音乐，不停地哈下腰，一只手还有节奏地拍着腿，很有点"街舞"的嬉皮风格，而且有模有样，很有节奏感。

（分析：安妮虽然不会说话，但她已经能听懂很多的话了，并能准确地领会别人说话的意思，用手势、动作比画出来。她心里的情思已相当丰富了。）

（20）2009年6月6日，安妮1岁半。安妮现在很喜欢阅读（她现在当然是阅读卡片上的图画、图像，而不是文字），阅读的时候也很专注。她今天一个人坐在小椅子上，把一大箱的卡片，一张一张地翻出来阅读，读完的就扔地上，不读到最后一张不停止。我担心她坐久了不好，要扶她起来她都不让。培养孩子阅读的兴趣和专注的能力非常重要，她的这一表现让我感到很满意。

（分析：尽管安妮才1岁半，还不会阅读文字，但她已开始阅读图片，而且能长时间地专注地阅读。这说明阅读、学习和求知欲是人与生俱来的。我们没有任何人要求她阅读，但她自发地专注于阅读和思考，而且她对这种阅读、思考感到很快乐、很享受,是在满足大脑思考的需要。皮亚杰认为 0~2 岁的孩子没有思维,1 岁半的安妮阅读这么多图片,如果她大脑里没有思维的话,她的阅读就不可能有乐趣,怎能专注地阅读这么久的时间?)

(21) 2009 年 7 月 15 日,安妮 1 岁 7 个月零 8 天。最近北京连下了几场雨,安妮对雨的感知和认识也越来越清晰了。一说下雨,她就用手比画自己的头发、衣服、鞋子淋湿了。今天发生的一件事,让我非常感慨。我们住的小区旁边就是一所学校,校园里风景优美。我们经常带安妮去校园里玩。学校的教学大楼前面有两个石雕的小猴子,惟妙惟肖,十分可爱。安妮自然喜欢去观看小石猴子,抚摸它们,从地上拔草假装喂它们,与它们成了"好朋友"。今天下着大雨,我抱着她在阳台上看雨,顺便说起故事书里,有个小猴子,下雨天淋湿了,可它没有家,没有地方去。下午,雨停了我带安妮下楼去玩。刚到楼下,她就牵着我的手,急急地走,也不让我抱了。我只好跟着她走,想看她到底要去哪里。她走得很快,出了小区门,径直往校园走去。走进校园的大门,地上满是水,她也不顾,一直走到石猴子跟前,她就去抚摸石猴子,摸它的头、身子,还拥抱它。我一下子明白了,原来她是担心小猴子被淋湿了,急切地来看望它们。我感动极了,连忙告诉她,别担心,小猴子身上的水已经被太阳晒干了。安妮好像听懂了,又去抚摸了一阵另外一只猴子,才高兴地离开。

(分析:安妮太有同情心和联想能力了。皮亚杰说 2 岁前的孩子没有思维,而安妮才 1 岁 7 个月,表现出来的情思之丰富就令我感动。)

(22) 2010 年 1 月 8 日,安妮 2 岁 1 个月。安妮现在到了语言学习的敏感期(Prime Time, or Window of Opportunity)。我们给她买了一只点读笔,即一种智能化的发音笔,点在一种他们配套开发的专门的书上可以读出汉、英两种语言。安妮喜欢用点读笔自己点,自己听。尽管她汉语只能听懂一小部分,英语根本听不懂,但她还是饶有兴趣。经常一连专注地听半个小时以上。对于我们成人,如果对一种我们根本听不懂的外语,最多咬着牙听几分钟就不愿意听了。这就是成人和婴幼儿的区别。

(分析:婴幼儿对任何语言都能积极吸收,听不懂也愿意听,而且他们的母语思维尚未形成和定型,学外语时受母语的干扰比较小,所以,孩子

第八章 论智力（二）

学外语比成人容易得多。成人早已过了语言的敏感区，母语的思维已经形成，并固化为一种顽强的思维习惯，很难再形成一种外语思维。所以，成人要学好一种外语，在大脑里再养成另一种语言思维，比孩子要困难得多。）

（23）2010年6月18日，安妮2岁6个月零11天。安妮能够说话已四个月了。我观察她使用语言是一种建构，即自己建构词语的意义，自己建构句型。首先让我们来看看她是怎样建构词语的意义的。一次，我们带她去公园玩，给她买了一个气球。我们在公园的一片草地上玩，她不小心把气球挤爆了，哭了起来。我安慰她，并告诉她拿气球要轻一点，

安妮两岁半

不要用力太大，否则气球会爆炸的。她一会儿停止了哭泣，到旁边看两个大人打羽毛球。她看见他们打羽毛球很用劲，就对他们说："当心，别爆炸了。"在她看来，对任何东西都要轻一点，太用力都要爆炸的。又有一次我们全家开车外出，找不到地方了。她妈妈说，查一下地图吧。于是，我把车停到路边，查阅了一下地图。晚上回家后，她妈妈说一个东西找不到了，安妮就说，查一下地图吧。很明显，她从开车找不到地方查地图，建构出"地图"的意思就是任何东西找不到了，都可以通过查阅地图找到。第二，安妮刚开始说句子，也是自己建构句型，而不是从大人的语言中整句整句地背诵和运用。比如，她说表示肯定的句子，就用"要……"，说表示否定的句子，就用"不……"。她妈妈带她去公园钓鱼回来，比如，我问她："今天钓鱼了没有？"她回答："要钓到鱼。"又如，我问她："妈妈今天带你去商场，有没有给你买好吃的东西"，她说："要买好吃的东西"。我又问她："今天去商场，妈妈有没有给你买新衣服"，她回答："不买新衣服"（意思就是没有买新衣服）。

（分析：孩子学说话是一个语言建构的过程，而不是将大人的话整句整句地直接背诵下来。他们从周围的语言环境中吸取语言元素，自己生存建构词语的意义、句型的结构和类型。由此我们可以认为，孩子从学习语言开始就是一个小小的建构主义者了。）

（24）2010年6月19日，安妮2岁6个月零12天。安妮现在学习方面非常不喜欢跟着大人模仿和重复。我们想教她什么，她一点不学，完全排斥。

有机建构主义教育

因为像她这么大的孩子都在学数数了。今天，我教她数数，1、2、3、4、5、6、7、8、9。她始终不愿模仿我数数。在我和她妈妈的反复要求下，她突然自己数起来，但不是数的 1、2、3、4、5、6、7、8、9，而是数：11、12、13、14、15、16、17、18、19。我们又教她数英语字母 a、b、c、d，她也不模仿我们，而是接着数 e、f、g、h（显然，她是在接着我数的英语字母后面数）。通过这两个事例，我惊讶地发现安妮不是不学，而是早就在自己"偷学"了。她不愿意模仿和重复大人教她的东西，喜欢"偷学"和自己建构知识。

（分析：安妮是一个典型的建构主义者，希望她将来能够勤于自己建构语言和知识。）

（25）2010 年 9 月 16 日，安妮 2 岁 9 个月零 9 天。安妮现在也懂得体贴大人了。她妈妈下班回来，有点累，躺在大床上睡觉，安妮在旁边的小床上玩。她说："妈妈，我给你唱首歌吧。"她的意思是要唱歌哄妈妈睡觉。她妈妈说："好吧"。她就唱起来："Are you sleeping? Are you sleeping? Brother John. Morning bell's ringing. Morning bell's ringing. Ding dong ding, ding dong ding."唱得好完整，唱完后她还解释一下，"晨钟在敲响"。她唱得十分认真，小嘴努力地将每个音都完整地唱出来。那稚嫩的声音，萌萌的吐字，就像天籁一般美妙。

（分析：我们给她买了一些英语的光盘回来，她经常看一些幼儿英语的节目和听一些英语的儿歌。所以，她目前能用英语唱不少儿歌了。我认为孩子学英语应该趁早，抓住幼儿的语言敏感期，让孩子尽早熟悉和适应英语的语音、语调，这样孩子的语言学习就能双语同步进行。不过母语学习更重要，因为孩子生活在母语的环境中，是用母语思维。母语是孩子交流、建构世界意义和思维活动的工具，掌握和运用母语关系到孩子的思维能力的发展。现在有的家长觉得英语很重要，过于强调英语学习，忽视母语，这对孩子的思维发展是有害的。英语毕竟只是一种语言工具。英语再好，如果孩子的思维能力得不到很好的发展，将来孩子在事业上是走不远的。所以我的建议是：双语同步，母语为主，英语为辅。安妮 3 岁多的时候，曾有一段时间对英语学习非常痴迷，对汉语却不太感兴趣了。我发现这种情况后，就跟她妈商量，这种局面必须要纠正，否则她将来即使在英语方面很杰出，但很可能思维能力有限，思想肤浅。于是，我们采用了一种不动

第八章 论智力（二）

声色的纠正方式，不打击她英语学习的兴趣，但多给她读一些汉语的儿童故事，多让她看一些汉语的幼儿光盘，慢慢地把她汉语的兴趣和能力也培养起来了。）

（26）2011年2月2日，安妮3岁两个月。安妮思维迅捷。她妈妈之前买过一个像烟斗状的里面装着粒粒糖的东西给她。今天，她吃饭时玩食物，她妈说："不要玩食物，食物是用来吃的，不是用来玩的。"她马上回答："玩具是用来玩的。"接着她很快找到了反驳她妈妈的论据。她说："妈妈上次买的烟斗糖，又可以吃，又可以玩。"她妈一时词穷，只好强作辩论，"里面的糖粒是用来吃的，外面的烟斗是用来玩的。"我们当时心里都佩服她的辩驳能力，也称奇于一个3岁两个月的孩子敏捷的逻辑思辨能力和巧妙引用材料的联想能力。孩子在他们熟悉的事物、游戏和情景中，常常表现得很聪明。

（分析：皮亚杰认为2~7岁的孩子智力水平处于前运算阶段，没有逻辑思维，心理活动大部分依赖表象，可以进行以符号代替外界事物的表象性思维。这个事例证明3岁两个月的安妮已经表现出迅捷的逻辑思辨能力。）

（27）2011年7月7日，安妮3岁7个月。安妮今天和她妈妈玩"磁力棒"游戏的时候，她主动将在电视里看过的"GoGo"节目的情节和情景迁移到正在玩的游戏中，自己编故事。早在7个月前，她3岁的时候，一次，她看到她的电动玩具突然停止运动了，我们告诉她是因为没有电了。于是，她心里就总结出：停止运动或不能继续运动就是因为没有电了。有一天，我们在外面玩，她觉得乏力了，不想自己走了，要我们抱，她就说："我不想自己走了，没有电了"。

（分析：安妮的联想能力和知识迁移能力比较强，常常把自己建构的对词语的理解，或在别的背景中学到的知识，迁移运用到新的情景中。这就是跳跃性思维能力，活学活用的能力，这种思维能力比知识本身重要得多。）

（28）2011年11月14日，安妮3岁11个月。安妮现在喜欢自己编故事。她的想象力很强，能自己想出一些情节，但语言表达还不够流畅（她

143

有机建构主义教育

说话也比普通孩子晚一些，2岁2个月才开始说话）。今天，我编了一个故事影射她，开开她的玩笑。她也毫不示弱，编了一个故事影射我。她说："有一只生病的小羊羊在床上躺了好几天，病好了，下床了。你们猜猜看，小羊羊下床去干什么呀？去买烟。"（以买烟影射我，因为她看见我经常下楼去买烟。）

（分析：我主张父母应尽早训练幼儿自己编故事的能力，自己编故事可以训练他们的想象力、创造力、情节架设能力、语言表达能力、运用知识的能力等多种思维能力。）

（29）2011年11月16日，安妮3岁11个月。今天我和安妮以及她妈妈，我们三个一起玩游戏。安妮突然说不跟我玩了，只跟妈妈玩。我开玩笑说："我的屋子的床上还有一个安妮，我去跟那个安妮玩。"然后我就去我的屋子假装跟另一个安妮玩。一会儿，我又去他们的房间，说："安妮，我的屋子的床上还躺着一个安妮呢。"她妈妈说："他是逗你的，没有另外一个安妮。"可安妮却很好奇，坚决要去我的屋子看。她一骨碌爬起来，连鞋都没来得及穿就跑过去了。

（分析：这件事说明安妮现在还缺乏"自我唯一性"的认识，正如婴幼儿照镜子，他们以为镜子里还有一个他。尽管如此，但我并不认为这是安妮的智力水平的问题，我认为这是她缺乏实际的体验和经验。经过这次游戏之后，安妮就会明白世界上没有第二个自己，她是唯一的。另外，我从安妮小时候起，就经常这样跟她玩这种天马行空的想象性游戏。我认为这种充满想象力的游戏可以培养她的想象力和开发她的创造性思维。）

安妮四岁与妈妈合影

（30）2011年12月4日，安妮差3天就4岁了。安妮现在特别喜欢问为什么。昨天，我们一家在外面吃火锅，其中有一种菜叫生菜。她妈妈从锅里夹出生菜给她，叫她多吃点生菜。她问："明明这是煮熟的菜，为什么叫它生菜？"今天早上，我们谈起附近的四得公园，她问为什么没有一得公园、二得公园、三得公园呢？过了一会儿，她又问：为什么公路的十字路口要用红灯表示"停"，绿灯表示"行"。她要规定用蓝灯表示"停"，用紫灯表示"行"。还有，好几个月前她就总是

第八章　论智力（二）

问为什么星期天之后又是星期一，没有星期八、星期九呢？不是1、2、3、4、5、6、7、8、9吗？

（分析：安妮现在喜欢问为什么，说明她开始对周围世界进行独立的思考、分析和疑问了，这也是孩子好奇心的表现。爱因斯坦、爱迪生等许多大科学家都是从小就具有极强的好奇心。有的父母和老师觉得孩子问的为什么太多，感到不耐烦，甚至粗暴地阻止孩子的好奇心，直接说"哪有那么多为什么呀？"阻止孩子问为什么，就是毁坏孩子好奇心和思维的活性。真正科学的教育方法应该鼓励孩子问为什么，并且对孩子问的为什么，视情况或耐心解答，或引导他们继续深入思考。）

（31）2012年3月15日，安妮4岁零3个月。下面是安妮自己创作的一首歌（她不会写字，由她妈妈代笔写下）。她唱之前还告诉她妈妈：老师说唱歌要有感情，然后她轻轻地唱了一遍。

我的小云朵好美丽。
大家来排队，
看谁排第一。
我的小云朵好美丽。

一直从春天到夏天，从夏天到秋天，
从秋天到冬天，从冬天又到春天。

我的小云朵在这里，
表现好的小朋友，它就飞过来，
要不然表现不好，它就不飞过来。

（分析：这首歌虽然稚嫩，甚至个别句子还有语法错误。但这又有什么关系呢？她毕竟只是一个4岁零3个月的孩子，能自己创作歌，这已经证明了她的创造意识和能力，而且我觉得这首歌轻盈、灵动，有小女孩特有的俏美色彩，充满童真童趣。）

（32）2012年4月20日，安妮4岁4个月。今天，她妈妈跟她玩一种识字编故事的游戏。她妈妈前段时间给她买了一盒识字积木，即每块小积木上都有一个字，孩子可以边玩积木边识字。最近她妈妈发明了一种方法：运用这些识字积木编故事识字，即从这一盒识字积木中任意选出三块积木，每块积木上有一个字，三块积木就有三个字。然后根据这三个字展开想象，编一个故事，要求故事中必须出现这三个字。安妮今天选的三块积木上的字分别是蓝、白、光三个字。她根据这三个字很快就编出了一个故事（为了保持安妮编的故事的原貌，其中的语言错误未作修改）："早上我来到幼儿园，太阳光照在教室楼上，五颜六色的，有蓝色，有白色。有的小朋友喜欢五颜六色，有的小朋友不喜欢五颜六色。"接着她妈妈又用这三个字编了一个故事，然后又叫安妮用这三个字再编一个故事。安妮又编了下面一个故事："有个小朋友洗了澡，光溜溜身子在屋里跑来跑去，她妈妈要给他穿衣服，他说：'我不喜欢这件蓝色的衣服，我喜欢那件白色的衣服'。于是他妈妈又给换了一件白色的衣服。"

（分析：这个方法很好，既让安妮学习了识字，也训练了她的想象力和对这些字的运用能力。较之枯燥的死记硬背的幼儿识字法，这个方法非常活泼有趣。）

（33）2012年6月10日，安妮4岁半。今天是星期天，我们全家都去她妈妈的办公室玩。她妈妈的同事刘海涛也在办公室。安妮和刘海涛谈了许多话。后来，刘海涛出去了一会儿，安妮去动刘海涛的东西。她妈妈告诉她："不能动那边的东西，办公室这半边才是妈妈的东西，那半边是刘海涛叔叔的东西，别人的东西不能动。"过一会儿刘海涛回来了。安妮说："这半边是我妈妈的，那半边是你的，是吗？"刘海涛回答说："是的。"安妮说："那门是我们的。"过了大约10秒钟，她又说："不对，门是大家的，门和窗户都是大家的。"过了一会儿，她发现刘海涛那边有两台电脑，她又说："叔叔，你那边怎么有两台电脑，我妈妈这边才一台电脑，这不公平。"她妈妈赶紧说，那边有一台电脑是大家公用的。

（分析：安妮才4岁半，她就能够通过自己的观察、分析和思考，发现私权、公权、公平等法律概念。尽管她说不出这些概念，但已领悟和发现了这些概念的核心意义。尤其是她说："那门是我们的"。过了约10秒钟，她又说："不对，门是大家的，门和窗户都是大家的。"体现了一个幼小的

第八章 论智力（二）

孩子从自私的本能到对公权的认识的内在心理过程。）

（34）2002年6月14日，安妮4岁半。因为担心安妮冰激凌吃得太多，对她胃肠不好，所以规定她只能星期一、星期三、星期六才能吃冰激凌。今天安妮从幼儿园放学的时候，我和她妈妈一起去幼儿园接她。在回家的路上，她要吃冰激凌。她妈妈说今天是星期四，不能吃。她说："昨天星期三，我没有吃，今天应该补上"。（昨天幼儿园放学时下雨，我们直接开车把她接回家了，所以没有给她买冰激凌）。她妈妈说星期三过去了就算了。安妮马上反驳到："你上个星期五没有去上班，怎么星期天还要去加班补上。"我们一时哑口无言。

（分析：一个4岁半的孩子，多么高超的辩驳说理，尤其是她把她吃冰激凌和她妈妈加班这两件毫不相关的事情迅速联系起来，引证恰当，逻辑严密，给予她妈妈强有力的反驳，让我们哑口无言。成人的思维也不过如此。皮亚杰的确太低估幼儿在他们熟悉的领域的思维能力了。）

（35）2012年7月2日，安妮4岁7个月。今天，我带安妮去附近的河边公园玩，走了一会儿，她说累了。我们就坐在一个长条椅上休息。一会儿，她说："爸爸，你的脚可以放到地上，我的脚够不到地上。"我说："你还小，你的脚以后会长长的，到时候就可以够到地上了"。紧接着我又开玩笑说："来，我把你的脚拉长，就能够到地上了。"她马上反唇相讥道："我给你的脚安一个遥控器，一按红色的按钮，你的脚就长到天上去了，一按蓝色的按钮，你的脚又缩回来了。"

（分析：多好的迁移运用能力和想象力啊！遥控器是开关和调控电视的，她能迅速迁移运用到这里。大跨度的迁移运用思维！这里她比我更有想象力。）

（36）2012年8月21日，安妮4岁8个月。今天中午吃饭的时候，安妮拿了一双长短、颜色都不一样的筷子吃饭。她本来现在使用筷子还不熟练、不灵活，所以，我让她换成另一双长短、颜色一样的筷子。她问我为什么要换。我告诉她："这样两根筷子才对称，你用起来更方便"。她问："什么叫对称呀？"我说："两根筷子长短、粗细、颜色一样就叫对称。"吃完饭不久，她一只脚穿着自己的拖鞋，一只脚穿着她妈妈的拖鞋。我问："安妮，你怎么一只脚穿上你妈妈的鞋呀？妈妈的鞋那么大，就像一只船。"

她指着自己的两只脚说："爸爸，你看，我穿的两只鞋不对称，是吗？"我惊讶！

（分析：她刚刚才懂得什么叫对称，马上就跨领域地活学活用。这就是知识的迁移运用能力。我们衡量人才优劣的一个重要的标准就是：不是看一个学生学了多少，知道多少，关键是看他活学活用的能力，尤其是看他能否跨领域的迁移运用。创造性人才往往就具有对知识大跨度迁移运用的能力。）

以上安妮从出生到4岁多的大量的智力表现的事实证明：孩子的智力发展并不是皮亚杰所说的那样——0~2岁没有再现能力和思维能力，2~7岁没有逻辑思维能力，7~11岁没有形式运算能力，11~15岁才有形式运算能力，能够进行假设和命题推断。从观察到的事实可以看出，安妮在她熟悉的事物和游戏中，2岁之前就表现出大量的再现能力和思维能力。即使皮亚杰认为最高级别的形式思维能力，孩子们也很早就具备了。比如第23个事例，2010年6月18日，安妮才2岁6个月零11天。我们在公园的一片草地上玩，她不小心把气球挤爆了，哭了起来。我安慰她，并告诉她拿气球要轻一点，不要用力太大，否则气球会爆炸的。她一会儿就停止了哭泣，看旁边有两个大人在打羽毛球。她看见他们打羽毛球很用劲，就对他们说："当心，别爆炸了。"当时的情景和她说的话"当心，别爆炸了"，我们就可以分析出此时的安妮心里已经运用了假设推断的形式运算方式。让我们来具体分析一下她的思维过程：她从气球爆炸是因为用力太大抽象出：任何东西如果我们用力太大，它就会爆炸（这是一个命题）；旁边的两个大人打羽毛球用力很大，羽毛球也可能爆炸（这是安妮根据命题做出的推断）。所以她担心并提醒他们"当心，别爆炸了"。因此，安妮的内在思维过程无疑是一种"命题和推断"的形式运算。在人的思维过程中，具体思维和形式思维往往并不是截然分开的，而是相互交融、交替进行的。安妮从具体的事件或现象中抽象出一般的猜想或命题，再从一般猜想或命题推断具体的事物或现象，她的思维过程既涉及具体运算，又运用了形式运算。成人的思维也是如此，往往同一思维过程中既有具体运算，又有形式运算。

第八章 论智力（二）

人的思维是很快的，像闪电一样迅疾，甚至有人说世界上速度最快的不是光，而是人的思维，一瞬间的思维常常包括了具体思维和形式思维的交替进行。即使成人学习抽象的哲学理论，往往也要联系具体形象的事物或现象去理解抽象的理论。而当我们学习具体的事物或现象时，我们的大脑也会自觉或不自觉地进行概括和抽象，上升提炼出一般性的理论、假设和命题。所以，我认为，皮亚杰将人的大脑的具体运算和形式运算截然分开是不符合人脑思维的实际情况的，因此，这种方法也是错误的。

皮亚杰创立他的"智力发展阶段"理论，我认为他的研究选择的事例常常是一些孩子不熟悉的事物、事件和动作，孩子缺乏经验和体验，当然在认知或操作上显得智能低下。我观察我的女儿安妮，记录她智力的发展情况，选择的几乎都是她所熟悉的事物、游戏和动作，得出的结论是婴幼儿智力发展是很快的，水平也很高，常常会给人意外的惊喜。我坚持认为我们要研究婴幼儿的智力水平，研究婴幼儿的智力水平与成人的差距，就是应该选择他们在熟悉的事物、游戏和动作中的智力表现，才是科学的和有说服力的。否则，对于一个事物，如果成人已经经历和体验了千百遍，积累了丰富的经验和基础知识，婴幼儿却从未经历和体验过，毫无经验，而皮亚杰学派却撇开孩子是否具有经验不谈，硬要将成人在这个事物上的认知智力表现与孩子在这个事物上的认知智力表现进行比较，然后得出结论：孩子的智力水平比成人的智力水平差远了，不是一个层次。试问，这样的研究科学吗？这样的结论令人信服吗？

幼小的孩子对世界的许多事物都缺乏经验，她对陌生的事物认知的确容易表现出谬误和可笑。比如，安妮4岁左右，我们全家去北京郊区100多公里外的密云山里度假。我去一个度假村的宾馆登记房间。宾馆的服务员说还剩下最后一个房间了，你们可以入住。安妮听见了以为最后一个房间是专门给我们预留的。她说："我在家里说了要住房间，他们听见了，所以给我们留了一个房间。"安妮认为相距这么远别人就能听见她说话，的确荒唐可笑。但这跟智力有什么关系呢？这纯粹就是一个经验问题。只要我跟她做一个游戏：我和她站在操场上，叫她的名字，然后叫她慢慢往后退。我一直保持同样大小的声音不停地叫她的名字，她逐步往后退，我们的距离越来越远,看她退到多远就听不见我叫她的名字了。多做几次这样类似的游戏,她自然就会明白人们说话的声音到底能传多远,她心中的谬见就会被清除了。生活在广阔的农村的孩子经常体验远距离的相互喊话,他们早就有这方面的经验了,早就知道人与人之间说话、喊话能传多远的距离。难道农村的孩子智力就比城里的孩子智力水平高吗?

事实上,成人对于陌生的、缺乏经验的事物,同样表现出认知能力的低下。嘉德纳(2008)在他的《受过学科训练的心智》一书中提到:很多高中生被问及一个小球被从弧形的管道吹出去,会怎样运动,都回答是沿直线运动(正确的回答是:因为物体运动的惯性,小球会继续沿弧线运动)。我在自己开车之前,一直有一个谬见:我在媒体上看到一些人出车祸,被小轿车的前部撞伤撞死,我就想如果一个人遇到小轿车临近,躲闪不及,他为什么不可以直接跳到车头上去呢?他跳到车头上爬着,小轿车不就不会将他撞倒了吗?直到后来我自己开车,我才明白小轿车(也包括所有的车)在运动时,由于运动的惯性,会有巨大的冲撞力。即使一个人跳上正在行驶中的小轿车的车头上,由于惯性产生的巨大冲击力也会把他撞伤,甚至把他撞得很高很远。我一度还曾想过站在公路中间,亲自做一次"跳上行驶中的小轿车车头"的实验。幸好我没有真的去做这样的实验。所以,成人对于没有经验的事物,也会产生错误的想法和谬见。皮亚杰为什么不说成人对于没有经验、缺乏体验的事物常常产生谬见是因为智力的原因呢?或者说是成人的智力还没有发展到某个阶段呢?

皮亚杰做过的有些实验,我也按照我的方法做过同样的实验。比如,皮亚杰做过一个实验,认为:4岁的儿童看到5枚紧靠着排在一起的硬币,知道是5枚,然后把5枚硬币分开,仍然排成一条线,问他是几枚硬币,他就不知道了。我也做过类似的实验。首先,我不选择硬币,因为婴幼儿最好不要玩硬币,他们可能抓起来吞咽,非常危险。经常有报道说婴幼儿玩硬币时,吞咽硬币,硬币卡在喉部噎死了。所以,我选择扑克牌代替硬币。为了让安妮对扑克牌和数字获得一定的经验,我先跟她玩扑克牌游戏。游戏都是一些极其简单的,以便她力所能及。每天玩大约半小时,一个月后,她对扑克牌的张数、对数字的意义都有了很好的理解。然后,我用扑克牌重复皮亚杰的实验。我把五张牌紧密地排在一起,让她数是几张,再把五

第八章 论智力（二）

张牌分开，问她是几张，她马上回答是五张。为了增加难度，我把五张牌又纵向排列和斜线排列，问她是几张，她都能迅速而正确地回答。所以，我通过让安妮熟悉事物获得经验之后，做出的实验，结论与皮亚杰的是完全相反的。

皮亚杰和皮亚杰学派的根本错误在于没有对智力进行纵向分层，没有将官能智力和认知智力区别开来，只是单一地、笼统地谈论智力。孩子在认知过程中表现出来的智力往往是认知智力，因为一个人的智力表现往往是通过他对事物的认知表现出来的，而一个人的纯粹的官能智力是背后的、隐形的，不容易为人们所直接观察到。皮亚杰所观察和描述的智力也是儿童的认知智力，而不是人的官能智力。简言之，皮亚杰是错把孩子的认知智力当作官能智力，错把孩子由于缺乏经验而导致的认知能力的不足认为是儿童的智力水平低下。所以他基于这种错误的认识创立的儿童"智力发展阶段"理论，流传甚广而争议颇大，影响深远而实为错误。

因此，我认为皮亚杰的"智力发展阶段"理论造成了我们对儿童智力水平的低估，也导致了对儿童智力开发的延迟和耽误。在我看来，教育界应该推翻皮亚杰的"儿童智力发展阶段"理论，肃清这种理论的错误影响，肯定婴幼儿在他们熟悉的事物和领域中表现出来的较高的官能智力，提倡通过孩子们熟悉的事物、游戏和动作尽早地开发他们的官能智力。我的观点非常鲜明：官能智力是人的一切能力和才智的根本，是基础中的基础，所以必须要尽早开发，越早越好。同时，我们开发婴幼儿的官能智力时，一定要从儿童熟悉的事物、游戏和动作中选取材料和活动。因为孩子们只有对已经具备一定的经验的熟悉的材料，才能够进行认知和理解。

这里我要提出一句响亮的口号：我们必须通过婴幼儿的熟悉材料尽早开发他们的官能智力。

我对智力的定义

上面我从不同的角度对智力进行了论述。最后，我根据自己的理解对智力作一个定义：在我看来，智力是从个体的生命智力派生出来，并通过生物遗传确定大脑的思维能力，其最原初最根本的目的是为了认知和适应周围环境，以求生存和发展。我从智力的纵向层次，将智力分为官能智力、认知智力、应用智力和创造智力。

引用文献 ▶

1. 〔瑞士〕皮亚杰（Piaget）：《发生认识论原理》，王宪钿等译，北京：商务印书馆，2011。
2. 顾明远、孟繁华主编《国际教育新理念》（第2版），海口：海南出版社，2006。
3. 〔美〕嘉德纳（Gardner, H.）：《受过学科训练的心智》，张开冰译，北京：学苑出版社，2008。

第九章
创造力的本质——人类的深层智力

预先猜想

在阅读本章之前请读者预先猜想以下问题:
1. 你认为什么是创造力? 创造力的本质是什么?
2. 你怎样看待创造力和智力的关系?
3. 你对开发和培养学生的创造力有什么建议?

上一章论述了智力是一个多义的、开放性的概念，创造力更是如此。我们往往是从一个人作出的新颖而有意义的成果判定一个人的创造力，但到底什么是创造力？创造力的本质是什么？创造力与哪些因素和变量有关？如何培养个体的创造力？这些都是十分复杂的问题。全世界许多教育学和心理学研究者都对创造力进行了长期而深入的研究，企图揭开创造力的奥秘。尽管这些研究已取得了丰硕的成果，使人类在认知创造力的道路上不断逼近创造力的核心堡垒，但迄今为止，创造力对人类来说总体上仍然是一个模糊的、难以捉摸的概念。从某种程度上讲，创造力是人类研究得最多而又知道得最少的事物之一。甚至不少人认为创造力有某种神性的介入，那些极富有创造力的人背后有某种神奇和神秘的力量在发挥作用。

首先我是反对创造力具有神性介入的观点。在我看来，人类的创造力还是属于人性而不是神性，创造力是人类的智力和能力的最高表现，是人类灵性王冠上最明亮的珍珠，是人的生命力乐章中最强的音符。我相信只要我们对创造力的本质继续深入研究，不停地对创造力的核心堡垒发起冲锋，总有一天我们一定会揭开创造力的神秘面纱。

对创造力的探索的历史回顾

我们首先回顾一下教育学家和心理学家对创造力的探索历程：

1. 古希腊时期和中国的春秋战国时期对创造教育的践行

古希腊时期的思想家和教育家苏格拉底、柏拉图等，以及几乎处于同一时期的中国古代教育家孔子，他们虽然没有明确提出"创造力""创造教育"这些概念，但他们的教学实践却具有极强的创造教育的色彩。苏格拉底的"反诘式教学""产婆术教学"，孔子的"启发式教学""不愤不启，不悱不发"，他们的教学方法都是在引导和启发学生自己发现知识、建构知识，最终建构起自己的知识地图和精神世界。正因为如此，虽然两千多年过去了，他们的教学方法时至今日仍然是科学和先进的。在我看来，孔子、苏格拉底、柏拉图等这些古代的伟大教育家和思想家，他们已经在默默而坚定地践行创造教育了。我心里一直有一种感觉，两千多年前中国的春秋战国时期以及西方的古希腊时期的教育较之今天的教育似乎更先进，更接近教育的真谛。一个重要的原因是那时的教育很纯粹，功利性

第九章　创造力的本质——人类的深层智力

比较少，而现在的教育功利性比较重。教育的功利性越重，就越偏离教育的真谛。

2. 近现代对创造力的探究

刘道玉（2009a）在《创造教育概论》一书中，对人类近现代以来对创造力的研究历程进行了系统的梳理。他指出：人类有文字记载的文明史，就是记载人类创造发明的历史，但是，把创造发明当作一门学问，人们自觉地、科学地认识自己的创造行为，始于20世纪的上半叶。下面略选几个具有代表性的研究和活动。

第一次世界大战后，斯坦福大学教授Lewis Terman为了探索创造力和智力之间的相互关系，对在1921～1923年间挑选出的智商在130以上的1500名超常学生进行追踪研究。经过50年的观察得出的结论是：创造力和智力的非正相关性。

1926年，Joesph Wallas通过对发明者的调查，提出了Wallas模式，即创造过程包括准备、沉思、启迪和求证四个阶段。

1938年，美国BBDD广告公司的A. F. Osborn发明了创造技法"头脑风暴法"（Brain Storming），并把它运用于发明创造的实践，取得了巨大的成功。

1945年，格式塔学派心理学创始人M. Wertheimer出版了《创造性思维》一书，提出了"创造是连续的思维过程"的观点。他说："思维的功能不仅是解决实际中的问题，更重要的是发现、设想、更深入地思考深层次的、规律性问题。在伟大的发现中，最重要的往往是某个问题的发现。设想和提出创造性的问题比解决问题更重要，能取得更大的成功。"

同年，英国心理学家G. 沃勒斯出版了《思考的艺术》一书，把创造过程分为四个阶段：准备期、酝酿期、明朗期和验证期。

1950年，美国心理学家J. P. Guilford发表了关于创造性研究的重要演讲。他说："心理学家要研究创造性的个性问题。"他的引导性演讲，不仅明确地提出了创造性研究的重点，而且也起到了动员心理学家研究创造学的作用。

1953年，奥斯本（A. F. Osborn）的名著《应用想象力》（*Applied Imagination*）出版。这本书把重点放在想象力的重要性和普遍性上，放在创造力在解决问题的作用和效果的评价上。该书首先在美国布法罗大学作为创造教学的教材使用,随后其他大学也采用了。由于这是一本阐述创造力较早的、较系统的著作,后被译为多种文字出版,在世界学术界产生了较大的影响。

20世纪60年代,美国麻省理工学院的华裔教授李跃磁建立了一个"创新中心",研究如何培养大学生的创新能力。

20世纪70年代,创造学的研究向纵深发展,主要围绕创造力的本质进行研究,目的是真正认知人的创造过程的科学机理,揭开创造的秘密。这一任务当然是相当艰巨的,需要经过心理学家、生理学家、精神病学家、脑科学家、人工智能学家的长期探索才可能获得结果。现在只能说他们刚开始朝着这个方向努力,前景应该是光明的(刘道玉,2009a)。

1993年,"多元智力理论"创始人、哈佛大学霍华德·嘉德纳(Howard Gardner)教授出版了他在创造力研究方面的代表性力作 Creating Mind(中文版的书名为《大师的创造力》)。该书结合他提出的"多元智力"理论,重新审视了创造力的概念和普遍规律。他挑选了弗洛伊德、爱因斯坦、毕加索、斯特拉文斯基、艾略特、格莱姆、甘地这7位20世纪的大师,每位代表他的多元智力理论的一种智力强项。嘉德纳从个性因素、社会心理、相关领域和评估体系四个层面,对7位创造大师进行比较,揭示了创造力发展的普遍规律,也为我们勾勒了典型创造性人才的形象。

1995年,美国著名心理学家斯腾博格(Robert Sternberg)和陆伯特(Todd Lubart)出版了他们合作的著作《违抗大众:在一种顺从的文化中培养创造力》(*Defying the Crowd: Cultivating Creativity in a Culture of Comformity*)。斯腾博格和陆伯特在这本书中深入分析了创造力的六大心理资源:智力、知识、思维风格、人格、动机、环境。作者同时指出,有的人可能具备很大的创造潜能,但是他们必须充分地利用自身的各种资源,从而将创造力以某种可见的方式表现出来,变创造潜能为实实在在的创造性成果。否则这种创造潜能不能被称为创造力。

还有许多著名学者也写出了对创造力研究和创造教育具有重要价值的著作,由于篇幅的限制,在此不一一列举。

美国是进行创造学研究最早的国家。到20世纪中期,创造学陆续传播

第九章 创造力的本质——人类的深层智力

到日本、欧洲和苏联。日本在 20 世纪 60 年代末至 80 年代初,曾大力提倡创造教育。日本不仅出版了大量的创造教育的著作,还建立了创造学会和创造力开发研究所,各县都创办了"星期日发明学校"。苏联 1971 年就在阿塞拜疆创办了一所发明创造大学,培养学生的发明创造才能和技术。到 1978 年,苏联在莫斯科、列宁格勒等八十多个城市建立了发明创造学校,开发学生的创造力,培养创造型人才。

半个多世纪之前,中国著名教育家陶行知先生曾研究并大力提倡过创造教育。他认为教育的目的就是要"发古人之未发,明今人之未明"(陶行知,1981)。1979 年上海交通大学的许立言先生把"创造学"引进中国,标志着中国创造学研究的开始。中国著名教育家刘道玉在 20 世纪 80 年代初任武汉大学校长时,曾大力推行创造教育,并进行了一系列以培养创造型人才为目标的大刀阔斧的教育改革。1988 年他卸任大学校长职务后,又潜心进行创造教育的理论研究。他在创造教育方面发表了 300 多篇文章,并撰写和出版了创造教育书系(共 5 本):《创造教育概论》《大学生自我设计与创业》《创造思维方法大纲》《创造教育新论》《创造:一流大学之魂》。他的研究构建了中国创造教育的理论框架,对推进创造教育改革具有重要的理论价值和现实意义。1999 年 6 月 15～18 日,中国政府召开了第三次全国教育工作会议,会议发布了《中共中央国务院关于深化教育改革全面推进素质教育的决定》。该决议要求推进教育改革,实施创造教育。中央电视台及中国各大媒体持续近一年时间连篇累牍地宣传和倡导创造教育改革,为中国的创造教育鼓与呼。遗憾的是,由于中国的国情、文化背景和其他种种原因,创造教育在中国始终停留在口头上,教育实践中落实得很少。实际上这些年应试教育愈演愈烈,所以有人说:创造教育喊得轰轰烈烈,应试教育搞得扎扎实实。

关于创造力的定义

什么是创造力?从表层意义上讲,创造力就是做出创造性成果的能力,如提出新的思想和理论,提出新的方法解决问题,设计和生产出新的产品,创作出新颖的艺术作品等。但这只是表层的定义,这种定义关注的只是创造性工作的结果而不是中间的心理过程,所以我认为这种定义并不能揭示创造力的本质。我觉得，要真正认识创造力概念的本质，最重要的是要研究思维主体创造性思维的内在科学机制和心理过程，以及分析思维主体进行创造性思维活动的支持性心理资源。只有这样才能了解创造性思维活动的深层心智过程，从而揭示创造力的奥秘。由于创造思维的深层的心智过程的确十分幽微复杂，所以，对创造力的深层定义，与智力概念的定义一样，多种多样，众说纷纭。可以夸张地说，有多少教育学家和心理学家研究创造力，就有多少个对创造力的定义。下面列举几个有代表性的关于创造力的定义。

刘道玉对创造力（2009b）的定义：从广义上说，创造性是一种心理素质，是指人的精神系统和感觉器官上的特征，是一种包括人的知识、智力、个性和人格等要素综合的高级心理活动。从狭义上讲，创造性是指人从事创造性劳动所表现出来的一种思维属性，它是与常规思维相区别的。

Howard Gardner（1993）对创造性的个体定义为"他们经常以一种开始被认为是新奇的但最终被接受的方式解决问题、制作产品或定义一个领域的新问题"。

皮亚杰谈创造力：如果你想具有创造力，就要保持儿童的角色，带着儿童还没有被成人社会毁坏之前的创造力和发明力（http：//celestra.ca/25 - creativity - quotes）。

T. I. Lubart（1994）对创造力的定义：创造力是产生新异的（首创的、出人意料的）、高质量和适宜的（有用的、满足任务制约的）工作的能力。

Robert Franken（2006）的定义：创造力可定义为产生或识别一些想法、可选择的方案，或可能性的倾向，以有益于问题的解决、人际交往以及愉悦自己和他人。为了具有创造性，你需要以新的方式从不同的视角去看待事物。促使人们进行创造的原因有三：1. 对新颖、变化和其他激发因素的需要；2. 交流思想和价值观的需要；3. 解决问题的需要。

Robert W. Weisberg（1993）对创造力的定义：创造性指的是新颖的有价值的产品，就像"飞机是创造性的发明"。创造性也指创作作品的人，就像"毕加索很有创造性"。于是创造即指生产这样的作品或产品的能力，如"我们如何培养我们的员工的创造力"，又指生产这样的产品的活动，如"创造需要艰苦的工作"。所有研究创造力的人都同意：对于创造来说，新

第九章 创造力的本质——人类的深层智力

颖性是不够的,它必须有价值,或具有适宜性。

Mihaly Csikszentmihalyi(1996)的定义:创造就是改变或改善现有的领域以达到一个新的领域的一切行为、思想或产品。重要的是他(她)生产的新颖事物能否为整个领域所接受。

Mitchell Rigie 和 Keith Harmeyer 的定义:创造就是产生新的想法和概念,或者建立先前并不存在的思想之间的联系(http://www.Smartstorming.com)。

Robert J. Sternberg(2006)谈创造力:创造力通常在幼儿身上比较明显,但在年长的孩子和成人中可能较难找到,因为他们的创造潜能已被一个鼓励智力顺从的社会压制。

Sir Ken Robinson(2006)谈创造教育:现在,创造力在教育上跟读写能力一样重要,也应该受到同等的对待。

在我看来,创造力的本质就是人的深层智力

创造力是近几十年教育领域最热门的话题,也是各国教育改革追求的最主要目标,但对于创造力的本质是什么,教育心理学界一直存在着激烈的争论。创造力就像被浓雾笼罩的远山,人们仿佛都可以远望它的轮廓,却不容易近观以看清它每一道美丽的景致。

那些创造型的大师,他们的确具有非凡的创造力,他们的事迹也体现出人类的伟大。爱因斯坦1905年(年仅26岁)一口气发表5篇物理学领域的重大突破性论文:《关于光的产生和转化的一个试探性观点》(光量子理论),《分子大小的新测定方法》,《热的分子运动论所要求的静液体中悬浮粒子的运动》,《论动体的电动力学》(狭义相对论),《布朗运动的一些检视》(关于布朗运动的开创性研究)。1905年被称为"爱因斯坦奇迹年"。100年后的2005年也因此被定为"2005世界物理年"。爱迪生一生做出了一千多种发明,除了电灯、留声机、电话、电报、电影等方面的发明和贡献之外,在矿业、建筑、化工等方面也有不少发明和创新。毕加索10岁时绘画已达到世界级大师的水平。他不仅是立体主义画派的创始人,而且被誉为现代艺术的创始人,当代西方最具创造性和影响最深远的艺术家之一。他一生创作了37000件作品,其中包括《人生》《三舞女》《亚威农的少女》《乌德的画像》《哭泣的女人》《格尔尼卡》《大自然的故事》《梦》《和平

鸽》等世界名画。在人类历史上，像这样的创造型大师、伟大的人物为数不少，这些具有卓越创造力的伟大人物定义着某个领域，或推动某个领域进入新的高地。

也许有人认为那些创造大师都是天才，对于普通人没有参考价值和借鉴意义。我也同意天才的说法，但天才不是神赐。他们的确有一个聪明的大脑，但他们的大脑也是人脑，而不是神脑。他们大脑的创造性思维活动也遵循人脑思维的科学机制，而不是背后有一种神的力量在支撑和运行。而且，那些创造大师往往只是在一个或几个方面登峰造极，在其他方面的能力有的还不如普通人呢。所以，他们是人而不是神。创造大师们固然有非凡的创造力，但普通人也有创造力，创造力人人有之。我们研究创造力，就是要研究这些创造大师创造性思维时的深层心智过程、思维方式、个性性格、精神人格等，找出他们完成创造性成果的普遍规律来。我们要坚信：只要他们是人不是神，他们的大脑是人脑而不是神脑，我们就一定能找出他们创造性思维和活动的规律，然后将发现和总结出的规律运用到教育过程中，实施创造教育，开发和培养学生的创造力。

对于个体的创造力，先天的基因遗传因素固然重要，但并不是唯一起决定作用的因素，后天的教育和环境也是十分重要的因素。根据"用进废退"的生物学原理，即使有的人具有高智力的遗传基因，如果后天的环境和教育使这些基因不能或很少得到运用、锻炼，这些基因也会荒废和衰退。所以，只要我们实施创造教育，就可以尽可能开发每个学生的创造力。我们固然不可能把每个学生都培养为创造型的大师，至少可以使每个学生的创造性潜能得到充分的开发。哪怕每个人的创造力前进一小步，民族和人类的创造力就可以前进一大步，因为民族和人类的创造力是每个个体创造力的总和。

所以，我认为，要研究创造力，就要研究创造大师们创造性思维的深层心智过程、个性特征以及支持性的心理资源。要实施创造教育，开发学生的创造力，就要使学生学会从深层心理上像创造大师那样思考，并学习他们的创造性个性、精神和人格。

关于创造力的本质，许多教育心理学家都根据各自的理论，对创造力的本质进行了探讨并提出了自己的看法。联想心理学家认为，创造性思维

第九章 创造力的本质——人类的深层智力

过程是指在有关因素之间形成新奇的联结，被联结的因素相互之间的距离越是遥远，那么这种思维过程和解决问题的方法就越具创造性。格式塔心理学则强调"心理场"在问题解决中的作用，认为创造性思维就是重新组织问题，使其形成新的完形。精神分析心理学主张创造性思维的本质在于暂时放弃那种阻塞思路、妨碍形成新的问题解决办法的逻辑的理性思维，因此，他们重视"潜意识"和"与驱力有关的冲动和概念"在创造性思维中的作用。人本主义心理学家认为，创造性与个性因素密切相关，尤其是与"对经验的敏感性"和"不轻易相信原理和概念"的品质有关（陈琦，刘儒德，2007）。

我对创造力的本质也进行了长期的思考。我认为：第一，创造力并不神秘，因为人人都有创造力，尤以婴幼儿为甚。婴幼儿对世界十分陌生，他们的经验和基础知识很少甚至没有，所以他们主要靠猜想去创造自己对世界的理解。第二，创造力并不是一种独立的智力。人的大脑中并没有一种独立的智力叫创造力。我们之所以认为一个人具有创造力，是因为他运用智力、经验和知识进行工作的结果具有新颖性，而且这种新颖的成果有意义和价值。嘉德纳的"多元智力理论"也没有把创造力作为一种独立的智力列入他的"多元智力"清单。有不少人对嘉德纳建议说，创造力在当今社会如此重要，应该将创造力作为一种独立的智力加入"多元智力"之中，但嘉德纳拒绝了，他认为创造力不能算作一种独立的智力。所以，创造力包含于智力之中。第三，尽管人人都有创造力，但每个人的创造力水平是不同的，有大小强弱之分。为什么有的人创造力很弱，而有的人极富创造力呢？在我看来，那些极富创造力的人，就是因为他们具有更多的深层智力，那些创造力弱的人，他们的智力更多地停留在普通智力层次上，深层智力比较弱。所以，有的人创造力十分卓越，有的人创造力比较一般，创造力强弱主要取决于他的深层智力。第四，当一个领域已深入发展到一定的阶段之后，要想进一步做出创造就更需要人的深层智力了。在一个领域或行业发展的初始阶段，能够做出创造性成果的地方俯拾皆是，创造未必需要太多的深层智力。但当一个领域已深入发展到一定阶段后，容易创造的地方几乎都已被别人创造出来了，而且该领域的从业者甚众，竞争十分激烈，所以如果这时要做出创造、发明就需要人的深层智力了。从某种程度上讲，这时的竞争主要就是同行者之间的深层智力和创新意识的竞争了。谁拥有更卓越的深层智力，谁就更有可能作出创造性成就。犹如某个地方盛产煤，刚开始人人都能采掘表层的煤，但当表层煤已经采掘完了，只有地下深处才有煤时，这时只有那些能够挖掘深井，并能够深入深井中去作业的人才能挖掘到煤了。在21世纪的当今社会，几乎各个领域都发展到很深的程度，不用说物理学、数学这些古老的学科，即使像生命科学这样的新兴学科，IT、通信这些朝阳产业，都发展到了很高很深的地步，同行竞争也十分残酷。容易创造发明的地方几乎都被别人创造发明了，剩下的都是一些高深艰难的问题了，这时要作出创新，必须依靠卓越的深层智力才行。苹果公司的乔布斯就是一个典型的例子。乔布斯以他天才的洞察力、个性和意志使苹果公司成为了目前全球市值最高的公司（已达6700多亿美元）。但乔布斯被邀请回到苹果之前，苹果年年亏损。如果没有乔布斯这样的天才人物回苹果横刀立马，我怀疑苹果公司是否能生存到今天。

所以对于创造力的本质，在我看来，创造力的本质就是人的深层智力。尤其是当今人类的科学和文明已经发展到相当高的程度，要再在前人的基础上作出创造、发现，非发挥人的深层智力不可。

什么是人的深层智力呢？深层智力当然是相对于普通智力而言的。比如，记忆能力就是普通智力，顿悟能力就是深层智力；在证据充足的情况下进行归纳或演绎等逻辑推理就是普通智力，在证据不足的情况下，凭经验、直觉和想象进行猜想就是深层智力；对所学的知识在相同、相似的背景和条件下运用就是普通智力，能够在新的背景和不同的学科领域进行大跨度迁移运用就是深层智力；对同类的事物或相关的事物进行联想就是普通智力，能够对毫不相干的事物进行出人意料的奇特联想就是深层智力；按照思维定式或习惯去思考就是普通智力，突破思维定式进行灵活的求异思维就是深层智力。

在21世纪的今天，几乎各个领域剩下的都是一些高深艰难的问题，创造尤其需要人的深层智力。可以毫不夸张地说，在当今及未来的社会，一个人如果没有卓越的深层智力，几乎不可能作出重大的创造性成就。当然，你也可以敏锐地观察社会和时代的发展，看有哪些刚出现的领域或行业，尽早涉足进去，新的领域初始阶段容易出创造性的成果，不必需要太多的

第九章 创造力的本质——人类的深层智力

深层智力。但当今社会即使出现新的领域和行业，人们马上就会蜂拥而至，很快就会竞争惨烈，要想在激烈的竞争中始终保持领先，仍然需要运用人的深层智力去不断地深入创新，否则很快就会被后来者超越和替代，所谓逆水行舟，不进则退。看看世界500强企业的惨烈竞争、此消彼长就可见一斑。索尼因再无技术创新连续四年巨亏，亏损总额达113亿美元；爱立信曾是手机领域的龙头老大，因为产品不能不断地更新换代，年年亏损，2012年3月已宣布停止手机生产；甚至曾是硅谷元老的惠普公司也因为技术创新乏力，仅2012年第三季度就亏损89亿美元。所以21世纪没有哪个领域和行业能回避竞争，要想在竞争中立于不败之地，必须依靠人的深层智力不断地创造、创新。

那么哪些智力是属于人的深层智力呢？我认为人类至少具有以下9大深层智力：深度思考能力、猜想能力、卓越的想象力、奇特的联想能力、大跨度迁移思维能力、敏锐的直觉思维能力、广泛的发散思维能力、灵感与顿悟能力，灵活的求异思维能力。下面将详细探讨这9大深层智力。

1. 深度思考能力

喜欢深度思考的人往往比常人思考得更深，思维具有穿透力，他们目光敏锐、思想深邃，能发现别人不能发现的深刻的东西。爱因斯坦说，创造力就是看见其他人都看见的东西，但思考其他人都未曾思考过的东西（http://celestra.ca/25-creativity-quotes）。小学生学习长方形、正方形、平行四边形、三角形、梯形的面积计算公式，如果一个学生仅限于理解和记住上述每种几何图形的面积计算公式，则他仅仅运用了普通智力；而另一个学生能主动深入思考，发现正方形、平行四边形、三角形、梯形的面积计算公式其实只是长方形面积计算公式的变异和推导，那么他就运用了深层智力。前一个学生只是满足于老师讲什么他就理解什么，书上写什么他就背什么，后一位学生能超越老师和教科书的讲解，主动深入思考，将长方形、正方形、平行四边形、三角形、梯形的面积计算公式联系起来，找到它们的内在关系和规律，这就体现了他的深层智力。学习法律，大多数学生都是死背法律条文，但具有深度思考的学生则是先思考和领会自然法权、自然正义等法权思想，公平公正、合情合理等法律精神，以及这个国家在革命胜利后的建国信念和理想，然后根据这些法权思想、法律精神和建国理想去理解和评判那些法律条文。这样的学生学习法律时就会达到深度理解、融会贯通。他们不仅能够学习和理解现成的法律，还能够根据基本的法权思想和法律精神参与修改法律或制定法律。

创造性大师更是喜欢深度思考，爱因斯坦在中学学习物理时，根本不满足于牛顿的物理学理论和研究成果，他对学习牛顿的理论也不大感兴趣，喜欢自己思考关于物质世界和宇宙的问题，在他16岁时就提出：如果物体以接近光速的速度运动，结果会怎样？经过10年的深入思考和积累，1905年，爱因斯坦26岁时发表了他的狭义相对论——《论动体的电动力学》。相对论无疑代表了人类迄今为止对物理世界最深刻的认识。弗洛伊德是怎样发现人的潜意识的呢？马丁·沙可对癔症的研究发现非癔症者在催眠的情况下，也可能表现出癔症的症状。弗洛伊德从马丁·沙可的研究发现受到启发，意识到至少某些身体并发症的起因可能是心理或精神因素造成的。弗洛伊德观察到这些病人常常想不起催眠状态时的经历，他第一次震惊于威力巨大的潜意识过程。在他的名著《梦的解释》中，弗洛伊德详尽论述了为什么梦代表了通往潜意识的途径，解释了梦的心理状态，并且阐述了他对精神结构本质的观点。弗洛伊德在人类的自我意识、潜意识、梦的本质这些最微奥、最难以捕捉的领域探幽索微，在20世纪初发起并推动了心理分析运动，对心理学研究具有革命意义，也体现了弗洛伊德敏锐的眼光和深刻的思维能力。

2. 猜想能力

猜想能力是指个体在没有学习或掌握某一知识之前，根据自己的经验、直觉对事物进行想象性定义或解释的能力。婴幼儿对周围世界的理解以及对语言的理解几乎都是靠自己猜想。他积极探索周围的世界，获得感觉和经验，以自己的猜想去定义周围的事物，理解事物的运行模式以及构建语言词汇的意思。例如，我的女儿安妮两岁多的时候，一次我带她在外面玩，她的冰激凌融化掉了一点在地上，她小手指着掉在地上的一点冰激凌，哭喊着："安上，安上！"原来，她是看见有时候她把玩具的某个部分搞掉或拆开了，她妈妈说可以安上。于是，她就猜想一切东西的某部分搞掉了，脱离了主体，都可以安上，冰激凌也是如此。3岁多的时候，有一次我们在外面，她突然说："我不想走了，没有电了。"她为什么说自己乏了走不动了

第九章 创造力的本质——人类的深层智力

是"没有电"了呢？因为她玩电动玩具的时候，玩具突然不动了，我们就告诉她玩具没有电了，要换电池。于是，她就猜想一切没有力气或没有能量继续运动的时候就是没有电了。所以，她自己走乏了，也是因为没有电了。孩子们在没有上学之前运用猜想是最广泛、最普遍的思维方式，令人遗憾的是，他们一旦上学，接受正式的学校教育之后，自己猜想的自由和权利就被剥夺了。因为上学之后，教材就会一章一节地向他们展现知识，教师也会迫不及待教给他们知识。甚至有的老师害怕学生形成谬误，当个别孩子自己猜想一下的时候，总是严厉斥责：不懂别乱猜！不会别瞎说！我们都知道，人类的一切创造、发明都始于猜想。创造者总是最先在大脑中产生一种猜想，然后想办法去检验他的猜想是否正确。如果人类失去了猜想能力，就是从源头上失去了创造力。从某种意义上说，我们目前的学校教育是一种反创造力的教育，尽管全世界的创造教育改革都在喊得震天价响。

真正的创造教育，应该每天问孩子猜想了什么，而不是问孩子学到了什么？应该每天问孩子提出了什么问题，而不是问孩子老师讲了什么知识。学生的大脑本是一个积极主动、永不停歇地思考的器官，却被以追求知识为主的教育（尤其是应试教育）摧残为和尚手上的木鱼，敲一下，响一下，不敲就不响。

我在第六章智力激活式教学法和教学七步骤中，提出教师在教学中，先要通过精心设计的提问激活学生的思维，并让学生合上教材，围绕教师提出的问题进行猜想，然后再打开教材自学，然后才听老师的讲解。这里我要再次重申，对于课堂学习的内容，必须要先引导学生猜想，再引导学生自学，然后才是教师讲解。学生没有经过猜想绝不可以打开教材自学，没有经过自学绝不要听教师讲解。人类的孩童时代本来是靠自己猜想建构对周围世界的认识和理解，我们要把孩童猜想的天性和思维习惯保持到小学、中学、大学时代和他的整个一生。学校教育应当训练和促进学生的猜想能力，而不是剥夺他们猜想的自由和权利。现在的学校教育正走在与创造教育相反的道路上，离创造教育渐行渐远，是在摧毁孩子的创造力。

在学校教学中，如果让学生在自学教材和听教师讲解之前先自己猜想，即让学生猜想先行，不仅有利于训练他们的猜想能力，保持他们童年时期猜想的天性和思维习惯，还能促进他们对知识的理解和记忆。因为经过自己的猜想之后再去学习教材上的知识，他们必然会有意识地把自己的猜想结果去与教材上的知识或老师讲解的知识进行对照，当他们发现自己的猜想是正确的，会感到由衷的高兴；当他们发现自己的猜想是错误的，就会思考为什么自己的猜想错了，为什么正确知识是这样而不是那样；当他们经过了自己努力猜想而确实猜想不出来，他们就会带着疑问和求知欲去学习。所以，经过猜想后再去学习教材上的知识，他们对知识会理解得更深和记忆得更久。Berlyne 早在 1954 年和 1966 年的研究中就发现"对预设问题的猜想可以提高对信息的保持"（Berlyne，1954，1966）。对预设问题的猜想还可以激发学生的好奇心，促进学生更好地学习和理解知识（Kornell，Hays，& Bjork，2009；Richland，Kornell，& Kao，2009）。

3. 丰富而奇特的联想能力

联想就是由于大脑暂时神经联系的建立，个体由某一个人、某一事物、某一概念而想起相关的人、事物和概念的思维活动。联想的英语表达为：To associate with something in thinking。亚里士多德提出，一种观念的产生必伴以另一种与之相似的或相反的，或在过去经验中曾与之同时出现的观念的产生。17 世纪的英国哲学家 J. 洛克首次援用"联想"一词，此后它便成了心理学中最常用的术语之一。19 世纪英国经验主义哲学家 T. 布朗用"提示"代替"联想"，把联想律划分为接近律、对比律和类似律三类(http://baike.baidu.com/view/1936.htm)。

每个人都有联想能力，但创造性人才的思维更活跃，他们的神经元之间和神经网络之间的连接通路更多更发达，所以更容易建立或复活暂时的神经联系。这样的人不仅联想更丰富，而且他们往往能以奇特的、出人意料的方式把常人看来毫不相干的事物或概念联系起来，产生创造性灵感。有的人作出了重大的创造性成果，只是因为他在该问题上比普通人多了一点奇特的联想罢了，别人没有想到他却想到了。嘉德纳（2012）对创造性和联想的关系总结道：对于标准的智力测验来说，聪明的人就是逻辑严谨、善于推理的人，他们能够对某些数据或难题做出正确的判断。与之相反，富有创造力的人面对这类问题时往往萌生各种各样的联想，其中至少有一些联想是特别的甚至独特的。创造力测验的原型题，往往要求被测试对象

第九章 创造力的本质——人类的深层智力

尽可能多地说出砖头的用途，或者给一段故事起不同的标题，或对一段抽象的线条进行不同的解释。在心理测量学上被认为富有创造力的人对这类题目能够习惯性给出一系列不同的反应，在这些反应中，至少有一些反应是其他被测试对象所没有的。

从人的大脑的神经生理学讲，我们获得的每一经验或知识，在大脑里都会激活一条神经通路（詹森，2008）。喜欢进行联想思维的人，则能将自己已有的知识神经通路相互连接起来，形成纵横交错、四通八达的神经网络，这样的人即使学习的知识不多，但调动和运用知识的能力超强，因为他们在解决问题或进行创造性思考的时候，能以某一知识点为触发点，通过复杂的相互连接的神经网络将自己已有的许多知识都联系和调动起来，进行综合思维。这样的人运用知识的能力特别强，容易产生创造性的灵感。相反，有的人即使学习了很多知识，但他联想能力弱，思维也不够活跃，所学的知识在大脑里彼此孤立地存在，这些知识的神经通路缺少相互连接，即没有形成复杂的紧密联系的神经网络。一旦需要综合运用知识解决复杂的问题或进行创造性思维的时候，脑子里虽然储存了大量的各式各样的知识，却彼此连接不上，无法运用。这样的人的知识就学得很死，难以灵活运用，尤其是难以进行大跨度的迁移运用，更谈不上在知识之间进行独到、奇特的联想，产生创造性的思想火花了。

联想有哪些规律呢？人的思维如何从联想体想到联想物呢？人的思维十分复杂，尤其是对那些思维活跃的人，从一个事物或概念联想到另一个事物或概念的方式和原因也很多。刘道玉（2009b）总结出最常见的联想类型主要有四种：

a. 相似联想。一事物和另一事物在形式、性质、属性、状态等方面具有相同或相似之处，根据事物的某种相似性进行联想，即为相似联想。

b. 接近联想。一事物与另一事物在性质、特征上比较接近，但不相似，更不相同。利用事物相接近的特性进行联想，就称为接近联想。

c. 对比联想。在可以比较的两个事物之间，由一事物联想到与之相对比、相比较的另一事物，就是对比联想。

d. 因果联想。原因和结果是揭示客观事物因果关系的一对重要哲学范畴，是客观事物相互联系相互作用的表现形式之一。世界上任何事物和现象都有它产生的原因,任何原因也必然引起一定的结果。因此,由原因可以推导出结果,由结果可以联想到原因。

除以上四种常见的联想类型之外,我认为还有一些其他的联想方式,如过程联想,从一事物联想到另一事物,只是因为两个事物都是某一运动或发展过程中的环节;范畴联想,两个事物之间并无相似、接近、对比、因果关系,它们只是同属于一个更大的范畴。创造性人才的思维总是活跃的,他们能对常人认为毫不相干的事物产生奇特的联想。这样的人大脑里总是在不停地思考和联想,吃饭在想,走路在想,甚至上厕所也在想,而且经常是在无目的、下意识地想。他们的大脑就像一部永动机一样,自己也控制不住自己的思考,想停都停不下来。有时候,想着想着,犹如一道天光射来,创造性的灵感诞生了。

4. 卓越的想象能力

想象力就是人在已有的经验、知识、形象的基础上创造新的想法或思想画面的能力。心理学家认为,人脑有四个功能部位:一是从外部世界接受感觉的感受区;二是将这些感觉收集整理起来的贮存区;三是评价收到的新信息的判断区;四是按新的方式将旧信息结合起来的想象区。只善于运用贮存区和判断区的功能,而不善于运用想象区功能的人就不善于创新。据心理学家研究,一般人只用了想象区的15%,其余的还处于"冬眠"状态(http://wenda.tianya.cn/question/3b86c0f9239e0df4)。

无论科学上的发明发现,还是文学、艺术上的创作创造,都离不开创造者卓越的想象。人做出创造性的成果,总是先想象出一个新的念头或形象,然后再去想办法实现它,所以,想象力是创造的源头之一。对于创造,想象力比知识更重要。爱因斯坦说过:"想象力比知识更重要,因为知识是有限的,而想象力概括着世界的一切,推动着进步,并且是知识进化的源泉。"(爱因斯坦,1976)美国肯尼迪宇航中心的大门上刻着一句人类誓言:"只要我们能梦想得到,我们就能够实现。"

想象力人人都有,但是具有卓越的深层智力的人,想象力更丰富、更深入,常常能想到普通人想象不到或不敢想象的东西。法国作家雨果说过:"想象就是深度,没有一种精神机能比想象更能自我深化,更能深入对象,这是伟大的潜水者。科学到了最后阶段,便遇上了想象。"(http：//baike.baidu.com/view/539394.htm）霍金提出的"大爆炸宇宙论"，想象宇宙是由一个致密炽热的奇点于150亿年前一次大爆炸后膨胀形成的。威尔斯的科幻经典《星球大战》描绘的是"火星人"入侵地球、毁灭人类时的触目惊心的景象，想象丰富，故事紧张，情节离奇，抒发幻想，影射现实。比尔·盖茨1975年辍学离开了哈佛大学创建微软公司，他想象要把计算机带进每个家庭、每个办公室，成为日常生活和工作的最重要的工具，在这样的信念引导下，他开始为个人计算机开发软件。在盖茨的想象力的引导下，微软持续地发展和改进软件技术，使软件更加易用、更省钱和更富于乐趣。现在计算机在全世界已进入千家万户，盖茨的梦想已变为现实。乔布斯（Steve Jobs）年轻的时候看到的计算机既庞大又昂贵，很难为个人购买和使用，他想象要使计算机简约化、平民化，让昂贵稀有的电子产品成为现代人生活的一部分。1976年乔布斯和朋友成立苹果电脑公司，他陪伴苹果公司经历了数十年的起落，先后领导和推出了iMac、iPod、iPhone、iPad等风靡全球亿万人的电子产品，深刻地改变了现代通信、娱乐乃至生活的方式。乔布斯因此被人们称赞为"改变世界的天才""想象和创新的教父"。所以，创造型人才都具有卓越的幻想能力和想象能力，他们敢于异想天开，锐意创新。日本的高桥浩子对天才人物论述道："所谓天才人物本来就是指那些十分富于幻想的人。天才人物总是积极主动地使用幻想能力。总之，他们思考问题总是用幻想来开道，在幻想的遥远彼岸获得启示之后再返回到现实中，因而思想的跨度极大"（卞崇道、宫静、康绍邦、蔡德贵，1994）。

5. 大跨度迁移思维

迁移是指"先前的学习对于新的学习和问题解决的影响"（Mayer，2002）。迁移对于学习来讲是非常关键的，因为它让学生将信息独立地运用于新的情景中。仅回忆信息并不涉及迁移。在问题解决方面，只有当学生能够解决那些他们以前没有遇到过的问题才可以说是发生了迁移（Eggen和Kauchak，2004）。

迁移可分为小跨度迁移（specific transfer）和大跨度迁移（general transfer）。小跨度迁移就是将所学的知识和技能运用到相似的背景中去解决问题，大跨度迁移就是将所学的知识和技能运用到不同的更广泛的背景中去解决问题，如跨领域、跨学科迁移。小跨度迁移属于普通智力，大跨度迁移则是一种深层智力。桑代克（Thorndike, 1924）在80多年前就已经发现大跨度迁移很少发生。这一结论也不断被后来的研究所证实（Driscoll, 1994）。大跨度的、遥远的迁移无疑是教育的重要目标，我们都希望学生能够将他们所学的知识运用到课堂之外。然而很多的研究发现：（a）迁移并不经常发生，也不会自动发生；（b）学习和迁移的背景越不相似，成功的迁移发生的可能性越小，换句话说，学生通常不能将相关的技能和知识运用到新的背景中（Singley & Anderson, 1989; Mckeough, Lupart & Marini, 1995）。

尽管大跨度迁移很难，也很少发生，但大跨度迁移思维容易产生创造。许多天才人物和创造大师们的思维能力卓尔不群，他们正是通过大跨度迁移思维做出了创造性成果。毕加索将几何学的原理运用到绘画中，创立了立体主义的绘画风格；诺贝尔物理学奖得主朱棣文觉得纯粹的理论物理研究现在很难取得大的突破，他正带领学生将物理的观念、理论和技术运用到生物学的研究中，研究生命的现象、本质和规律，即从事生物物理研究。普利茨克奖获得者赫尔佐格、德梅隆借鉴生物领域的元素，将2008年北京奥运会的主体育场设计为形态如同孕育生命的"鸟巢"，体现生态环保的价值理念；Ambrose（2002）主张教育研究应当从生物学中进行跨学科的借鉴，认为这种跨学科的借鉴或许能帮助我们改变我们的教育理论和实践。这些事例都体现了创造大师的大跨度迁移思维。

文学的比喻、类比有时采用大跨度的迁移思维，使语言灵动、形象和更富有表现力。中国著名的航天工程"夸父计划"的首席科学家刘维宁先生是国际著名的航天科学家，加拿大航天局的顶级科学家，曾任"国际与日共存"项目的主席。他不仅是著名的科学家，在文学方面也造诣颇高。他的语言灵动跳跃，展示了他充满大跨度的迁移思维。下面是一篇引自刘维宁新浪博客的散文《看月的孩子和抽旱烟的蝈蝈》，请读者阅读体验这篇作品中一些语言的大跨度迁移思维和创造性思维。

第九章 创造力的本质——人类的深层智力

看月的孩子和抽旱烟的蝈蝈

我住的（武汉大学）丰颐酒店，往外看的话算不上"风景这边独好"，但如月的天钩，能勾起很多思绪。随意地捧起一杯清茶临窗，可以看到我的小学、中学和旧日的家。珞珈山的树木也比过去茂盛了许多，而这一切呢，是我过去的大学。

10月1日嫦娥2号发射时，我便想写一篇关于月亮的文章，原意是科普，后来发现我对月亮其实知道得很少。如果我们的月亮，被发现绕着Gliese 581 G转，一定会让科学界喧嚣一阵子。但是它被发现绕着地球转，于是被宣判为"科学意义不大"，个中的"相对论"，算是对科学的一个小小的调侃。

但月亮对于人类的意义是永恒的，在月光下行走，几乎人人可以变成诗人。于是我便抛弃科学的透镜，索性让月色浸染一番吧。在中国的传统文化里，谈月的前提是望月。"闭门论月"比闭门造车更次，离焚琴煮鹤只有一步之遥。可都市的月亮不好找，找到了，也是一副感叹世道房价的囧相。野地里看月亮已是奢侈，上一次看几乎是在公元前。

武汉这几天，天气一直不好，经常阴天下雨，把月亮隔绝在视界之外。其实我小时候也是很喜欢雨的，看月和听雨是两种不同的心情。此刻外面还下着雨，清晨上班的汽车把道路摩擦出沙沙的声音，像曲终之后，播音器里意犹未尽的、只有心态极平和时才能听懂的"噪音"。于是我在清晨上班前的时分，看着雨雾中颔首的山峦，有意去体会渐渐去水声的寓意。听着听着，不觉天边的云层微露出一线光彩，但只是一眨眼的事情，待凝神细看时，天空又灰蒙蒙的，像一堆旧棉絮，包裹着螨虫们吃的秘密。这时去打开心扉，就像去拆旧棉絮。

但我还是小心翼翼试着去拆，去追忆我上次在野地看月亮的情形。虽然想不起具体的日子，但总算拆开了一条古人叫"心有灵犀"的感情隧道，想起一些儿时在月下琢磨的事情。我小时候住的地方，方圆不大，但地势奇诡，植被多变。我们住的房子，是一长排两层楼的新二区宿舍。前门进来是厨房。后门出去是法国梧桐遮盖严密的一片场子。场子的边缘被冬青树围绕，侧边是更老旧的老二区的一幢灰砖楼，楼前有一棵几人合抱的大榆树。那时兴养鸡，小鸡娃喜欢在树荫下啄虫。再就是爆米花的老人，来的时候，必然在大榆树下摆摊。如果谁能被选中帮他生火、拉风扇，就好像给关公扛大刀的周仓，借青龙偃月刀的光，被人恭维一声"小帅"。

榆树下是一块洼地，约有十来亩，是武汉大学农场的试验田。冬天一季小麦，夏天两茬水稻。小时候看月亮的时候，多半是在夏天，特别是稻子熟了的时候，藏在田里，找到最大最沉的稻穗，然后或倚或靠，直到弯着的穗子和月亮的下缘相交，如登天的桥，之后便幻想开来。

儿时的幻想，今天谁又记得起太多呢？栩栩如生复活在眼前的，仿佛是稻穗上爬着的蟋蟀，或是上下穿梭的萤火虫。夏日的稻田在满月时有特别的生机，蟋蟀们会争爬最高的穗子，找到望月的"鲜位"。中间被挤失足掉下来的，不忿之余，唱着别调，说："月亮又算老几？还不如爷爷抽顿旱烟去。"如果夜里有风，月亮就动了起来，关于它的神话，变得略为可信了些。

我从没在月下吟过诗，喜欢的是月色，特别是把手伸出来，让月光尽情地照的时候，会发现不属于凡间的光泽。粘贴于手心，仿佛在流动，又不像流水，不拘束于引力，上下左右，灵动自如。这种光华，是自由的诗，语言无法表述。在稻田看天的一个隐秘的角度上，月光从月亮沿着通天的稻穗流下来，在全身潜行，没有酒精却全身陶醉。这便是仙境和凡界的界限：当你发现忘记了所有的语言，却觉得你是活着的一个字，一个标点，那么你还在仙境。如果你发现你还得绞尽脑汁去作诗，那么你在凡间。

如果，像我此刻，你无法记起你上次在野地里出神忘我看月的时候，那么你生活在日益被虚拟化的现代。

月亮对人类，可以说没有丝毫的用处，就像人的影子。然而，当你伫立在月光下，身后若没有影子，你可能会怀疑现实的存在。把这个念头再延伸一点，诗于人的种种意识和活动，一如影子相对于人的躯体，你不会因为没有而不健康，但会因此不自在。

我上的第一个台阶是诗歌，后来发现自己没有真情，跳到第二个台阶就到了方程式，后来发现方程没有真情，后来就跳到了被古希腊赞美有极度和谐韵律的宇宙太空。这样跳来跳去，和稻田夏日里的蟋蟀没有两样。又像诗，一段和另一段之间，多少得有点顿挫。

昨夜我终于看见了月亮，是一块挂着刀疤的石头，不免又想起了都市永远失去的田野。惆怅之余，我告诉自己世界不等于都市之和，真的世界还是有田野的，永远会有孩子，笑着和那位说去抽烟、实际在偷看的蟋蟀说话："不行吧，你打得着火柴吗？"

6. 敏锐的直觉思维

直觉思维是指对一个问题未经逐步的逻辑分析，也不受某种固定的逻辑规则的束缚而直接洞察到事物本质和规律的一种飞跃性思维方式。直觉思维作为一种深层的心理认知能力贯穿于日常生活中，也贯穿于科学研究中。如一个小孩对某个大人喜欢或不喜欢，一对年轻男女相互一见钟情，都是凭着直觉做出的判断。牛顿从苹果落地猜想"万有引力"，意大利科学家马可尼发明电报，居里夫人发现镭，爱因斯坦发现相对论，诺贝尔物理学奖获得者李政道、杨振宁提出在弱相互作用下宇称并不总是守恒，等等，都是始于直觉猜测，然后再去检验和证明。美国化学家普拉特和贝克曾对许多化学家进行填表调查，在收回的232张调查表中，有33%的人说在解决重大问题时有直觉出现。有50%的人说偶尔有直觉出现。只有17%的人说没有这种现象。由此可见直觉对于科学发现和发明的重要性。著名物理学家玻恩说："实验物理的全部伟大发现，都是来源于一些人的直觉。"（http://wiki.mbalib.com/wiki）

布鲁那认为过去的教育只重视发展抽象思维（也称分析思维，形式思维），他主张今后应重视发展直觉思维能力（直觉理解）。因为在发明、发现和解决问题的过程中常常是由直觉思维先推测出正确的答案，然后再由实验和抽象思维去检验和证明。布鲁那说："聪明的推测、丰富的假设和大胆快速地提出试验性结论，这些是从事任何一项工作的思想家极其珍贵的财富。"（Bruner，1960；袁锐锷，2006）

刘道玉（2009b）认为直觉是人的超常感觉，又可称为人的第六感觉。他对直觉思维概括出五大特征：直接性、非自觉性、或然性、瞬时性、随机性。

从思维对象讲，直觉思维分为：艺术直觉和科学直觉。艺术直觉是指艺术家在创作过程中由某一个体形象一下子上升到典型形象的思维过程。科学直觉就是科学家在科学研究过程中对新出现的某一事物非常敏感直接意识到其本质和规律的思维过程。从哲学认识论的视角看，直觉可以分为经验直觉、知性直觉和理性直觉（http：//wiki.mbalib.com/wiki）。

以我之见，直觉的产生虽然有偶然性，但偶然性的背后也蕴涵着一定的必然性。为什么对一个问题或一种现象，有的人会产生一种正确的直觉，有的人却不能，这里面还是存在一定的必然性因素。能产生正确的直觉，有时是因为有丰富的直接经验，凭借丰富的直接经验产生直觉判断；有时是因为思维主体（从事思维活动的人）思想深邃，理性概括能力强，他能站在更高的层次概括出同类事物的共同特征和一般规律，当他遇到某一新的事物或现象时，便根据同类事物的共同特征或一般规律进行迅疾的推论，产生直觉猜想，所谓登高望远；有时是因为思维主体能够进行大跨度的迁移思维，他的大脑能迅速打通知识之间的神经连接通路，从而闪现直觉思维；有时是因为思维主体善于进行发散性思维，能够想到别人难以想到的某个奇点或视角，从而产生创造的火花；有的人是因为联想能力和想象能力卓越，通过出人意料的奇特的联想或想象产生灵感和顿悟。人的思维十分复杂，一个人产生直觉的原因也很多，所以在这里不可能一一列举。概括地讲，直接思维的产生既有偶然性也有必然性，不仅与主体的经验和知识储备有关，更有赖于其深层的心智能力。

7. 广泛的发散思维

发散思维是与聚合思维相反的思维方式，从一个点出发，思维向不同的方向、不同的角度、不同的路径发散，犹如向一个方向直行的光线通过凹镜后，光线向四周散射。所以，发散思维又称为辐射思维、扩散思维。

发散思维常常把人们带入一个广阔的天地，使人的思维趋向灵活、多变，促进发明创造（刘道玉，2009b）。所以，发散思维是一种重要的创造性思维方式，具有多变性、灵活性、流畅性、新颖性等特征。1+1=？习惯

第九章 创造力的本质——人类的深层智力

思维肯定是等于2。发散思维则可给出多个答案：一个恋爱中的男孩和女孩结婚，组成一个家庭，或一个公司被另一个公司收购兼并，这时1+1=1。一个商人与另一商人合作，两个人优势互补，精诚合作，公司生意如火如荼，前景无限，这时1+1=∞。一种正物质和一种反物质碰撞，发生湮灭，这时1+1=0。一个单位两个领导不和，相互掣肘，反而不如一个领导效率高，1+1<1。检测发散思维能力也是目前心理测量学上测量孩子创造力最常用的方式，如检测孩子：一个杯子、一块手绢、一块木棍能有多少种用途？句号可以表示多少种意思？

一题多解，对一个问题想出多种解决方案，对一个现象作出多种可能性解释，对一项改革具有多种思路，对前往一个目的地想出多种路线和方式等，都是发散性思维。军事指挥家指挥军队向敌人进攻时，他们往往会采用发散思维，想出尽可能多的进攻方式及路线，然后选择最有利的进攻方式和路线。教师想提高学生学习的积极性，他们也会进行发散性思维，想出尽可能多的有效方式。提高学生学习积极性的方式绝不止一种，多种方式综合使用效果会更好，而且不同的学生有时还需要采用不同的方法。

2000年全国高考作文题，就具有典型的发散思维的特征。下面就是2000年全国高考作文题：答案是丰富多彩的。

2000年高考作文试题

阅读下面的材料，根据要求作文。（60分）

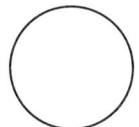 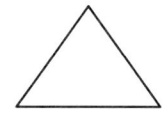 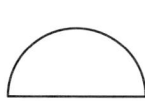 

在一次鼓励创新的报告会上，有位学者出了一道题（见上图）。

四个图形符号中，哪一个与其他三个类型不同？有人说圆形，因为圆形是唯一没有角的图形；也有人说三角形，它是唯一由直线构成的；又有人说半圆形也正确，它是唯一由直线和曲线组成的；最后有人说，第四个图形也可以，因为它是唯一非对称性的图形。看来，由于标准和角度的不同,这四个图形都可以作为正确答案。

的确,世界是千变万化的,疑问是层出不穷的,答案是丰富多彩的。在生活中,看问题的角度、对问题的理解、解决问题的方法以及问题的答案不止一个的事例很多。你有这样的经历、体验、见闻和认识吗?

请以"答案是丰富多彩的"为话题写一篇文章。

如何培养发散思维能力呢?我认为可以从以下五个方面入手。

第一,不要受传统思维习惯的束缚,敢于打破思维定势。第二,对一个问题,要从多方向、多维度去思考,提出尽可能多的解决方案。第三,大胆想象,广泛联想。想象和联想越多、越奇,发散思维的面越广,产生创新、创意的机会越多。第四,尝试逆向思维,即"反其道而行之"。水火本不相容,2000年悉尼奥运会的点火仪式极富创意,令人耳目一新。第五,丰富和扩大自己的经验、阅历和知识面。发散思维必须以已有的经验和知识为基础。经验越丰富,知识面越广泛,思维发散的方向越多,面越广。诺贝尔物理学奖金获得者、美国科学家格拉肖说:"涉猎多方面的学问可以开阔思路……对世界或人类社会的事物形象掌握得越多,越有助于抽象思维。"

8. 灵感与顿悟能力

什么是灵感和顿悟?有人说灵感就是"灵魂出窍";有人说灵感是"长期积累,偶然得之";有人说灵感是人的心智达到高潮的心理状态;有人说灵感是思维的飞跃现象。以上这些对灵感的解释都从不同的角度揭示了灵感的特征,但我认为这些都没能反映出灵感的本质及其产生的心智过程。

灵感是一种既美妙又玄妙的东西,人人都曾产生过灵感,也都能意会灵感是什么,但要真给灵感下一个定义,却是一件很难的事情。在我看来,从表层意义上讲,灵感就是人的大脑中突然闪现的灵性,并伴随着思维主体的兴奋、愉悦的感觉;从深层意义上讲,灵感是面对疑难或想要解决的问题时,大脑充分运用深层智力如深度思考、猜想、联想、想象、大跨度迁移思维、直觉思维、发散思维等产生的顿悟或绝妙的主意、观念、创意。灵感反映了思维的深刻性和灵活性,也体现了思维的飞跃能力和创造能力。

第九章 创造力的本质——人类的深层智力

灵感的产生需要凭借人的深层智力，同时也要基于过去的经验和知识。

格式塔（Gestalt）心理学家认为学习是一种顿悟，而不是桑代克认为的尝试错误。为了证明他们对学习过程中产生变化的实质及其原因的理解，格式塔学派的重要代表人物之一苛勒（K. Kohler）于 1913~1917 年用黑猩猩做了一系列的试验。一次，在黑猩猩的笼子外面放有香蕉，笼子里面放有两根短竹棒，用其中的任何一根短竹棒都够不到笼子外面的香蕉。尽管黑猩猩将竹棒扔向香蕉，连棒子都丢了，但拿起竹棒玩时，顿悟的端倪就出现了。最有戏剧性的一幕是，一个名叫苏丹的黑猩猩，最后将两根短竹棒像钓鱼竿一样接起来，够到了香蕉。苛勒认为：黑猩猩突然发现了两根棒子接起来与远处香蕉的关系，它便产生了顿悟，解决了这个问题。而且，一旦发现了这一方法后，遇到类似的情景就能够运用这一"领悟"了的经验（陈琦，刘儒德，2007）。

灵感状态最主要的特征是：①注意力高度集中，全部精神力量贯注于创造性活动的客体上。②情绪异常充沛和紧张，对自己的创造性劳动活动的对象充满激情。③思想的极度明确性和智慧的高度敏锐性。记忆中忘却了的东西突然回忆起来，思维过程中遇到的重大阻碍豁然贯通（http://wenwen.soso.com/z/q65299424.htm）。④思维高度活跃、灵活，为解决疑难问题而充分调动自己的深层智力。只有充分调动前面所述的人的深层智力，才能产生灵感。

灵感无疑是创造发明的重要源泉，科学发现、技术创新、艺术创作都是在灵感状态下进行的。刘道玉（2009a）指出：人的思维方式最基本的有三种：抽象（逻辑）思维、形象（直感）思维和灵感（顿悟）思维。其中，灵感思维具有重要的作用，它往往是导致发明创造的思维方法。所谓灵感亦即顿悟，它是一种用直觉接通媒介的突发性和非自觉性的创造思维活动。古希腊的阿基米德在洗澡的时候，从水溢盆外产生灵感，提出了"阿基米德原理"。瓦特看到开水冲动壶盖，悟出了蒸汽动力，并因此而产生灵感发明了蒸汽机。俄罗斯的伟大作曲家斯特拉文斯基创作开创性的作品《春之祭》源于一个梦所产生的灵感。1910 年春天，他完成《火鸟》的创作之后做了一个梦：一幕庄严的宗教仪式浮现了出来，智慧的长老们围坐成一圈目睹少女死亡之前的舞蹈。这名少女是他们献给春神的祭品，希望以此换来春神的保佑，这就是《春之祭》的主题（嘉德纳，2012）。

9. 灵活的求异思维能力

"异"即与众不同，意想不到。灵活的求异思维，顾名思义，就是摆脱已有的思维定势、思维习惯、思维成果，以一种意想不到的新颖的方法解决问题。求异思维具有灵活性、变通性、突发性、新颖性等特征。许多脑筋急转弯就体现了创造性求异思维。有一道题，一座房子门窗都是关着的，要你进入这座房子，但不许碰到门窗。有人说从房顶上掀开瓦片进入，有人说从墙上打洞进入。其实真正的方法很简单，只要你站在门口喊里面的人开门，里面的人把门打开，你就可以直接进去而且不用碰到门窗。军事指挥家指挥战争常常使用奇兵，出奇制胜，也是灵活的求异思维。《孙子兵法》曰："攻其不备，出其不意"；"兵者，诡道也"；"以正治国，以奇用兵"。

有这样一个故事，两个男孩在森林中碰到了困难，一头高大凶猛而且被激怒的灰熊正朝他们冲过来。一个男孩智商很高，是学校的优秀学生，老师对他的评价极好，认为他很聪明，他的父母也认为他很聪明，毫无疑问，他也这么认为自己。另一个男孩智商没有那么高，成绩也没那么好，老师对他的评价也一般。有些人认为他很特别，一些人则认为他很奇怪。

灰熊离他们越来越近，第一个男孩根据灰熊的速度以及他们的距离计算出灰熊将于17.9秒后追上他们。男孩看了看他的同伴，让他吃惊的是，他的同伴正在脱下徒步鞋，换上跑步鞋。

"你真蠢，"第一个男孩说道："我们肯定跑不过熊。"

"你说得没错，"第二个男孩说："我能跑过你就行。"

第一个男孩被活活吃掉了，而第二个男孩安全地逃脱了。第一个男孩很聪明，而第二个男孩非常有创造力。

创造力与个性、意志、人格

创造性人才在个性方面都具有一些共同的特征。如果说深层智力是创造力最重要、最核心的因素，创造性个性、意志、精神人格也是与创造力密切相关的重要因素。刘道玉（2009a）认为创造力包括创造性思维、创造性个性和创造性实践能力。斯腾伯格认为创造力必须具备六大

第九章 创造力的本质——人类的深层智力

心理资源：智力、知识、思维风格、人格、动机、环境（Sternberg & Lubart, 1995）。

半个多世纪以来，一些教育心理学家和创造学家对各领域的创造性人才的杰出代表进行了大量的跟踪研究，希望找出创造性人才的共同的个性特征（Creative Personality Traits）。美国著名的教育心理学家 Mihaly Csikszentmihalyi（1996）对创造性人才的个性特征进行了长达30年的研究，他在《创造力：91位杰出人物的工作和生活》（*Creativity: The Work and Lives of 91 Eminent People*）一书中，总结出创造性人才具有10大对立性个性特征，这些个性特征以一种辩证的张力相互整合存在于创造性的个体中。

1. 身体能量巨大，精力充沛，但他们常常又很安静，处于休息状态。
2. 往往既聪明又天真。他们的聪明常常只对思考的问题敞开大门。
3. 既活泼好玩，又有节制；既富有责任感，又玩世不恭。活泼开朗无疑是创造性人才的典型特征。但他们活泼好玩也不会走得太远，以致失去顽强、忍耐和坚持。
4. 富于想象和幻想，又根植于现实。
5. 性格既内向又外向。一般人的性格要么内向，要么外向，而创造性人才往往同时具有这两种性格。
6. 既骄傲又谦卑，集骄傲和谦卑于一身。
7. 创造性人才一定程度上摆脱了严格的性别角色的常规模式。创造性的有才华的女孩比其他女孩更强势更具支配性，创造性的男孩比其他同龄男性更敏感和少侵略性。
8. 创造性人才既反叛又保守。如果没有首先内化到一种文化之中，要具有创造性是不可能的，所以，我们很难看到一个不同时具有传统保守与反叛挑战的人成为创造性人才。
9. 绝大多数创造性人才对他们的工作充满极大的激情，但也对他们的工作极其客观公正。如果对工作没有激情，当我们遇到困难时很快就会失去兴趣；然而，没有客观公正，我们的工作也不会做得太好，并失去可靠性。
10. 创造性人才的开放性和敏感性经常给他们带来痛苦，也带来巨大的享受和快乐。绝大多数人都会同意 Rabinow 的话："发明者痛苦的门槛比较低,事情总是烦扰他。"一台设计不好的机器会导致一位发明型工程师痛苦,就像创造性的作家阅读不好的散文会感觉受到了伤害一样。

此外,创造性人才还具有坚强的意志和高尚的精神人格,他们愿意把自己美好的青春、毕生的精力甚至生命献给自己热爱的事业,推动某一领域和行业进入新的高地。古今成大业者,不唯有超世之才,亦有坚忍不拔之志。创造性人才目标远大,理想崇高,他们追求和奋斗的道路往往都不会一帆风顺,而是充满荆棘和坎坷,然而面对挫折和逆境,他们表现出坚强的意志,不屈不挠,坚忍不拔,虽九死其犹未悔。天将降大任于斯人也,必先苦其心志,劳其筋骨,饿其体肤,空乏其身。贝多芬是世界最著名的音乐家之一,但他命运不幸,饱受苦难。他童年时家境贫寒,几乎是浸泡在泪水中长大的,28 岁患了耳疾,听力逐渐衰退,最后双耳完全失聪。《命运交响曲》是贝多芬最著名的作品之一,然而他是在完全失去听觉的情况下创作的。当演出取得巨大成功之后,台下爆发雷鸣般的掌声,然后贝多芬却背对着观众,因为他已听不见观众的掌声。贝多芬为了追求音乐艺术,还不得不忍受经济方面的窘迫,面对耳聋和贫困的双重折磨,他愤怒地吼道:我要扼住命运的喉咙!居里夫人是世界著名的化学家,也是世界上唯一两次获得诺贝尔奖的女性。她为了提取镭,明知放射性元素对身体的巨大伤害作用,却为了科学事业宁愿牺牲自己的身体健康。由于长期与放射性物质接触,居里夫人最终患了白血病,于 1937 年离开人世,为人类崇高的科学研究事业献出了自己宝贵的生命。她曾说:"人类也需要梦想者,这种人醉心于一种事业的大公无私的发展,因而不能注意自身的物质利益。"嘉德纳在 *Creating Minds* 一书列举了 20 世纪的 7 位创造性大师,其中弗洛伊德、甘地、艾略特三人都过着苦行僧般的生活,他们为了崇高的理想和人类的进步事业甘于清贫的生活,选择边缘化的生活状态。世界很少给予他们欢乐,他们却把欢乐撒播给世界。

创造力与本民族文化、机会、物质条件

创造力还受本民族文化、机会和物质条件的制约。任何人都不是生活在文化孤岛上,而是生活在本民族的社会文化背景中,并与他人发生社会

第九章 创造力的本质——人类的深层智力

交互作用，所以一个人的发展必然受到他所处的文化背景的影响。维果斯基（Vygotsky, 1978, 1986）的社会文化发展理论强调根植于文化的社会交往和语言对认知发展的影响，他强调影响人的发展的最重要的两大因素——社会互动和语言。个体所在的民族文化背景也是影响其创造力的重要因素。例如，中国的文化与西方的文化背景就有很大的区别。中国在历史上是一个很重视教育的国家，孩子从幼小的时候就被要求熟读和背诵古典的文化典籍，谁背诵得多和知道得多，就被推崇为优秀人才。所以，中国文化认为理想的人才是博学者，称之为饱学之士。西方人重视科学和创新，崇尚与众不同，英语表达一个人要作出成绩、作出贡献，通常说"make difference"。他们认为理想的人才是创造型人才。中国人夸博学，西方人赞新知。所以，中国人的创造教育先天就背着传统文化的枷锁。中国要整体提高民族的创造力，首先要从改造传统文化开始，树立一种崇尚创新、赞赏新知的文化风尚。当然中国文化也有优点，比如中国文化喜欢直觉思维，无论是老子的"道"的思想，还是以董仲舒为代表的"天人合一"的思想都是出自一种直觉，而不是科学的逻辑推论。直觉也是一种重要的创造性思维，很多科学上的创新都始于直觉。如果中国人能够既学习西方的推崇创新的精神和逻辑推理思维，又发挥本民族善于直觉思维的优势，我们相信中国将来一定会成为一个创造力大国。

机会和物质条件也是与创造力密切相关的外部因素。一个人要作出创造性成果，除了自身要具备卓越的创造性潜力之外，还需要机会、物质条件等外部因素。许多人其实很聪明，也富有创造性思维，但他缺乏机会和物质条件，或因贫困辍学，或因谋生的需要不得不放弃自己擅长的有创造潜力的工作，等等。对于那些缺乏机会和物质条件而又富有创造潜力的人，最重要的是要有好的心态和自强不息的精神。没有机会，可以努力去争取机会、创造机会；没有物质条件，可以迂回前进，先选择自己力所能及的、容易实现的中小目标，等有了一定的物质条件方面的积累之后，再追求大的创造性目标。

我对创造力的定义

以我对创造力的定义，创造力就是思维主体运用自己的深层智力和

有机建构主义教育

基础知识作出了新颖而且有意义的成果的能力，包括提出新的概念或理论、生产出新的产品或作品，以及以新的方法解决问题。创造力最核心的因素是人的深层智力，同时也与个体的个性、意志、精神、人格等非智力因素有关，还受本民族的文化环境、机会、物质条件等外在因素的制约。

我对培养创造力的几点想法

创造力是民族进步的灵魂，是21世纪个人、企业和国家在激烈的竞争中立于不败之地的根本保证，因此创造力无疑是21世纪教育最崇高的目标。那么21世纪的教育应如何培养青少年的创造力呢？对此我作了如下几点思考：第一，创造力的培养应该从娃娃抓起；第二，孩子进入正规的学校教育后，课堂要成为创造力培养的主战场；第三，从小学到大学都应开设专门的创造思维训练课。下面将展开详细论述。

第一，创造力的培养应该从娃娃抓起

教育心理学家研究发现，1~7岁的幼儿期是人的智力发展的关键时期。美国著名心理学家布卢姆（Bloom，1964）根据对近千名从幼儿时期开始的追踪调查资料进行研究，得出的结论是：5岁前是智力发展最为迅速的时期。如果将17岁时人所达到的智力水平定为100%，那么出生后的前4年他已获得50%的智力，到8岁时已获得80%，从8~17岁获得20%。儿童学业上的成败，在很大程度上取决于早期的教育与发展。布卢姆的研究成果受到国际教育界的高度重视，现在各国越来越重视对孩子早期的智力和创造力的开发。幼儿期间更是人的一生中创造力最活跃的时期，因为周围的世界对他们完全是新奇、陌生的，他们头脑里已知的知识甚少，也没有形成定势心理，几乎都是靠自己的猜想和想象创造他们对世界万物的理解和解释。所以幼儿期是创造力培养的关键时期，我们应当抓住这个关键期尽早开发和培养孩子们的创造力。比如，我们在日常生活中和孩子游戏时，要鼓励孩子的好奇心和探索欲，激发他们多问为什么，对事物进行刨根问底的探索和思考；鼓励他们大胆、奇特的想象和联想；培养他们卓越的想象力和奇特的联想能力；引导他们对同一个事物进行发散性思维，扩展他们思维的广度；等等。例如，在第八章中有一个关于我女儿安妮的一个例

第九章 创造力的本质——人类的深层智力

子：2012年7月2日，安妮4岁7个月。我带安妮去附近的河边公园玩，走了一会儿，她说累了。我们就坐在一个长条椅上休息。一会儿，她说："爸爸，你的脚可以放到地上，我的脚够不到地上。"我说："你还小，你的脚以后会长长的，到时候就可以够到地上了。"紧接着我又开玩笑说："来，我把你的脚拉长，就可以够到地上了。"她马上反唇相讥道："我给你的脚安一个遥控器，一按红色的按钮，你的脚就长到天上去了，一按蓝色的按钮，你的脚又缩回来了。"安妮这里的想象力比我还丰富奇特。我平时跟她玩和做游戏的时候，经常进行一些天马行空的甚至荒诞离奇的想象，训练她的想象力和对经验、知识的大跨度迁移能力。

我一直有一种梦想：那些杂技演员能做出令常人惊奇的高难度杂技动作，他们都是从幼小的时候（一般四五岁）就开始接受训练。我们能不能像训练杂技演员的身体和动作一样，从小就训练孩子们的思维，使孩子们的大脑具有和杂技演员的身体和动作一样的令人惊奇的功能？

第二，孩子进入正规的学校教育后，课堂要成为创造力培养的主战场

我认为，孩子到适学年龄进入学校教育之后，创造力的培养必须贯彻到课堂教学中，并成为课堂教学的首要目标。21世纪的课堂教学的主要目标是什么？是学习知识吗？不，"知识学习观"已不合时宜，无数的教育学家和心理学家早已对"知识学习观"进行了深刻批判（现在在互联网上，只要动手指敲键盘，什么样的知识都可以从互联网上获得）。是培养普通智力吗？不，前面已经论述过，人类社会发展到今天，发展到21世纪，各个领域凡是容易创造发明的东西几乎都已经创造发明出来了，留给21世纪人们的都是一些高深艰难的东西，形象地说，肉已经被前人吃光，好啃的骨头也被别人啃完，留给21世纪的人们的都是一些硬骨头了。要啃下这些硬骨头，需要锐利的牙齿，有时还要借助锋利的刀子。因此，21世纪的教育仅仅开发学生的普通智力是远远不够的，必须大力开发和培养学生的深层智力，从而使学生具有卓越的创造力。所以，课堂教学应以前人创造的知识作为材料和工具，训练学生的智力，尤其是训练学生的深层智力。而且我认为这种深层智力的训练并不会削弱知识的学习，与基础知识的学习并不矛盾，相反，只有当学生的深层智力得到充分的训练和培养，他们对知识的学习才能理解得

有机建构主义教育

更深，运用得更灵。对于21世纪的教育，我要提出一个响亮的口号："**为深层智力而教！**"为"深层智力而教"实质上就是"为创造力而教"，因为培养学生的深层智力就是直指创造力的本质。

所以，我们应改变传统的教学目标，将以知识学习为主的教学目标改变为培养学生的深层智力，以及培养学生的学科思维。培养学生的深层智力和学科思维，学生才能具有聪明、深刻、富有创造力的大脑，并能够像数学家、科学家、历史学家、文学家、艺术家那样去思考。像这样培养出来的学生才能成为创造型人才。我建议将每门学科的名称后面都加上"创造"一词，如数学、物理、化学、语文、历史学科都改为"数学与创造""物理与创造""化学与创造""语文与创造""历史与创造"学科，这样既学习学科基础知识，又培养创造力的教学目标就能充分地体现出来了。

我在前面第六章中分别举了一个历史课和一个数学课的教学案例，讲述了如何运用"智力激活式教学法"和"教学七步骤"在课堂上培养学生的创造力。这里我以语文课为例讲讲我对语文课如何培养学生创造力的构想。

能够收录进中小学语文教材中的文章一定是经过千挑万选的优秀文章。所以，我提出语文课应实施审美教学。我曾编写了一套《中学生神奇审美阅读》，该书2000年由龙门书局出版。这套书就是按照审美教学的理念编写的，对精心挑选的每篇文章进行了审美鉴赏，包括语言审美、思想审美、意境审美、精神审美、创意审美、构思审美。在编写体例上，每页分左右两栏纵向排列，文章排左边，占2/3的篇幅，审美点评排右边，占1/3的篇幅。比如文章某个地方语言很美，在这段文字对应的右边"审美鉴赏"一栏中就进行"语言审美"点评；文章的某个地方写得很有创意，对应的右边"审美鉴赏"一栏中就进行"创意审美"点评；文章的某个地方写得很有意境，对应的右边一栏就进行"意境审美"点评……该书出版后受到中学语文教学界的欢迎，全国中学语文教学学会为这套书专门召开了专家座谈会，与会专家们向全国中学语文教师大力推荐。在这套书的序言中，我提出：美包括自然之美和艺术之美，艺术美的本质就是艺术作品中所蕴涵的创作者的智慧和创造，即艺术美的本质就是创作者在艺术作品中所倾注的智慧和创造。我们为某一艺术作品和文学作品所深深打动，本质上是为作品背后创作者的智慧和创造力所打动。所以，引导学生对优秀、优美的文学作品（和艺术作品）进行审美欣赏就是在潜移默化地培养学生的创造力。

第三，从小学到大学都应开设专门的创造思维训练课

我建议从小学、中学到大学都应该开设一门专门的创造思维训练课，不仅可以训练和培养学生的创造性思维、创造性个性，还可以增强学生的创造意识。日本从20世纪50年代中期起，在各县都创办了"星期日发明学校"，1974年又创办了"少男少女发明俱乐部"，对青少年进行创造思维训练。苏联1971年在阿塞拜疆创办了第一所发明创造大学，训练和培养学生的创造发明思维和才能。到1978年，苏联在莫斯科、列宁格勒等80多个城市中都建立了发明创造学校，大力开发和培养青少年的创造力。

著名教育家刘道玉在20世纪90年代曾创立武汉新世纪外国语学校，亲自躬耕这块创造教育的试验田。他在这所学校里从初中一年级就开设了一门"创造思维方法"课。他自己亲自授课，每周一次，一次两课时。每次讲一种创造性思维方法，如创造性逻辑思维法、创造性直觉思维法、创造性灵感思维法、创造性发散思维法、创造性仿生思维法、创造性逆向思维法等。每课既有理论分析，又有科学家、发明家、艺术家创造发明的生动案例，最后又设计了"思考训练参考题"，让学生直接参与、亲自动手，训练他们的创造性思维。后来，他将教学讲义集结出版了《创造思维方法训练》一书，共35章，分别介绍了35种创造性思维方法（刘道玉，2009c）。我非常希望刘道玉教授的这一做法能够得到普遍推广。

为什么智商测试测不出孩子的深层智力和创造力

1905年，法国心理学家比奈（Alfred Binet）和教育学家西蒙（T. Simon）合作设计了世界上第一个智力测验量表——比奈－西蒙（Binet－Simon）智力量表，用来测试学童的智力。1916年美国韦克斯勒编制了韦克斯勒成人智力量表（WAIS）、儿童智力量表（WISC）、适用于4~6.5岁儿童的韦氏幼儿智力量表（WPPSZ）。在1916年，心理学家斯特恩提出一个"智商"的概念：智力年龄÷实际年龄＝智力商数。如果一个小孩子的智力年龄与他的生理年龄一样，那么他的智力就是一般；但如他的智力年龄高于或低于他的生理年龄，则他的智力便是高于或低于一般水平。一般认为，正常人的 IQ 在 90~109 之间；110~119 是中上水平；120~139 是优秀水平；140 及以上是非常优秀水平；而 80~89 是中下水平；70~79 是临界状态水平；69 以下是智力缺陷。

我研究过并亲自做过一些智商测验试题，**我总的感觉是：智商测验只能在一定程度上测出一个人的普通智力，尤其里面有不少测试数理逻辑智力的题，能够测出被试者的数理逻辑智力，但这种测试根本不能测试出深层智力和创造力**。智商测试题主要是测试人对事物的分类能力、逻辑思维能力、观察能力、理解能力、判断能力等，但无法测试如深度思维能力、直觉能力、猜想能力、丰富而奇特的想象力和联想能力、灵感和顿悟能力等。即使对孩子创造力的测试也主要限于对孩子的发散思维的测试上，如一块砖头可以有多少种用途，一个线段可以表示多少种意思。试问，假如一个孩子把一道测试题答对了，符合标准答案，你怎么知道他对这个问题的理解和思考有多深？智商测验题即使可以测验一个孩子的数理逻辑思维能力，可你又怎么测验他非逻辑性的直觉思维能力、灵感和顿悟能力？智商测验试题都是用标准答案去衡量应试者的回答是否正确，你怎么去测试应试者的批判性思维、求异思维？另外，智商测试跟应试者的知识面也很有关系，有的孩子爱好知识学习，知识面广泛，参加测试自然占优势，有的孩子不太喜欢知识学习，而喜欢深度思考，探索研究，但他的知识面并不广泛，这样的孩子被要求参加智商测试则是去长就短。

所以，智商测试根本无法测试人的深层智力和创造力，结果导致那些真正具有深层智力和创造力的人在智商测试中败下阵来。这就是为什么许多创造性人才智商测试并不高，而许多智商测试很高的人，最终却没有做出重大的创造性成就的原因。遗憾的是，现在还有许多学校和教育机构仍然在用 IQ 测试衡量人才和选拔人才。我认为当今创造教育的时代，智力测试只能作为一定的参考，主要应该通过观察，发现学生的深层智力和创造力。

第九章 创造力的本质——人类的深层智力

引用文献

1. 刘道玉：《创造教育概论》，武汉：武汉大学出版社，2009。
2. Gardner, H. *Creating minds*: *An anatomy of creativity seen through the lives of Freud, Einstein, Picasso, Stravinsky, Elliot, Graham, and Gandhi.* New York: Basic Books, 1993.
3. Sternberg, R. Lubert, T. *Defying the crowd*: *Cultivating creativity in a culture of conformity.* New York: Free Press, 1995.
4. 陶行知：《陶行知全集》（第1卷），长沙：湖南教育出版社，1981。
5. The definition of creativity from Jean Piaget, September 26, 2012 retrieved from the definition of creativity from http: //celestra. ca/25 – creativity – quotes.
6. Lubart, T. Creativity: In R. J. Sternberg (Ed.), Thinking and problem solving (pp. 290 – 332). San diego: Academic Press, 1994.
7. Franken, R. Human motivation (6th ed.). Florence, KY: Wadsworth Publishing, 2006.
8. Weisberg, R. W. *Creativity*: *Beyond the myth of genius.* New York: Freeman, 1993.
9. Csikszentmihalyi, M. Creativity — Flow and the psychology of discovery and invention. New York: Harper Collins Publishers, 1996.
10. The definition of creativity from Mitchell Rigie and Keith Harmeyer, September 26, 2012. retrieved from http: //www. Smartstorming. com.
11. Sternberg, R. J. The nature of creativity, *Creativity Research Journal*, 18 (1), p. 93, 2006.
12. Robinson, K. Do schools kill creativity? Talk at the TED: Ideas worth spreading conference. Retrieved September 27, 2012 from: http: //www. ted. com/index. php/talks/ken_ robinson_ says_ schools_ kill_ creativity. html, 2006.
13. The definition of creativity from Albert Einstein, September 26, 2012 retrieved from The definition of creativity from http: //celestra. ca/25 – creativity – quotes.

14. Berlyne, D. E. An experimental study of human curiorsity. *British Journal of Psychology*, 45, 256 – 265, 1954.

15. Berlyne, D. E. Conditions of prequestioning and retention of meaningful material. *Journal of Educational Psychology*. 57, 128 – 132. dio：10. 1037/h0023346, 1966.

16. Kornell, N. , Hays, M. J. , & Bjork, R. A. Unsuccessful retrieval attempts enhance subsequent learning. *Journal of Experimental Psychology*：*Learning，Memory，& Cognition*, 35, 989 – 998. doi：10. 1037/a0015729, 2009.

17. Richland, L. E. , Kornell, N. , & Kao, L. S. The pretesting effect：Do unsuccessful retrieval attempts enhance learning? *Journal of Experimental Psychology*：*Applied*. 15, 243 – 257. doi：10. 1037/a0016496, 2009.

18. 《亚里士多德、J. 洛克、T. 布朗谈联想》，2012 年 10 月 2 日检索自 http：// baike. baidu. com/view/1936. htm。

19. 〔美〕嘉德纳（Gardner）：《大师的创造力》（原书名：Creating minds），沈致隆、崔蓉晖、陈为峰译，北京：中国人民大学出版社，2012。

20. 〔法〕詹森（Jensen, E. ）：《基于脑的学习》，梁平译，上海：华东师范大学出版社，2008。

21. 《人脑的四个功能区》，2012 年 10 月检索自（http：//wenda. tianya. cn/question/ 3b86c0f9239e0df4）。

22. 〔德〕爱因斯坦：《爱因斯坦文集》（第 1 卷），北京：商务印书馆，1976。

23. 《雨果谈想象》，2012 年 10 月 4 日检索自 http：//baike. baidu. com/view/ 539394. htm。卞崇道、宫静、康绍邦、蔡德贵：《东方思想宝库》。长春：吉林人民出版社，1994。

24. Mayer, R. *The promise of educational psychology*：Volume 2. Teaching for meaningful learning. Upper Saddle River, NJ：Prentice Hall, 2002.

25. Eggen, P. & Kauchak, D. , *Educational Psychology*：*Windows on Classrooms* (6th ed.). Columbus, OH：Pearson Education, 2004.

26. Thorndike, E. Mental discipline in high school students. *Journal of Educational Psychology*. 15, 1 – 2, 83 – 98, 1924.

27. Driscoll, M. *Psychology of learning for instruction*. Needham Heights, MA：Allyn & Bacon, 1994.

28. Singley, M. K. , & Anderson, J. R. *The transfer of cognitive skill*. Cambridge, MA：Harvard University Press, 1989.

29. Mckeough, A. Lupert, J., & Marini, A. *Teaching for transfer: Fostering generalization in learning.* Mahwah, NJ: Erlbaum, 1995.

30. Ambrose, D., "Theoretic Scope, Dynamic Tensions, and Dialectical Processes: A Model for Discovery of Creative Intelligence," in *Creative Intelligence: Toward Theoretic Integration*, eds. Don Ambrose, Leonora Cohen, and Abraham Tannenbaum. NJ: Hampton Press, 2002.

31. 《波恩谈直觉》，2012年10月10日检索自http://wiki.mbalib.com/wiki。

32. Bruner, J., *The Process of Education.* New York: Vintage Books, 1960.

33. 袁锐锷主编《外国教育史新编》，广州：广东高等教育出版社，2006。

34. 《直觉的分类》，2012年10月10日检索自http://wiki.mbalib.com/wiki。

35. 陈琦、刘儒德：《当代教育心理学》。北京：北京师范大学出版社，2007。

36. 《灵感状态的最重要特征》，2012年10月11日检索自http://wenwen.soso.com/z/q65299424.htm。

37. Csikszentmihalyi, M. *Creativity: The work and lives of 91 eminent people.* New York: HarperCollins, 1960.

38. Vygotsky, L. Mind in society: The development of higher psychological processes (M. Cole, V. John-Steiner, S. Scribner, & E. Souberman, Eds. & trans.), 1978.

39. Vygotsky, L. Thought and language. Cambridge. MA: MIT press, 1986.

40. Bloom, B. *Stability and change in human characteristics.* New York: Wiley, 1964.

41. 刘道玉：《创造思维方法训练》，武汉：武汉大学出版社，2009。

第 十 章
"有机建构主义教育"与"天资学生教育"

预先猜想

在阅读本章之前请读者预先猜想以下问题:

1. 你认为什么样的学生可称为"天资学生"(gifted student)?
2. "天资学生"和创造性人才有何异同?
3. 你如何看待目前"天资学生教育"中的"加速教学(Acceleration)"?
4. 你认为采用 IQ 智力测试为主的方法遴选"天资学生"科学吗?智商很高的学生以后一定能作出大的成就吗?
5. 你对改革"天资学生教育"有何建议?

第十章 "有机建构主义教育"与"天资学生教育"

"有机建构主义教育"强调大力开发智力和创造力，培养卓越才智，无疑对"天资学生教育"（gifted education）具有特殊的意义。本章将把"有机建构主义教育"的基本原理运用到"天资学生教育"领域，谈谈我对"天资学生教育"的一些思考和探索。

"天资学生教育"的历史与现状

"天资学生教育"早已有之，古希腊的柏拉图就曾提出为智力上很有天赋的人提供特别的教育。中国的唐朝曾把一些"神童"召到宫廷里进行特殊教育（Colangelo 和 Davis，1997）。19 世纪初，德国的卡尔·威特对他的儿子小威特实施了早期的"天资学生教育"，并著有《卡尔·威特的教育》，详细地记载了他如何教育小威特直到 14 岁。他有一句名言："教育应当从婴儿智慧曙光的出现就开始"（卡尔·威特，2008）。由于他的早教措施和儿子小威特在某些方面的卓越天赋，小威特八九岁时就熟练地掌握了德语、法语、意大利语、拉丁语、英语和希腊语 6 种语言，并擅长动物学、植物学、物理学、化学，特别是数学。9 岁那年，他考入莱比锡大学。1814 年 4 月，不满 14 岁的他就发表了自己的数学论文，并被授予哲学博士学位。两年后，16 岁的威特又被授予法学博士学位，并被任命为柏林大学的法学教授。日本的木村久一在 20 世纪初写的极具影响力的著作《早期教育与天才》（木村久一，2009），曾在日本掀起了前所未有的早教风暴。这本书被誉为最早、最完、最详尽的早期教育理论集大成之书。苏联一直较重视"天资学生教育"，其培养有特殊才能和天赋的儿童是以少年先锋队组织为重点而展开的。苏联教育给所有的儿童提供了一个令人感受极深的少年宫课外活动系统。少年宫在苏联遍布全国各地的每一个角落，并采用大众化的教育方法向孩子们灌输民族优越感、爱国主义精神，其中还包括共产主义理想教育。少年宫这一组织对于有天赋的儿童来说，就像如鱼得水一样满足了他们的需要。这一组织系统拥有 4500 多个房间和场所供少年儿童活动。这些场所是为了能使孩子们在这种有管理的娱乐圈中去发现与培养自己的特殊的兴趣爱好而设计的。少年宫拥有各种最先进的实验室、艺术馆、技术设备和各种专业活动的指导者，他们为具有天赋的儿童提供了走出教室活动，探求更深层兴趣爱好的条件和机会。少年宫有一套完善的系列的特殊学生学习活动计划，如十年级的电子俱乐部，开办了一个闭路电视台，自然爱好者种植出珍贵的植物（http://wuxizazhi.cnki.net/Article）。

中国的"天资学生教育"最具影响并一直坚持下来的是中国科技大学的少年班。1977年10月，江西冶金学院教师倪霖写信给当时的国务院副总理方毅，向他推荐智力超常儿童——宁铂。与此同时，各地发现"早慧儿童"的信件涌向党中央、中国科学院、中国科技大学。这种情况下，中国科技大学提出创办少年班设想。1978年3月，中国科技大学破格选拔了21名少年，这次破格录取的少年，最大的16岁，最小的只有11岁。在招生工作中，招生工作人员通过群众推荐和实地了解，发现了一批成绩优秀、年龄仅十三四岁的中小学生，他们大都未能参加统一的高考。中国科技大学的教师们奔赴上海、长沙、沈阳、福州、扬州等地，对这些少年逐个地进行多次笔试和口试，再经过体检等，才挑选了这批少年大学生。于是，21名智力超常少年当年被该校破格录取，成为少年班首批学员。1978年中国科技大学少年班正式创办，延续至今。

美国是世界上实施"天资学生教育"最普遍、最具影响力的国家。美国现在将大约10%的中小学生都划分到"天资学生教育计划"（Gifted and Talented Education Program），几乎每所公立学校都设有天资学生班，现在美国加入"天资学生教育计划"的学生达数百万人。中国科技大学每年只从全国招收50人左右，这些学生的确凤毛麟角，占全国学生的不到1/100000的比例。这跟美国的10%的比例相差悬殊。所以，中国科技大学的天才少年班跟美国的天资学生班含义是不一样的。应该说中国科技大学的天才少年班招收的是极具学习天赋的学生。中国许多中学，尤其是重点中学都有重点班或试验班，这些重点班或试验班的学生应该能够占到学生总人数的10%（或以上）。但中国的这些重点班的教育跟美国的"天资学生教育"也不一样，中国的重点班或试验班主要是看学习成绩，将学习成绩拔尖的学生划分到重点班，其教育的主要目标还是按照应试教育的体制，追求提高成绩和考取名牌大学。美国的"天资学生教育"是根据智力测验（IQ智力测试必须达到130以上）、学习成绩以及教师的推荐，将一些学生划分到天资学生班；天资学生班的教学主要特征是加快教学进度（acceleration）和丰

第十章 "有机建构主义教育"与"天资学生教育"

富教学内容（enrichment）；其主要目标是培养智力和才能卓越的人才，尤其是创造性人才，提升美国的创造能力、国防能力以及在国际社会的竞争能力，确保美国继续领跑世界。促使美国大规模实施"天资学生教育计划"的直接原因是1957年苏联的第一颗人造卫星上天。苏联的第一颗人造卫星上天后，美国朝野震惊。1958年美国国会通过了《国防教育法》（*The National Defence Education Act*），决定投入10亿美元促进公共教育中科学、数学和技术的教育。教育工作者立马启动在学校里鉴定和识别天资学生，并为天资学生提供特殊的教育服务（Flemming, 1960）。

天资学生教育的定义

对于天资学生（gifted student）的定义，教育心理学的权威们争议很大，有的人认为2%的顶尖学生应划为天资学生，有的人主张5%，有的人主张10%。对智力测试的分数要求，大家的意见也不一致，有的人主张要130以上，有的人主张更高或更低。下面列举几个对"天资学生"的几个比较权威的定义。

1. 美国1972年完成的《马兰德报告》（*The Marland Report*）对天资孩子（Gifted Student）的定义："天资孩子就是孩子在已显示出来的成绩和（或）在以下某一个或几个方面有出色的表现：①总体智力，②特殊的学习天赋，③创造性或生成性思维，④领导能力，⑤视觉艺术和表演艺术，⑥精神运动能力（Marland, 1972）。"该报告对天资孩子的定义后来一直是绝大多数州或行政区界定天资学生的基础（McClellan, Elizabeth, 1985）。

2. 美国国家天资孩子学会对天资孩子（gifted children）的定义：天资的个体是指那些在一个或多个领域显示出杰出的天赋水平（被界定为具有卓越的推理和学习能力）或能力（10%或更少的顶尖的有记录的表现或成就）的人。领域包括任何具有自己的符号系统的有良好结构的学科或方面（如数学、音乐、语言）和一系列的感官运动技能（如绘画、舞蹈、体育）。这些能力或才能的发展是一个贯穿终生的过程，但在年轻的孩子身上较为明显，因为在考试中，或其他能力测试中，或在学习的快速方面，或在某一领域实际的成就，这些孩子较之其他同龄的学生有格外优秀的表现。随着从童年到青少年的成熟，在某个领域中的成就和高水平的动机成为他们资优的主要特征。不同的因素可能增强或抑制他们的能力发展和表达。这个定义已被美国的绝大多数州采纳。

3. 中国香港对天资学生的定义：香港教育委员会1990年颁布的第4号报告对香港地区学校的"天资学生教育"提出一项政策，建议对天资学生采用多标准广泛的定义。该报告提出天资孩子通常在以下一个或多个领域具有杰出的成绩或潜力：①可测量到高水平的智力，②对某一学科的特殊的学术天赋，③创造性思维，④对视觉和表演艺术的卓越才华，⑤对同辈的天生的领导能力，⑥精神运动能力——在运动、机械技能或其他需要运动协调性的领域表现杰出、心灵手巧（http：//www.edb.gov.hk/FileManager/EN/Content）。

4. Renzulli（1986）提出"天资"概念的三要素（Three-Ring Conception of Giftedness），包括中等水平以上的能力、对任务的忠诚和创造力。

我对"天资学生教育"的几点看法

1. 天资学生不等于创造性人才

从美国国家天资孩子学会对天资孩子的定义，我们可以看出，天资学生主要是推理能力和学习能力强，只能说明他们的普通智力比一般学生高，并不意味着其深层智力和创造力突出。天资学生学习能力强，所以学习进度比较快，学习同样的知识比普通孩子花的时间少。但这毕竟只是学习别人发现发明的知识，学习需要的主要是普通智力，如逻辑推理能力、理解力、记忆力等，而不是猜想、直觉思维、深度思考、奇特的想象、大跨度迁移思维等深层智力。前面我论述过，深层智力才是创造力的核心因素。所以，天资学生学习能力强未必深层智力卓越，未必就是创造性人才。他们能够快速学习别人创造的知识并不等于自己善于创造新知识。相反，我认为学习速度快反而在扼杀他们的创造力。因为学得太快会导致囫囵吞枣，无法进行深度思考。嘉德纳曾愤怒地斥责教学速度是一个老魔鬼（Gardner，2008）。真理不是放在远方的金子，谁跑得快谁就可以抢先，而是深埋于地下的宝藏，唯有向下深度挖掘的人，才有可能获取。如果天才孩子一味追求学习的进度，过于加速对知识的学习，势必将绝大多数时间都投入到知识的学习和记诵中去，哪里还有时间去深度思考、猜想和想象？哪里还有

第十章 "有机建构主义教育"与"天资学生教育"

时间去娱乐和社会交际？据报道，在中国科技大学少年班，教室的灯光常常彻夜通明，少年班的学生都通宵达旦地学习。因为这些孩子觉得：你是天才，我也是天才，我绝不能比你差。他们竞争激烈，压力极大，几乎每个人都在发扬头悬梁、锥刺骨的精神，学习，学习，还是学习，试问他们哪里还有时间去深度思考和自由探索，哪里还有时间去想象和猜想？爱因斯坦小时候望着天上的云就可以"发呆"两个小时。爱因斯坦的"发呆"是他在深度思考，是他的想象力在纵横驰骋。对中国科技大学的那些天才少年来说，他们要争分夺秒地学习，背诵大量的公式、定理、原理以及英语单词等，他们哪有那么多时间像爱因斯坦一样望着天上的一片云、地上的一棵草"发呆"？所以，那些天才少年正"策马扬鞭"向前人发现的知识挺进的时候，他们的深层智力和创造力却在衰退中。

2. 对天资学生的教育不要过于加速，应将充裕的时间用于开发他们的深层智力

我并不完全反对对学习能力极强的天资学生适当地加速，因为有的孩子对知识的理解力、推理能力和记忆力的确超常，如果完全按照普通学生的教学进度和教学方式，他们会感到吃不饱，缺乏智力挑战性，进而丧失学习的兴趣和积极性。我的意见是：

第一，对天资孩子的教学可以适当地加速，但不宜过于加速。天资孩子确实比普通孩子学习能力强，学习速度快，可以适当地加速教学，但是我认为：第一，加速不加时，即不要增加每天的学习时间，必须确保他们享有普通孩子同样的自由思考、想象和猜想的时间，以及娱乐和与同伴交往的时间。第二，加速不能以损害孩子的深层智力、创造力、情绪能力和社会交际能力为代价。以我之见，天资孩子学习能力强，的确比普通孩子学得快，能提前两三年上大学还可以接受。但是据报道，有的孩子十一二岁就上大学，甚至还有九岁就上大学的。这些孩子如此快地加速学习，无疑牺牲了深度思考、猜想、想象、联想等深层智力活动的时间，也牺牲了娱乐和社会交际的时间，这会损害孩子的深层智力、创造力，还会导致情感、情绪调控能力和社会交际能力低下。这样的教育最终会把孩子培养成畸形发展的书呆子。小时候人见人夸，一路伴随着鲜花和掌声，被视为"传奇"，长大后因为缺乏深层智力和创造力，缺乏进一步发展的后劲，最终江郎才尽。因为与以前的"辉煌和传奇"形成巨大的反差，他们将承受巨大的心理痛苦。另外，因为情绪调控能力和社会交际能力未曾得到健康发展，他们不能很好地融入社会，不善与人交往，这也会成为他们事业发展的障碍。中国有一句古谚语总结这样的天资学生的发展轨迹，"10 岁是天才，15 岁是人才，20 岁是庸才"。古人们虽然无法从心理科学的角度解释这种现象，但这的确是他们对大量事实案例的总结。英语中也有一句同样的谚语：Early ripen, early rot（熟得早，烂得也早）。

中国北宋时方仲永的故事人尽皆知。方仲永五岁能作诗，众人皆惊，十一二岁时作的诗，声名已不如从前了，20 岁时才智消失，泯然众人矣。在当今社会，像方仲永这样的幼年天才，长大后泯然众人的事例也普遍存在。Winner（1996）通过大量的调查研究后指出：许多幼年天才，的确在某方面表现出过人的天赋，他们疯狂地学习和操练，希望成为某方面的大师，父母也不惜一切代价培养他们，但许多天资孩子最后的结果却与希望相反，特别是那些神童们，成人后才华枯竭（burn out），甚至很多人转到其他感兴趣的领域了。

我不仅反对对天资孩子的教学提速过快，甚至主张最好不要加速。那么天资孩子比普通孩子学习得快，空出的时间怎么办？以我的设想，空出的时间就以知识为材料和工具培养他们的深层智力，从而开发他们的创造力。比如，他们对某一知识已经学会了、理解了，我们可以引导他们对该知识点进行深度挖掘，将他们的思维引向纵深。他们对知识学得快，我们可以对某些知识不让他们学习，不准他们看书，而是提出问题引导他们自己猜想、自己发现，因为自己猜想和发现知识比直接学习知识花的时间多得多，而且让他们猜想和发现知识可以培养他们的猜想能力、直觉思维能力、灵感与顿悟思维能力等，以此开发他们的深层智力和创造力。他们把教材的内容学完了，我们可以引导他们自己去探寻知识之间的内在联系，将某些知识组织为一个相互关联的整体结构。如果他们仍有空余的时间，我们还可以带他们到大自然中去观察和思考，让他们学会像爱因斯坦一样，看着大自然的事物思考得"发呆"。比如看着自然界中一棵树，我们引导他们思考树与季节变化的关系，树与周围环境的关系，树的根须是怎样将土壤中的营养和水分吸收到体内的？因为地球的引力作用水应该朝下走，为

第十章 "有机建构主义教育"与"天资学生教育"

什么树的汁液却能朝上运行,将从土壤中吸收的养分和水带到树的顶部?是什么力量推动树的汁液朝上运行?有的问题是迄今科学界尚不能解答的问题,如果我们引导天资孩子从小就去发现和思考这些问题,即使他们现在无法回答这些问题,或许将来某一天他们灵光乍现,提出了一种新的具有阐释性的理论。许多科学家做出的创造和发明都是基于童年的好奇心提出的问题,是对儿童时期的问题的阐释或解答。

所以,我们对学习能力强、学得快的天资学生即使不提速教学,也有的是办法让天资学生多余的时间过得有意义和充满智力的挑战。天资学生对知识学得快,较之普通学生有空余的时间,我们可以利用这些空余的时间去开发他们的深层智力和创造力。既然我们的目标不是把他们培养成"学富五车"的书呆子,而是要培养为极富创造力的人才,希望他们将来做出创造性的重大成就,我们为什么要在知识的学习和教学上提速,而不将重点放在开发他们的深层智力和创造力呢?

3. 采用 IQ 智力测试遴选天资学生是对天资学生教育的误导

目前挑选天资学生(gifted student)的方式主要是根据 IQ 测试的成绩、学生的学业成绩和教师的推荐。IQ 测试被作为最重要的指标。正如 Borland(2005)所说,传统的心理测量学对学习天赋的定义,导致 IQ 智力测试高以及阅读和数学成绩好的学生,被鉴定为天资学生。然而许多教育心理学家对将 IQ 测试分数作为选择天资学生主要根据的做法持批评态度。Sternberg(1990)指出 IQ 测试模式只能反映一种特殊的认知类型(即学习与言词方面的表现),而不是总的复杂思维的天资。Winner(1996)通过大量的事例调查研究,发现童年时期的 IQ 测试分数高的孩子,未必能预测成人后将做出大的学术成就和创造性发现。

在我看来,IQ 智力测试只能测出学生的普通智力,难以测出学生的深层智力。即使能在一定程度上预测学生的数理逻辑智力、推理能力和学习知识的能力,但难以预测学生创造知识的能力。这一点我在前面第九章"论创造力"中已经论述过。即使一个学生能回答测试中的某个问题,但怎么知道他对这个问题的理解到底有多深?IQ 测试如何测出学生的直觉思维能力、猜想能力和想象能力?IQ 测试题给出的都是标准答案,被测试者的答案与标准答案相符即可得分,反之就失分,试问这怎么能测出学生的批判性思维？所以，IQ 测试根本测不出学生的深层智力。使用 IQ 测试挑选天资学生的结果，是将一些普通智力强的学生挑选进入了"天资学生教育"（gifted education），而这些普通智力和学习能力强的学生，深层智力和创造力未必强。相反，许多深层智力强而普通智力和学习能力一般的学生，IQ 测试表现一般和学习成绩一般，结果被"天资学生教育"拒之门外。最终，许多 IQ 测试分数很高被挑选进入"天资学生教育"的学生，成年后并没有做出大的创造和发现，而 IQ 测试表现平常、没有进入"天资学生教育"的学生，许多成人后反而做出了重大的创造性贡献。这就是目前"天资学生教育"中的尴尬和悖论。所以，我认为人的深层智力和创造力是 IQ 智力测试题根本测试不出来的，凭借 IQ 智力测试无法遴选出深层智力和创造力卓越、真正具有创造性和远大发展前途的优秀学生，长期采用 IQ 智力测试为主的方法来遴选天资学生的做法应当改变，我建议观察和评估学生的深层智力和创造潜能，将那些深层智力和创造力卓越的学生遴选到"天资学生教育"项目中去、IQ 智力测试可作为一种参考，因为 IQ 智力测试能在一定程度上测出学生的数理逻辑智力和推理能力。另外，深层智力和 IQ 智力测试分数虽然不是呈正相关，但也不是完全对立的，有的学生既有深层智力和创造力卓越，数理逻辑智力和学习能力也很强，IQ 智力测试分数也很高。就像有的女孩既外表美，又内在美，外表美和内在美并非是完全对立的。

4. 我对遴选天资学生的建议

读者至此也许会问，如果以 IQ 测试的分数评价和遴选天资学生并不可靠，那么到底如何挑选天资学生呢？Susan K. Johnsen（2004）主张学校在鉴定天资学生的时候，应采用多种措施衡量学生的能力和潜能，包括学生的学习作品档案、教室的观察、学业成绩、智力得分。许多教育专家都赞同没有一种措施能够孤立地准确鉴定每一个天资孩子（http://en.wikipedia.org/wiki/Gifted-education）。我也同意应采取多种措施和方式去鉴定天资学生，但我认为最重要的方式是教师对学生深层智力的观察，即教师从学生回答问题时、参与讨论时、作业中、写作中、校外实践中以及与学生的日常交往中观察学生的深层智力（具体有哪些方面的深层智力，参见本书第九章"创造力的本质——人类的深层智力"），以学生的深层智力水平作为衡量和遴选天资学生的最重要的依据。当然这种观察需要教师

第十章 "有机建构主义教育"与"天资学生教育"

的眼光和水平，一个有卓识和有经验的教师一定能观察出学生的深层智力水平，发现和推荐出真正富有深层智力和创造力的天资学生。

我中学时的英语老师兼班主任雷风云就是一位善于发现人才的优秀教师。他刚从师范学校毕业分配到我曾就读的中学时还只是一个20岁刚出头的小伙子。他就是通过自己的观察而不是看考试成绩发现有潜力的学生并着重培养。他曾告诉我，他曾发现一位非常卓越的学生是通过该学生的一次作业的错误。他看到这位学生的一道作业是错误的，但他敏锐地感到该学生这个错误中有他独到的思维。尽管这个学生这道题错了（不符合标准答案），但错误中折射出他独特的想法和很强的思维能力。虽然雷老师只在一个落后的农村中学工作了6年，但他发现和培养了许多优秀人才，也为我们的中学创造了辉煌的历史。

武汉大学前校长刘道玉更是一个通过自己的观察，独具慧眼发现人才的著名教育家。尽管他的工作十分繁忙，他经常通过与学生谈话或读学生文章就能判断一个学生的发展潜力，相信这个学生以后能成大才。他提出一个教育工作者对人才要有"两识"，一是要有卓识，以发现有潜能的人才；二是要有胆识，勇敢地保护和培养人才。他任校长的8年期间及卸任后，发现、培养了一大批优秀人才，"得天下英才而教之"是他人生最大的快乐。如今，他已桃李满天下，他的学生们已在国内外各行各业作出了举世瞩目的成就。实践证明，他发现人才眼光独到，培养人才点石成金。他发现和培养人才的经典案例很多，2010年他写的一本书《大学的名片——我的人才理念与实践》出版了，该书收录了他发现和培养人才的28个经典案例。由于篇幅的限制，我不能一一列举，这里我只介绍他如何发现和培养学生王小村的故事。

王小村是武汉大学历史系77级的学生，但他的兴趣和志向不在历史方面，而是喜欢生物学研究。于是他开始自我设计，意欲转到生物系学习，决心成为一名生命科学家。

1979年秋，王小村带着他的转系申请和生物系教授吴熙载的推荐意见，到校部刘道玉的办公室找到刘道玉。刘道玉热情地接待了他。刘道玉看了他写的文章和吴熙载教授的推荐信，详细地了解了他的经

199

历和爱好，认为他确实有生物学方面的特长。于是当即决定同意他转到生物系学习。转到生物系后，王小村终于进入了自己感兴趣的学科，如鱼得水。1982年6月他应该毕业了，但他有两门主科考试不及格，未能达到获得毕业文凭和学士学位所需要的学分。按照学籍管理规定，他不能获得合格的毕业文凭和学士学位证书。为此，王小村拿着一摞并未发表的研究论文又去找刘道玉，他对刘道玉说："校长，我认为生物系不发给我毕业证是不公平的，到底是分数重要还是成果重要？""你是研究创造教育的，一贯主张把培养学生的创造力放在首位，我的研究成果足以反映我的水平，特别是创造力。"刘道玉把王小村作为个案特殊处理，破格批准发给他合格毕业文凭。王小村得以顺利毕业并分到湖北肿瘤研究所工作。

1985年5月，王小村第三次去找刘道玉，这次他给刘道玉出了一个难题。王小村提出："校长，我想调回母校工作。"刘道玉说："肿瘤研究所不是很好吗，你为什么要调回来呢？"王小村说："那是一所医院，虽然外科手术力量很强，可是研究力量并不强。我希望校长把我调回来。"刘道玉感到这的确是个难题，事后，他找生物系领导商量，生物系领导坚决反对，他们表示："王小村当年多门功课考试不及格，这样的学生调回来，岂不是误人子弟吗？"

刘道玉说："不能把话说得这样死，我还是希望你们回去研究一下。"后来，刘道玉多次给生物系领导做工作，他耐心地劝说他们："我们看待一个人，不能只看他考试成绩，更重要的是看他的研究能力，特别是他的创新能力。现在，高分低能的例子还少吗？我们现在学校2000多名教师，难道都是合格的吗？我还是建议把他调回来，观察他5年，如果他是一个人才，这是学校的幸事，如果他不是人才，你们可以拿我是问，你们看这样行吗？"生物系仍然不同意。后来，刘道玉想到学校新成立的一个生物工程研究中心，是独立于生物系以外直属学校的研究机构。于是，他找到该中心的领导商量，幸好他们思想比较开明，同意接受王小村。这样王小村终于返回了母校武汉大学。

王小村回到武汉大学后，又重新呼吸到一股自由民主的空气。他继续投入紧张的研究工作，不到一年，他就完成了很有突破性的论文

第十章 "有机建构主义教育"与"天资学生教育"

《DNA 双螺旋结构的内在不稳定性与致癌基因自发活化机制的研究》。1986 年 8 月,他参加了在匈牙利布达佩斯召开的国际第十四届肿瘤学术大会。在会上他宣读了他的这篇论文,结果一炮打响,受到与会学者们的重视。1987 年 12 月,中央电视台以"人才的挑战"为专题,播放三次介绍他的成才经历。

1987 年,他被美国哥伦比亚大学录取攻读博士研究生。这又是一个奇迹,一个连学士学位都差点拿不到的人,却越过硕士被美国名校哥伦比亚大学录取为博士研究生。这就是中美两国大学的区别,中国"唯分数论",而美国是"不拘一格降人才"。

王小村到了哥伦比亚大学后,就开始了他在国际生物学界的奋斗历程。下面是他这些年的简历:

1992 年,应聘为美国哈佛大学研究员,随即转任美国国家健康研究院(National Institutes of Health)研究员。其间他首次发现了糜蛋白酶样蛋白酶在老年痴呆症发展过程中的生理活性。1994 年 1 月,他获英国皇家癌症基金会(Imperial Cancer Research Fund)研究基金,赴牛津大学(Oxford University)任研究员,成为世界上首次在人体卵巢癌细胞中发现受体酪氨酸激酶基因研究小组的主要成员。2002 年 6 月,王小村出任美国法摩康集团(Pharmacom Corporation)董事长,并兼任美国爱荷华大学(University of Iowa)工学院生物医学工程教授。

王小村先生在人类基因组学、免疫学、蛋白质化学和神经科学等方面都著有科技论文,并持有 17 项有关生物传感与微系统方面的美国专利和临时专利。2004 年 5 月,美国"麻省理工学院技术综览"(MIT Technology Review)力举他为在生物传感与超微电机领域作出世界领先工作的五位科学家之一。2003 年 4 月与 2007 年 4 月先后两次被美国媒体选为封面人物。2005 年 5 月与 2008 年 5 月先后两次作为美国政府经贸代表团成员访问中国。2006 年 1 月,原武汉大学校长刘道玉先生在其有关中国教育改革 30 年的著作中专章介绍了他的经历。2007 年 3 月,美国《华尔街日报》(Journal of Wall Street)列举他为美国企业领军人物之一。2007 年 4 月,被选为美国共和党全国委员会工商顾问委员会名誉主席。2007 年 7 月,被"剑桥传记"(Cambridge Biographies)

选为世界新行业带头人。

面对王小村取得的举世瞩目的成就,刘道玉感慨到:当初如果不是对王小村屡次予以破格的话,或许一位优秀的人才就被扼杀了。

总之,我呼吁的"天资学生教育"改革是将"天资学生教育"引向创造教育的轨道。无论美国国家天资孩子教育学会还是一些教育心理学家都是将天资学生主要界定为具有卓越的推理能力和学习能力,以及 IQ 测试智商高的学生,但是在我看来,这些并不意味着学生的深层智力和创造力强。知识学得快学得多,小小年纪就不断跳级、升入大学甚至拿到博士学位,但如果缺乏深层智力和创造力,成人后并不能在某个领域实现重大创新和突破,成为行业中的翘楚和领袖,甚至江郎才尽,也正如 Winner 教授(1996)所说的"才穷智竭"(burn out)。天资孩子学习能力强,学习速度快,我主张对天资孩子的教育不要只是加速,而是把天资孩子的学习剩余的时间用来开发他们的深层智力。IQ 智力测试只能在一定程度上测出孩子的普通智力和学习知识的能力,无法真正测出学生的深层智力。所以,依靠 IQ 测试遴选天资学生并不科学。天资学生的遴选应该更多依靠教师的观察和推荐,教师应该凭借自己的卓识和经验,将那些深层智力发达的学生推荐给"天资学生教育项目",为这些孩子提供特殊教育服务。那些深层智力发达的学生将来才是不断创新突破,推动社会发展和人类进步的生力军或领军人物。

引用文献 ▶

1. Colangelo, N., & Davis, G.. *Handbook of Gifted Education* (2nd ed.). New York: Allyn and Bacon. p.5, 1997.
2. 〔德〕卡尔·威特:《卡尔·威特的教育》,呼和浩特:内蒙古人民出版社,2008。
3. 〔日〕木村久一:《早期教育与天才》,南京:江苏人民出版社,2009。

第十章 "有机建构主义教育"与"天资学生教育"

4. 《苏联的早期教育》,2012 年 10 月检索自 http://wuxizazhi.cnki.net/Article。
5. Flemming, S. A. The Philosophy and Objectives of The National Defense Education Act. *Annals of the American Academy of Political and Social Science*, 327, pp. 132 – 138, 1960.
6. Marland, S. P., Jr. Education of the gifted and talented: Report to the Congress of the United States by the U. S. Commissioner of Education and background papers submitted to the U. S. Office of Education, 2 Vols. Washington, DC: U. S. Government Printing Office (Government Documents Y4. L 11/2: G36), 1972.
7. McClellan, Elizabeth. "Defining Giftedness." *ERIC Clearinghouse on Handicapped and Gifted Children*; ERIC Identifier: ED262519, 1985.
8. "Education Commission Report No. 4". October 23, 2012 retrieved from http://www.edb.gov.hk/FileManager/EN/Content_3201/ecr4_e.pdf.
9. Renzulli, J. S. The Three-ring conception of Giftedness: A developmental model for creative productivity. In R. J. Sternberg & J. E. Davidson (Eds.), *Conceptions of Giftedness*. Cambridge: Cambridge University Press, 1986.
10. Gardner, H. *The Disciplined Mind* (2nd ed.) Westminster, London: Penguin Books, 2000.
11. Winner, E. *Gifted Children: Myths and Realities.* New York: Basic Books, 1996.
12. Borland, J. H. Gifted education without gifted children: The case for no conception of Giftedness. In R. J. Sternberg & J. E. Davidson (Eds.), *Conceptions of Giftedness* (2nd ed.). New York: Cambridge University Press, 2005.
13. Sternberg, R. J. *Metaphors of Mind: Conceptions of the Nature of Intelligence.* Cambridge: Cambridge University Press, 1990.
14. Johnsen, S. *Identifying Gifted Children: A Practical Guide.* 2012 年 11 月 1 日检索自 http://en.wikipedia.org/wiki/Gifted_education, 2004.
15. 刘道玉:《大学的名片——我的人才理念与实践》,长沙:湖南教育出版社,2010。

第十一章
"有机建构主义教育"与教育管理

> **预先猜想**

在阅读本章之前请读者预先猜想以下问题:

1. 你认为应该营造什么样的课堂环境才有助于维持安全有序的课堂环境,使学生智力振奋,注意力集中?
2. 你如何看待教育管理和学生的自我管理?
3. 你如何看待教育管理与尊重学生的自由、个性?
4. 教育管理是否应随着学生年龄的增长呈现出阶段性的差异和变化?

第十一章 "有机建构主义教育"与教育管理

课堂管理

课堂管理的两种基本理论

教育管理最首要的是课堂管理。课堂管理是教学的重要因素之一。教育心理学家通过对与学生成绩有关的因素的反复研究，发现课堂管理是影响最大的变量（Marzano & Marzano, 2003）。面对一个混乱无序、学生心不在焉的课堂环境，即使教师具有再好的学科知识和教学技能，也无法施展。所以，课堂管理是教师教学和学生学习的前提条件，有序的课堂环境、良好的课堂秩序是教学质量的必要保证。如果教师不能有效地解决课堂管理问题，其他问题就无从谈起。对一个教师来说，课堂管理方面的知识和专业技能是其教学技能和水平的体现。尤其是新教师，由于初登讲坛，缺乏经验，课堂管理可能是他们普遍面临的挑战，学校领导也会着重考核新教师对学生的领导能力和课堂管理能力。

阿兰兹（Arends, 2007）总结目前课堂管理主要有两种理论，一种是"预防性管理"，一种是"关怀伦理"。

"预防性管理"是由 Brophy 和 Putnam（1979），Burke 和 Putnam（1998）提出的。"预防性课堂管理"认为许多课堂管理问题可以通过周密的计划、有趣而相关的课程和有效的教学得到解决。如教师备课时就要预先做很多工作，以确保良好的课堂秩序，包括为不同的教学活动安排时间、考虑教室的空间布局、关注学生的动机、怎样组织讨论、怎样把课上得生动有趣等。"预防性课堂管理主张以优秀的教学征服学生，而不是企图通过胁迫来取得胜利"。

"关怀伦理"是另一个同样重要的课堂管理观点，提出这种观点的主要是主张以儿童为中心的教育理论家，如约翰·杜威（John Dewey）、约翰·裴斯泰洛齐（Johann Pestalozzi）、人本主义改革者亚伯拉罕·马斯洛（Abraham Maslow）、卡尔·罗杰斯（Carl Rogers）等。"关怀伦理"观点批判旨在控制学生的方法，关注儿童与青少年的"善"。持这种观点的教育家主张人性化地对待学校中的每个孩子，尊重他们，同时也主张创造。这主要是以内尔·诺丁斯（Nel Noddings, 1992, 2001）所提出的以"关怀伦理"为特点的学习共同体。这种课堂环境还有助于促进学生的社会发展以及情感、

有机建构主义教育

情绪的发展。

"有机建构主义教育"主张营造"激活智力"的课堂环境

关于课堂环境，有的教育心理学家主张营造"关注学习的环境"（Learning-focused environments），强调学生在课堂的学习目标，如学生对知识的掌握、取得的进步（Ames & Archer, 1988; Patrick et al., 1999; Stipek, 1996）；有的教育心理学家提倡营造"关注表现的环境"（Performance-focused environments），聚焦学生在课堂上的表现目标，即强调学生的高分、比别人做得更好、展示出高能力等表现（Eggen & Kauchak, 2004）。

"有机建构主义教育"主张智力和创造力的开发是教学最首要的目标，提倡"智力激活式教学法"。所以，"有机建构主义教育"主张营造"激活智力的课堂环境"，教师应充分激活学生的智力，紧抓学生的思维。在我看来，学生在课堂上注意力不集中，发生不良行为，根本原因还是教师没有把学生的思维抓住。学生思维走神了，就会出现思想上开小差或出现不良行为。只要教师课堂上能够充分激活学生的智力，让学生的思维始终跟着老师的思维走，学生自然不会思想开小差或发生不良行为。我认为课堂管理犹如大禹治水，只可疏导不可堵，要保持良好有序的课堂环境，最重要的就是教师要能够充分激活学生的智力、紧紧牵引学生的思维，让学生的思维跟着你走。如果不能做到这一点，学生极有可能出现破坏课堂秩序的行为，这时缺乏经验的教师通常做法就是批评和斥责，但批评和斥责也只能收到短暂的功效，过不了多久学生的思维又偏离了。如果学生的思维像脱缰的野马，不良的行为随时可能发生。苏霍姆林斯基（2011）曾说："多年的教学经验告诉我，要把握学生的注意力，只有一条途径，这就是形成、确立并保持儿童这样一种内心状态——即情绪高涨、智力振奋的状态。如果老师不去在学生身上形成这种情绪高涨、智力振奋的内部状态，那么知识只能引起一种冷漠的态度，而不懂感情的脑力劳动只会带来疲劳。"

我高中的英语老师雷风云就是上课很善于激活学生的智力和抓住学生的思维。他对知识的讲解深入透彻、思路清晰，逻辑严密，而且他的口才很好，英语口语标准流利，风度翩翩，所以，他上课时，学生的思维都被他紧紧地吸引，大家都屏气凝神地听他讲，教室安静得几乎掉一根针都能听见。同学们都评论说：英语只要认真听了雷老师讲的课就够了。

第十一章 "有机建构主义教育"与教育管理

那么,如何才能营造"激活智力"的课堂环境呢?"有机建构主义教育"认为:

第一,课堂教学要采用前面阐述过的"智力激活式教学法"和"教学七步骤",因为"智力激活式教学法"的核心思想就是要充分激活学生的智力、开启学生的思维。

第二,教师要认真备课,备课时就要精心设计好诸如以下方面的问题:这堂课的内容会涉及学生哪些方面的智力?课堂上如何提问,提什么样的问题才能充分激活学生的智力,并涵盖这堂课的重点和难点?怎样引导学生的猜想?怎样指导学生的自学?怎样对这堂课的内容进行深刻透彻、思路清晰的讲解?给学生准备哪些练习题,以训练学生对知识的迁移运用能力?以及教学过程中各种活动的时间安排等。教师上课的成功与否,很大程度上取决于课前备课的精心设计和准备。教学是一项伟大的艺术,需要教师精心的设计和创造!

第三,教师教学要生动有趣。教师在课堂教学中要尽量生动活泼、形式多样、幽默风趣。生动有趣的课堂始终能保持对学生的吸引力,激活学生的智力和思维,而且能打破沉闷的氛围,消除学生的疲劳。

第四,内容要难度适中。如果内容对学生太难,学生即使通过努力也无法理解,就会丧失学习的兴趣,最后索性放弃,思维自然会飘到教室之外去,思游万里。如果内容对学生太简单,缺乏智力的挑战性,学生觉得淡如白开水,味同嚼蜡,思维也会懈怠、开小差。我上大学时,由于我所学的专业理论性弱实践性强,有的专业课程的确缺乏智力挑战,同学们听起来就有淡如白开水的感觉,有的学生逃课,有的学生在课堂上画小人,有的学生在课堂上只是机械地记笔记,以应付考试。我就索性不去上课,自己去泡图书馆,看我自己想看的书。甚至有的课程我一次都没有去上过,从未见过老师。有一次期末考试,全体同学都坐在教室里,等待老师的到来,由于我从未见过老师,我问同学们:我们的老师是男的还是女的?全班同学都哄堂大笑。幸运的是,我当时就读的武汉大学正赶上刘道玉校长的教育改革,刘道玉规定学生可以不听课。所以,在当时的武汉大学,学生不听课是合法的。有的老师向刘道玉反映学生不去听课,刘道玉只会责备老师,学生不来听你的课,说明你讲的课没有吸引力,有的老师课讲得好，座无虚席，甚至教室过道都站满了人（当然，客观地讲，有的课对学生缺乏吸引力，也不能怪老师，因为有的课程内容本身确实浅显，缺乏智力的挑战性，教师也无能为力。我觉得根本的办法就是砍掉这些课程，提供一些资料让学生自学了解一下即可。如果他们将来的学习和工作需要运用这些专业知识，他们自然会找时间去查阅这些资料。课堂教学还是应该开设一些具有智力挑战性的课程，这样才能训练学生的思维能力，而且教师乐教，学生乐学）。

第五，教师要善用课堂管理的技巧。经验丰富的教师有许多处理课堂不良行为的技巧。例如，课堂教学要有节奏感，张驰有度，声音要抑扬顿挫。当发现学生思想开小差时，有经验的老师不会中断教学去提醒或斥责学生，他们可能会突然提高或降低声音甚至暂时沉默，通过这种突然的变化引起学生的警觉和注意，将学生的注意力重新吸引回来。他们也可能在教室里边讲边走，走到正在开小差的学生跟前停下，学生看到老师来到自己的身旁，会自动产生一种警觉意识，思维就会回到课堂上来。所以，高明的教师善于化解课堂问题于无形。

"有机建构主义教育" 对教育管理的基本原则

对学生的管理也是学校教育工作的重要组成部分，是事关教育成败的关键因素之一。"有机建构主义教育" 对学生管理提出以下四条基本原则：一是对学生的管理要逐步发展到学生自我管理；二是教育管理要尽量保障学生自由，尊重学生个性；三是在学生的不同发展阶段，教育管理也要进行相应的变化；四是寓爱于教，寓爱于管理。

第一，对学生的管理要逐步发展到学生自我管理

教育史上一直有"内发说"和"外铄说"这两种对立的观点。"内发说"认为教育是以自然禀赋为基础，"外铄说" 主张教育是一种通过外在力量的强制而获得的学习习惯。我认为这两种观点都有各自的价值，实际上这就是哲学上的内因和外因的关系。自然禀赋是基础和根本，外在力量对自然禀赋的表达和实现具有一定的促进作用，但外在力量必须尊重和遵循内在的自然禀赋，并通过内在的自然禀赋而发挥作用。同样，对于学生的管理，学生的自我管理是依靠自己的自然禀赋和内在力量自我调控和约束

第十一章 "有机建构主义教育"与教育管理

自己,因而是学校管理工作的基础和根本,外在的管理力量对学生的自我管理具有引导和促进作用,但外部的管理力量必须以促进学生的自我管理能力为目标,并通过自我管理的力量发挥作用,所以,学校管理的最高境界和最终目的是让学生学会自我管理,如 Woolfolk(2007)提倡的"管理是为了让学生能够自我管理"(Management for self-management)。McCaslin 和 Good(1998)指出,任何管理制度都是为了帮助学生变得能够更好地管理自己。如果教师聚焦于学生的服从,他们就要花更多的教学或学习时间去监控和纠正,学生也会认为上学的目的是服从规则,而不是建构对知识的深刻理解。

课堂管理和学校管理,不可避免要制定"学生守则"。但制定守则最好的方式是让学生参与进来,由学生和老师一起思考、讨论和提出课堂上哪些是可以做的,哪些是不可以做的(苏霍姆林斯基,2011;Hall,P. & Hall,N.,2006)。学生参与制定守则,他们经过了思考、讨论,很多守则都是由他们自己提出的,根本出发点也是为了他们更好地学习和成长,他们就更能理解这些守则的必要性,自觉维护和遵守这些守则。所以,让学生参与守则的制定,就能增强学生遵守守则的自觉性,培养和提高他们的自我管理的能力。一位美国郊区五年级的教师 Ken 让学生参与制定班级管理规则。他在学年之初就要制定课堂管理规则,但他不是具体地规定什么可以做什么不可以做(dos and dont's),而是和他的学生们一起为全班设计"权利法案",描述学生的各种权利。要保障学生的这些权利就必须要有课堂规则,这些权利涵盖的绝大多数情形都可能需要课堂规则来保障(Woolfolk,2007)。

当然,学生的自我管理也是一个逐步发展的过程。随着孩子年龄的增长,他们的自觉性和自我管理能力在不断增强。

第二,教育管理要尽量保障学生自由,尊重学生个性

教育管理也应该坚持"管而不死,活而不乱"的原则。我们对学生既需要一定的管理,但又要保障学生的自由,尊重学生的个性、兴趣,保护学生的创造力。学校的教育管理和部队的军事化管理截然相反。部队的军事化管理强调纪律严明、高度服从、整齐划一。军人以服从命令为天职。在战场上对于上级的命令,下级军官和士兵不能追求个性化,不能倡导质疑和挑战权威。而且这种管理方式对军人是必要的,否则,在战场上指挥官怎么指挥下级军官和士兵？学校的教育管理则不能这样，因为教育的首要目标是培养学生的独立思维能力和创造力，过于严格的管理、整齐划一、服从权威等都是与创造教育的要求相反，会扼杀学生的个性和创造力。微软公司让编程设计人员充分发挥他们的创造性，给予他们充分的自由，允许他们在办公室抽烟、穿拖鞋、衣着随便。他们相信自由的氛围更能产生创意和灵感。许多创造大师都是衣着随便，甚至不修边幅，他们追求的是"独立其精神、自由其思想"。所以，对学生的教育管理应尽量宽松，创造自由、民主的校园文化。刘道玉在任武汉大学校长时，就大力推崇并践行蔡元培提出的"尚自然、展个性"（刘道玉，2009）。学校每天给学生排的课程不能太满，必须给学生留出一些时间让学生自由安排，他们才有时间去自由思考、自由活动或自主学习。苏霍姆林斯基（2011）曾深刻地指出："只有让学生不把全部时间都用于学习上，而留下许多自由支配的时间，他们才能顺利地通过学习。""自由时间的问题，不仅是涉及教学，而且是涉及智育、全面发展的最重要的问题之一"。

对于学生的个性问题，洛克派（Lockean）和卢梭派（Rousseauian）的观点完全相反。洛克派认为，应该根据社会的要求设计塑造每一个个体；卢梭派观点则相反，认为教育应该帮助每个人按自己的天性自然发展（Gardner，2000）。我是完全赞同卢梭派的观点而反对洛克派的意见。学生不是生产流水线上制造出来的标准化工业产品，也不是小孩子手上玩的橡皮泥，由你随意捏造，而是有自己的个性、思维、志趣的鲜活的生命体。每个学生都有自己的个性、兴趣和理想。更重要的是，根据嘉德纳的"多元智力"理论，每个学生都有自己不同的智力组合和优势智力，不能只用学习成绩作为唯一标准去衡量所有的学生。一个学生学习成绩差，只可能表明他的数理逻辑智力差，但他可能在音乐智力、空间智力、交际智力、身体运动智力等方面非常卓越。他学习不好，但他将来可能成为伟大的音乐家、画家、运动员或政治家。所以，教育管理一定要尊重学生的个性，尊重学生的志趣和特长。爱因斯坦在《论教育》中指出：教育不能消灭学生的个性，把个人仅仅作为如蜜蜂或蚂蚁那样的社会工具。因为由一个没有个人独创性和个人目标的标准化个人所组成的社会，将是毫无发展可能的、可怜的社会。相反，学校的目标必须是培养能独立行动和思考的个人，而这些个

第十一章 "有机建构主义教育"与教育管理

人又把为社会服务视为最高的生活目标（爱因斯坦，2000）。

创造性个性也是创造力的一个重要因素。创造教育最重要的特征之一就是要全面发展学生的个性品质。一个没有个性和独创性的民族，怎能富有创造力？

第三，在学生的不同发展阶段，教育管理也要进行相应的变化

在前面第四章，"有机建构主义教育"基本原理三中阐述了才智有机体的发展经历不同的发展阶段，从小学、中学到大学每个阶段，我们的教育目标、教学内容、教学方法、评价标准应该呈现出阶段性的差别。同样，教育管理也应该根据学生发展的不同阶段，呈现出阶段性的差异和变化。我们不能将小学生当作大学生管理，也不能将大学生当小学生管理。孩子从小学到中学、大学是一个逐步成长、逐步成熟的过程，在这个逐步成长和成熟的过程中，它们的自觉性和自我管理能力在逐步增强。如果将小学生和大学生做一个比较，我们可以看出：小学生自控力差，大学生自控力强；小学生情绪情感不成熟，大学生情绪情感趋于成熟；小学生知识量小好奇心强，大学生知识量扩大但好奇心减弱；小学生机械记忆力强，大学生理解力增强；小学生学习目标和动机不甚明确，大学生的学习目标和动机较为明确；小学生学习和自我管理的自觉性差，大学生学习和自我管理的自觉性增强；小学生柔弱易于疏导，出现问题容易教育纠正，大学生如果思想和行为上出现了问题，纠正的难度也较大。中学则是介于二者之间的过渡期，但这个阶段的孩子往往比较叛逆，管理和教育的难度较大。

所以，从小学到中学、大学，学生的发展表现出明显的阶段性差异和变化，我们要研究孩子在不同发展阶段的生理和心理特征，教育管理要根据学生发展阶段的不同，呈现出阶段性的变化和调整。

第四，寓爱于教，寓爱于管理

美国的西奥多·鲁宾曾说过："爱，我诚信，乃是人类最基本的情感，爱让我们满怀希望，冲向明天"（鲁宾，1994）。教育是一种树人的伟大事业，教育工作者必须给予学生人性的关怀和爱的情感。爱是师生关系的润滑剂，有一种激发学生努力向上的巨大力量。没有爱就没有教育，没有关怀就没有管理。非教无以成才，非爱无以成教，所以要寓爱于教，寓爱于管理。意大利的德·亚米契斯提倡爱的教育，他曾写过一本书，书名就叫

有机建构主义教育

《爱的教育》。这本书的中文版译者夏丏尊先生在译者序言中写道:"学校教育到了现在,真是空虚极了。单从外形的制度上和方法上,走马灯似的更变迎合,而于教育的生命的某物,从未闻有人培养顾及,好像掘池,有人说四方形好,又有人说圆形好,朝三暮四地改个不休,而池的所以为池的要素水,反无人注意。教育上的水是什么?就是情,就是爱。教育没有了情爱,就成了无水之池,任你四方形也罢,圆形也罢,总逃脱不了一个空虚。"(亚米契斯,1997)。

刘道玉曾创立武汉新世纪外国语学校,在他的学校里曾发生过这样一个感人的爱的故事。该校初一(2)班有一位学生叫阿亮,因为父母离异、备受伤害,他在开学之初的表现的确令人失望,上课不认真听讲,学习成绩差,与同学关系紧张,不时殴打同学,被列为"双差学生",即思想表现差、学习成绩差。这个班的班主任杨中贵老师是一位富有爱心、经验丰富的优秀教师,他用自己的爱心去一点一滴地感化阿亮同学,犹如春风化雨。一次,阿亮写了这样一则日记:"生命是人最宝贵的,人的生命只有一次,人不要为了一件小事而失去了生命,人的一生要高高兴兴地过。"他又在日记的附言中写道:"杨老师,谢谢您的爱,我会记住您的爱去奋斗,去管好自己,去管好班级,是您改变了我的心,我在我原来的学校算是一个差生,在这里,你改变了我,给了我的信心。现在我又是一个阿亮了,不像以前那样了。在这里,我真心地说一句:I love you! 谢谢您,杨老师!"杨老师看了阿亮的日记非常激动。他在阿亮的日记后面批语道:

> 你是活生生的生命,善好的生命,正处在生命的花骨朵。我相信未来的你将会结出光灿灿的硕果,因此对你像对我的孩子一样(甚至超过我的孩子,生怕伤害了你,总是千方百计地呵护着你,连梦中都喊着你的名字)。必须了解和尊重你的权利和义务,享受快乐的权利,担当责任的义务。
>
> 子曰:"爱之,能勿劳乎?忠焉,能勿诲乎?"
>
> 我也感谢你,我的阿亮。感谢你对我的信任,把我当成可敬可爱可亲的人。
>
> 阿亮,你也给了我——一个战斗在教育战线上41年教龄的老师的

第十一章 "有机建构主义教育"与教育管理

支持和力量,我在你的身上看到了我自己年轻了,还没有失去昔日的风华,我还能为祖国的下一代做点工作,请你也分享我最大的快乐——我将继续毫无保留地贡献出自己的精力、才能和知识,在你的精神成长上取得最好的成果。

在爱的光辉照耀下,阿亮确实变了,他的心里明亮了,变得活泼、开朗,变得温和、礼貌,变得关心集体。他成了班干部之一,在期中考试时取得了各科合格的好成绩(刘道玉,1996)。

引用文献

1. Marzano, R. J., & Marzano, J. S. The key to classroom management. Educational Leadership, 61(1), 6-13, 2003.
2. 〔美〕阿兰兹(Arends, R.):《学会教学》(Learning to Teach)(第6版),丛立新译。上海:华东师范大学,2007。
3. Brophy, J. E., & Putnam, J., Classroom management in early grades. In D. L. Duke (ed.), *Classroom Management*. Chicago: University of Chicago Press, 1979.
4. Burke, J. B., & Putnam, J. G., *Organizing and managing the classroom learning community*. New York: McGraw-Hill, 1998.
5. Noddings, N. *The challenge to care in schools: An alternative approach to education.* New York: Teachers College Press, 1992.
6. Noddings, N. The caring teacher. In V. Richardson (ed.), *Handbook of Research on Teaching* (4th, ed.). Washington, D. C.: American Educational Research Association, 2001.
7. Ames, C. & Archer, J. Achievement goals in the classroom: Students' learning strategies and motivation processes. *Journal of Educational Psychology*; 80, 260-267, 1988.
8. Patrick, H., Anderman, L., Ryan, A., Edelin, K., & Midgley, C. *Messages teachers send: Communicating goal orientations in the classroom.* Paper presented as the annual

meeting of the American Educational Research Association, Montreal, Canada, 1999.

9. Stipek, D. Motivation and instruction. In D. Berliner & R. Calfee (Eds.), *Handbook of educational psychology* (pp. 85 – 113). New York: Macmillan, 1996.

10. Eggen, P., & Kauchak, D. *Educational psychology: Windows on classrooms* (6th, ed.). Upper Saddle River, NJ: Merrill/Prentice Hall, 2004.

11. 〔苏联〕苏霍姆林斯基:《给教师的建议》,杜殿坤编译,北京:教育科学出版社,2011。

12. Woolfolk, A. *Educational psychology* (10th, ed.). 北京:中国轻工业出版社,2007。

13. McCaslin, M., & Good, T. Moving beyond management as sheer compliance: Helping students to develop goal co-ordination strategies, Educational Horizons. 76, 169 – 176, 1998.

14. Hall, P., & Hall, N.《如何教育叛逆学生》(*Educating oppositional and defiant children*),林玲译,北京:中国轻工业出版社,2006。

15. 刘道玉:《创造教育概论》,武汉:武汉大学出版社,2009。

16. Gardner, H. *The Disciplined Mind* (2nd, ed.), Westminster, London: Penguin Books, 2000.

17. 〔德〕爱因斯坦:《爱因斯坦晚年文集》,方在庆、韩文博、何维国译,海口:海南出版社,2000。

18. 〔美〕鲁宾·西奥多:《爱的格言》,黄娟云译,汕头:汕头大学出版社,1994。

19. 〔意大利〕德·亚米契斯:《爱的教育》,上海:译林出版社,1997。

20. 刘道玉:《爱的学校》,武汉:湖北人民出版社,1996。

第 十二 章
"有机建构主义教育"对 21 世纪教育改革的建议

预先猜想

在阅读本章之前请读者预先猜想以下问题：

自此，读者已阅读和了解"有机建构主义教育"的基本教育原理，以及与"有机建构主义教育"相应的教学法、智力观、创造力观、"天资学生教育"观、课堂管理观等，请你猜想和想象一下"有机建构主义教育"可对 21 世纪的教育教学提出哪些改革建议。

有机建构主义教育

前面论述了"有机建构主义教育"的基本教育哲学原理，阐述了与之相应的"智力激活式教学法"，探讨了"有机建构主义教育"视野下关于智力、创造力、天资学生教育等基本概念。那么"有机建构主义教育"对教育改革，即改进教育教学有哪些建议呢？

"有机建构主义教育"对改进教育教学提出以下五条建议：第一，树立"才智有机体"的新概念，摒弃将人的才智视为无机体的传统观念。第二，教学过程中要尽量采用"智力激活式教学法"和"教学七步骤"，营造"激活智力"的课堂环境。第三，高度重视培养学生的深层智力和创造力。第四，树立新的人才识别标准，不能以学习成绩和知识量作为衡量人才优劣的标准，而要以"才智的生产创造力"尤其是智力和创造力作为主要标准。第五，改变传统的教材编写模式，教材不能只是一章一章地呈现知识，还应包括知识学习过程中智力和创造力的培养目标。下面将对这五条建议分别展开论述。

第一，树立"才智有机体"的新概念，摒弃将人的才智视为无机体的传统观念。

"有机建构主义教育"认为人的才智是一种有机体，类似生物有机体，其发展是一个有机的自然生长过程。所以，"有机建构主义教育"对教育改革的第一条建议就是要改变我们的教育哲学观念：将人的才智视为自然生长的有机体；将才智的生产创造力，尤其是智力和创造力作为教育培养的首要目标，以及衡量人才优劣的根本标准；才智有机体的发展会呈现出阶段性的差异和变化，所以我们的教学目标、教学内容、教育管理都应进行相应的阶段性变革；生物有机体生长的根本动力来自内在生命力的自我驱动，同样，个体的才智发展的根本动力也来自学习者内部的"自我驱动"，教育要坚持学生"自我驱动"的根本原则。

传统的才智观念认为人的才智就像无机体一样，才智的发展就是知识的积累，人的大脑就是知识的仓库，知识积累越多就越有才智。在这种错误观念的指导下，第一，教育重点关注的是知识的学习，而不是智力和创造力的开发，是学生知识量的增加，而不是学生对知识、才智的生产创造能力。第二，忽视才智有机体发展的阶段性差异，希望孩子从小就刻苦学习，快速学习和积累知识，将才智有机体的发展理解为简单的马拉松比赛，

第十二章 "有机建构主义教育"对 21 世纪教育改革的建议

不断地向前奔跑,谁跑得快谁就是最后的优胜者。要知道,孩子从小就被逼迫学习和死记一大堆知识,失去了自由思考、自由猜想和自由创造的美好时光,他将来到了一定年龄之后,由于思维能力和创造力没有得到很好的发展,就会出现"学习瓶颈效应",即遇到更深奥的知识他就学不进去了,更别说创造新知识了。卢梭(2011)曾深刻地指出,为了儿童将来能够更有出息,现在应将他们大量的美好的时光白白地放弃。对孩子的教育的确需要父母和教师具备一种战略性的哲学头脑,为了将来更"有为"现在却要"无为";为了将来更好的"进步"现在可能需要"退步"。第三,认为学生才智发展的动力主要来自外部的强力,包括家长的反复叮嘱、老师的严格要求、考试的压力、将来就业的压力等,忽视学生学习的内在"自我驱动力",如孩子的思维活动的生物本能和生命动力、孩子的好奇心和求知欲、孩子的兴趣和理想、孩子思维挑战性活动的乐趣、以及孩子的自我胜任、自尊、自我实现、自我决定等人本主义心理需求。

第二,教学过程中要尽量采用"智力激活式教学法"和"教学七步骤",营造"激活智力"的课堂环境。

"有机建构主义教育"强调把智力和创造力的培养作为教育最主要、最具有决定意义的目标,所以在教学方法上提出采用"智力激活式教学法",营造"激活智力"的课堂环境,并开发出具体的"教学七步骤"。"教学七步骤"包括列出智力清单、讲解背景知识、提出问题、有指导的猜想、有指导的自学、教师讲解、迁移运用(详细内容参见第六章)。当然,七个步骤也不是绝对的,教师在教学过程中可根据课程内容的具体情况灵活运用,可视情况增加或减少步骤,也可与其他一些先进的教学法如启发式教学、发现式教学法、讨论式教学法、实验教学法、"基于问题"教学法等方法综合运用。设计教学法的根本原则是充分激活学生的思维,极力开发学生的智力,尤其是开发学生的深层智力和创造力。即使对知识的学习,"智力激活式"教学法也有助于学生对知识理解得更深,运用得更灵活。如果课堂上学生的智力没有被充分激活,学生对知识只能停留在浅层的理解和机械的记忆上,这种浅层理解和死记硬背的知识,不仅记忆不持久,而且很难灵活运用。另外,采用"智力激活式教学法"还可以营造"激活智力"的课堂氛围和环境,教师如果成功地激活了学生的智力,就牵引了学生的思维，牵引了学生的思维，就吸引了学生的注意力。如果学生的注意力能够完全被老师吸引，紧紧跟着老师的课堂节奏走，他们就会始终保持一种智力振奋、注意力集中的状态，哪里还有时间和机会去制造课堂问题呢？所以，"智力激活式"教学法还有助于促进课堂管理，保障了课堂秩序。

第三，高度重视培养学生的深层智力和创造力。

传统教育关注的是学生对知识的学习，即使有一定的智力培养，也主要局限于普通智力，而忽视了对学生深层智力的培养。"有机建构主义教育"认为人的深层智力是创造力的核心要素，只有开发学生的深层智力，才能提高学生的创造力，他们以后才能源源不断地作出创造性的成果。深层智力是相对于普通智力而言的，逻辑推理能力、记忆能力、学习能力一般都属于普通智力，深层智力包括深度思考能力、猜想能力、卓越的想象力、奇特的联想能力、大跨度迁移思维能力、敏锐的直觉思维能力、广泛的发散思维能力、灵感与顿悟能力、灵活的求异思维能力等。比如公安人员破案，在线索和证据充足时，依据充足的证据和线索进行逻辑推理，完成破案，这就是普通的智力。这种破案显然比较简单，大凡有一定经验的公安人员都能完成。但有的案件在侦破时往往证据和线索非常有限，有时犯罪嫌疑人为了逃避法律的制裁，故意制造一些假线索误导警察。在证据和线索很有限的情况下，聪明而经验丰富的警察就要运用直觉思维，提出假设和猜想，按照自己的假设和猜想去搜集线索和证据。这种在线索和证据不足的情况下，运用直觉思维，提出假设和猜想的能力，就是属于深层智力了。卓越的警察往往具有敏锐的直觉思维、奇特的想象和猜想能力，能够侦破其他警察侦破不了的案件。知识的学习和创造也是如此，牛顿的三大定律是牛顿已经发现的，我们只是学习和掌握而已，虽然我们不能说这种学习和理解他人发现的知识完全不需要运用深层智力，但至少可以说涉及的普通智力多深层智力少。当其他学生都在学习牛顿的物理学定律的时候，爱因斯坦对学习牛顿的定律不感兴趣，他在进行雄奇的想象和猜想，构思和创立相对论，超越牛顿定律。爱因斯坦这里运用的就是人的深层智力了。总之，在我看来，学习知识运用普通智力较多，创造知识则运用深层智力较多。学习知识的能力和创造知识的能力显然不同，而且不是同一个级别，并不是学习的知识越多就越有创造力。真正有创造力的人只需要

第十二章 "有机建构主义教育"对21世纪教育改革的建议

一定的基础知识就够了，他们作出创造性成果主要凭借的是他们的深层智力、创造性个性、创新精神等创造性素质。

21世纪带给人类的多是一些高深艰难的问题，要想解决这些高深艰难的问题，作出重大的创新和突破，犹如在刀尖上跳舞，凭借普通智力几乎不可能，必须依靠人的深层智力。所以，我们必须大力进行教育改革，开发学生的深层智力和创造力。

当然，我倡导高度重视培养学生的深层智力，并不意味着我们就可以忽视和放弃对普通智力的培养。如果一个人连普通的逻辑思维能力、推理能力和学习能力都不具备，也不可能具有深层智力，也不可能具有创造性思维。所以，我们要高度重视学生的深层智力开发，但也不可忽视学生的普通智力的培养。

第四，树立新的人才识别标准。

传统教育总是将学习成绩好、知识量大和顺从听话的学生视为好学生，"有机建构主义教育"认为这种人才观是错误的，主张把才智的生产创造力，尤其是智力和创造力作为衡量人才的首要标准。

学习成绩好只能证明他逻辑推理能力、记忆力等学习能力强，而且他比别的学生学习更刻苦，花的时间更多。但学习能力强不等于创造力强。学习能力主要依靠逻辑推理和记忆等方面的智力，创造力则取决于深度思考、猜想、想象、联想、直觉思维、灵感与顿悟、大跨度迁移思维等深层智力。所以，学习能力和创造能力不同，犹如长跑能力和跳高能力虽然都是一种体育运动能力，但这两种运动能力截然不同，长跑更倚重运动员持续奔跑的体力和耐力，跳高运动员更需要瞬间的弹跳能力和爆发力。长跑冠军如果去跳高很可能还不如普通的跳高运动员。

我们目前的考试方式也很难测出一个人真正的智力和能力。一道题学生答对了就可以得分，但试卷上的答案正确并不意味着他对该知识获得了深度理解。他或许只是当作一种文字符号临时死记硬背下来填在试卷上，或许纯粹是瞎猜蒙对了，都可以得分。所以，尽管一个学生在考试的试卷上的答案是正确的，你怎么判断他是死记硬背下来的，还是自己理解了的？即使他理解了，你怎么知道他的理解是浅层理解还是深层理解？

至于知识量，一个人的知识量再大也大不过互联网，现在互联网上什么样的知识都能搜寻到。即使学术方面的专业知识，有一个"学术知网"收录了几乎所有学术期刊上发表的文章。只要上了该网站，输入标题或作者或关键词，就可搜索出相关的文章。事实上并不是知识量越大创造力就越强，创造力只需要一定的基础知识就足矣，关键在于你是否有一个创造性的大脑，是否具有卓越的深层智力以及创造性的个性。知识学得太多反而使人形成太多的思维定式，阻碍创造力。真正的创造性人才并不是学的知识比别人多才作出创造性的成就，他们往往是凭借自己的深层智力先提出一个猜想，然后再去查阅相关书籍和搜集相关证据检验自己的猜想是否成立。如果他的猜想能够成立，他就作出了创造性突破。前面论述过像这样的事例在科学史上数不胜数，即使当代的 IT 精英比尔·盖茨（Bill Gates）和乔布斯（Jobs）也是最好的明证。比尔·盖茨在哈佛大学上了两年就决定退学去创业，无独有偶，乔布斯在美国俄勒冈州的里德学院只读了半年就离开了学校。

在知识量方面，我主张学生多学习不同学科不同领域的知识，尽可能掌握不同学科和领域的基础知识，以便进行跨学科思维和大跨度的迁移思维。现在科学（也包括艺术）上的许多难题都需要跨学科的思维才能解决。至于某一学科的更精细的知识，当学生决定要选择该学科或该专业为自己将来的职业时，他们自然会找时间和工具去学习（嘉德纳，2008）。

学生遵守课堂秩序确保教师的教学能够顺利进行是必要的，但过于听话和顺从的学生就会缺乏思维的活跃性和创造性。所以，我们应该使学生在遵守学校纪律和保持活泼自由之间保持一种平衡。学生活泼从本质上讲是他们思维活跃的表现，是他们朝气蓬勃的象征。青少年都有一定的叛逆性，叛逆性是他们有个性有自己想法的表现。只要不犯大的原则的错误，应该在一定程度上尊重和包容他们的叛逆性。

第五，改变对教材的编写模式，教材不能只是一章一章地呈现知识，还应包括知识学习过程中的智力和创造力培养目标。

目前的教材编写还是以学习知识为目的，即知识型教材，一章一章地呈现知识。教材对教师的教学具有巨大的引导作用。因为教材的编写只是简单地呈现知识，教师也就会将教学的主要目标理解为传授知识。"有机建构主义教育"将学生对知识、才智的生产创造力，尤其是智力和创造力视

第十二章　"有机建构主义教育"对 21 世纪教育改革的建议

为最活跃、最革命和最具有决定意义的因素,并作为教育培养的首要目标,所以主张教材的编写也应该进行相应的变革。我建议教材的编写不能仅仅一章一章地呈现知识,还应该提出智力和创造力开发的要求,比如某一章某一节的知识应涉及哪些方面的智力和创造力——罗列出来,并结合教学内容提出培养学生这些方面智力和创造力的建议。只要教材的编写进行这样的变革,教师的教学目标自然就会发生变革——既使学生学习和掌握知识,又以这些知识为材料和工具开发学生的智力和创造力,实现二者的有机统一。

以上是"有机建构主义教育"对教育教学改革提出的几点主要建议,包括教育哲学观、教学方法、深层智力与创造力培养、人才观、教材编写的变革,但愿这些建议能对 21 世纪正在大力倡导的创造教育改革有所助益。

引用文献

1. 〔法〕卢梭(Rousseau):《爱弥儿:论教育》,李平沤译,北京:商务印书馆,2011。
2. 〔美〕嘉德纳(Gardner, H.):《受过学科训练的心智》,张开冰译,北京:学苑出版社,2008。

第十三章
"有机建构主义教育"与21世纪精神

预先猜想

在阅读本章之前请读者预先猜想以下问题：

1. 21世纪的时代精神是什么？
2. 为什么"有机建构主义教育"符合21世纪精神？

第十三章 "有机建构主义教育"与21世纪精神

回顾过去的时代特征及其对教育的需要

教育既要遵循人的才智发展的内在基本规律，又要具有鲜明的时代特征，因为教育从一定程度上必须为特定时代的社会服务。比如在中国古代的封建农业经济社会，社会经济的主要支撑是传统的农业经济，而传统的农业经济没有太多的科技含量，从事农业生产的劳动者不需要太多知识和智力，也不必受太多的教育。在这样的经济背景下，教育服务于社会生产的目的不强，主要任务是教化人心，教人为善，培养德才兼备的行政官员以更好的统治国家。古代中国，教育的目标是育人"修身齐家治国平天下"。那么如何才能实现"修身齐家治国平天下"呢？孔子和他的弟子们所著的《礼记·大学》中阐述道："物格而后知至，知至而后意诚，意诚而后心正，心正而后身修，身修而后家齐，家齐而后国治，国治而后天下平"。意思是通过对万事万物的认知而掌握知识和真理；掌握知识后，意念才能真诚；意念真诚后，思想才能端正；思想端正后，才能修养品德；品德养成后，才能管理好家庭；家庭管理好了，才能治国；国家治理好后天下才能太平。自隋朝之后，中国实行"科举制度"，学而优则仕。学习的主要目的就是通过科举考试，为官为宦。

古希腊时期，苏格拉底自称自己的使命是"教人为善"。他认为公民应当受国家教育，具有高贵的品德修养。柏拉图把掌握真理、接近真理的人称为"哲学王"，主张由"哲学王"来统治国家（张法琨，2007）。

中世纪欧洲的教会教育主要是培养人们对宗教和神学的推崇和信仰。奥古斯丁（Auzelius Augustinus 354~430）是罗马帝国晚期著名的基督教思想家、教育家。他是基督教教父哲学的集大成者。他的重要著作《忏悔录》，是中世纪西欧教会教育的理论基础。他提出教会应控制学校，教育应为神学和教会服务的宗旨。教会教育应以伦理道德教育为主，以《圣经》为主要教材。托马斯·阿奎那（Thomas Aquinas，1225~1274），是中世纪晚期意大利的神学家，是最具权威性的经院哲学家。他认为真理不是从科学而来，而是从上帝而来。在他看来，科学只不过是上帝的奴婢，是为神学服务的（袁锐锷，2006）。

有机建构主义教育

　　自 19 世纪后半叶工业革命开始之后，美国及其他一些资本主义国家通过机械和技术方面的进步取得了很高的生产效率，实现了机器化大生产。机器化大生产也需要通过提高工人的身体动作效率来提高生产效率。机器化大生产的社会对人才的要求并不需要多少智力和创造力，而是需要在生产流水线的各个环节动作迅捷、技术熟练的工人。在这种社会需求的背景下，以美国心理学家约翰·华生（John Broadus Watson 1878～1958）为代表倡导的行为主义教育便大行其道，因为行为主义教育对工人总体的活动效果进行研究，强调通过反复操练达到行为上的改变，以最大限度地提高工人的工作效率。行为主义被人夸张地讽刺为"操练至死"。行为主义教育的确有利于培养操作熟练、高效率的工人，这也是大工业机械化生产的要求。行为主义教育显然会抑制人的智力和创造潜能的开发，但机械化大生产的流水线上所需要的不是高智力、创造型的人才，而是动作熟练效率高的工人。如果创造性人才被置于机械化大生产的流水线上，其工作效率反而不如动作熟练的工人，因为创造性的人才脑子里一会儿在想象，一会儿又在联想，一会儿又在大跨度迁移思维，一会儿又在质疑，脑子里总是思游万里、不歇不止，他们的动作怎能迅捷？效率怎能高？正所谓千里马跑得虽快，如果用于耕田反而不如小牛的功效。

　　自 20 世纪中期，人类出现了第三次科技革命，在原子能、电子技术、微电子技术、航天技术、分子、生物学与遗传工程等领域取得了重大突破。到了 20 世纪末期，人类又兴起了互联网技术和信息通信技术的革命，信息高速路和 IT 行业迅猛发展，出现了互联网经济。这些新技术深刻改变了人类的生产方式和生活方式，甚至影响着人类的思维。随着这些高科技的发展，科学技术在社会生产和经济发展中的作用和贡献日益突出，极大地提高了生产效率，促进了生产的迅速发展。由此，人类进入知识经济时代，科学技术成为了第一生产力。科学技术的创造创新必须依靠人的创造力。所以，伴随第三次科技革命的兴起，创造学和创造教育也随之受到重视。教育学家和心理学家致力于研究人的创造心理和个性人格。创造教育在美国兴起于四五十年代，到 20 世纪的后期，创造教育已盛行于全世界，几乎世界各国都发起了以开发学生的创造力为目标的教育改革。

第十三章 "有机建构主义教育"与21世纪精神

"有机建构主义教育"与21世纪精神

人类进入21世纪后，21世纪的时代特征是什么呢？21世纪的时代特征和时代精神又需要什么样的教育呢？以我之见，随着"知识经济""经济全球化"的进一步发展，以及全球的经济和科技的迅速发展，21世纪必然是一个"创造爆炸"的时代，作为"创造爆炸"的结果，新知识、新信息会呈几何级数剧增，并通过互联网迅速传播到世界的每一个角落。同时，由于科技创新和知识经济的威力，世界上的穷国和富国，穷人和富人都将站在同一起跑线上，重新出发，重新洗牌，将来谁掌握了创造性的高科技，并善于开发商机，谁就会成为富国或富人，反之，富国则可能变为穷国，富人则可能变为穷人。因此，21世纪也是一个充满巨变的时代。也许有人会说这些年不一直是美国的GDP高居世界首位，不一直是由美国领跑世界吗？现在的情况的确如此，但这是因为美国这些年来为了保住世界领先的地位，一直具有强烈的忧患意识。早在1983年，美国国家教育质量委员会发表了题为《国家处于危急之中：教育改革势在必行》（A Nation At Risk: The Imperative for Education Reform）的报告。报告惊呼："我们的国家正处于危急之中。我们在商业、工业、科学和技术创新方面往日不受挑战的领先地位，正在被全世界的竞争者赶上……其他一些国家正在赶上和超过我们的教育成就。"这些年来美国比任何国家都更重视创造教育，重视科技创新，其对教育和科研的巨额投入也无人能比。我们试想一下，无论是美国还是微软公司、苹果公司10年甚至5年停止创新，其后果又会怎样呢？

人类进入21世纪之后，不仅继续将第三次科技革命向纵深推进，如谷歌（google）网，脸谱（facebook）网，苹果公司的iPad系列产品的推出和风靡，而且正在酝酿第四次科技革命，包括新能源、新材料、生物技术、人工智能、空间物理、环保科技、温室气体的减排等新兴的高科技领域。第四次科技革命的首要目标是解决人类面临的生存危机，如能源危机、环境危机、粮食危机，以及人类的生命与健康问题，所以第四次科技革命又被称为"绿色工业革命"。随着第四次科技革命的兴起和经济全球化，几乎各个国家都前所未有地重视教育和科研投入，大力推行创造教育的改革，高度重视高科技的原创和发展，以期自己能在世界高科技领域占有一席之地。可以说在 21 世纪，任何一个民族如果忽视创造的话就必然走向衰亡。人类历史上的任何时期从未像今天这样强烈呼唤创造、渴求创造，所以 21 世纪必将是一个"创造爆炸"的时代。

21 世纪的创造还有两个重要的特征：一是 21 世纪的创造都面临一些高深艰难的问题，因为容易创造和发现的知识和技术几乎都被前人创造和发现了，前人留给 21 世纪的都是一些"硬骨头"了；二是 21 世纪的创造是一个连续不断的链条，每一次成功的创造都只是起点而不是终点。当你完成一个创造之后或许还没来得及歇息就必须向新的目标冲击，快马加鞭不下鞍，因为现在国家与国家之间、企业与企业之间的竞争太激烈太残酷，如果你完成了一个创造就以为可以躺着睡大觉，不能持续地创造不断地推陈出新，稍事停歇就有可能被后起之秀超越。在当今全球化经济时代，在残酷的市场竞争中，被超越就意味着覆灭。所以 21 世纪，每个高科技企业、每个国家尤其是领跑世界的发达国家，都处于被赶超的巨大压力之下甚至可以说是恐惧之中。例如，移动通信领域的爱立信、诺基亚都曾是手机行业的龙头企业，但其他一些后起之秀的企业不断推陈出新，如产品的体积不断变小、外观愈加时尚、价廉物美，手机具有数码照相、录像、阅读、音乐、无线上网等附加功能，每次研究开发出一种新的附加功能，就推出一种新款。新款一推出，媒体上就大肆宣传，广大消费者自然就被吸引过去了。爱立信、诺基亚尽管曾是行业翘楚，但因为其产品更新换代的速度和研发能力赶不上其他同行企业，年年亏损，爱立信 2012 年 3 月已宣布停止手机生产。美国的惠普公司曾是硅谷元老，因为现在技术创新乏力，仅 2012 年第三季度就亏损 89 亿美元。日本的松下、索尼这些世界知名企业由于没能成功地实现行业转型，没有紧跟世界高科技发展的前沿，也年年巨亏。索尼连续四年亏损，亏损总额高达 113 亿美元。微软曾多年雄居 IT 行业的霸主，现在已被苹果和思科公司反超。而谷歌、脸谱这些由 20 岁左右的年轻人以几乎"零投资"创立的互联网公司又成为了新时代的宠儿和世界 500 强企业中的新贵。

有人将高科技企业比喻为高速路上不断加速的赛车，在我看来，21 世纪的高科技企业像不断加速的过山车。因为赛车总是在不断地向前奔跑，

第十三章 "有机建构主义教育"与21世纪精神

而过山车则上下起伏，此消彼长。所以，要在激烈的国际市场竞争中立于不败之地，要避免"过山车的宿命"，只有不停地创造、创造、再创造！否则再强大、再有实力的公司也会像过山车一样，可能瞬间就跌到了谷底。有的大公司凝聚着家族几代人的心血，因为创新乏力短时间就轰然坍塌。所以，人类21世纪是创造者为王的世纪，任何国家要在21世纪立于不败之地，必须大力实施创造教育，充分开发人的深层智力和创造潜能。

这种残酷的经济和科技竞争的确使人精神面临巨大的竞争，但其积极意义在于迫使人类永不停歇地创造、创新，使人类迎来21世纪"创造爆炸"的时代。作为"创造爆炸"的成果，新知识、新信息必然急剧增加，加之互联网的迅速传播，21世纪也是信息量激增的时代，各种新知识、新信息会呈几何级数的增长，飞速传播到世界的各个角落。

面对以上这些时代特征，21世纪我们需要怎样的人才呢？我们的教育又应该作出怎样的反应呢？教育不仅要适应当前经济和社会发展的需要，还要具有一定的历史超前性。哈佛教育学院"零点项目"2013年年会的主题就是"人类10年之后，20年之后，50年之后需要怎样的教育？"在我看来，人类21世纪需要深层智力发达的创造型人才，需要自学能力强和"终身学习"型人才，需要自我驱动自我管理型人才，需要崇尚自由富有个性的人才。

因为21世纪是"创造爆炸"的时代，自然需要深层智力发达的创造型人才，如果我们的教育不能培养深层智力发达的创造型人才，我们怎能迎接这个"创造爆炸"的时代？"有机建构主义教育"认为在个体的才智发展过程中，才智生产创造力才是最活跃、最革命和最终起决定作用的因素，教育应当将才智生产创造力尤其是智力和创造力的培养放在教育最首要的位置，作为教育和教学的最主要目标；强调培养人的深层智力如深度思考能力、猜想能力、想象能力、联想能力、直觉思维、大跨度迁移思维、灵感与顿悟能力等，相对于普通智力而言，人的这些深层智力才是创造力的核心素质。所以，"有机建构主义教育"正是为了培养高智能创造型人才。

21世纪是新知识、新信息急剧增长和迅速传播的时代，有人说人类的信息量现在每8年增长一倍，又有人说每4年就要增长一倍。对于浩如烟海的知识，每个学生不可能在学校教育阶段都学完（即使穷尽人的一生也学不到人类知识总量的1%），而且许多新知识、新信息在我们接受学校教育时还没有产生。所以21世纪，我们必须具有很强的自学能力，根据工作的需要随时自学对自己有用的知识，终身学习，将学习贯穿到人的职业生涯和生命过程的始终。"有机建构主义教育"提出培养学生的才智生产创造力，只要个人具有极强的才智生产创造力，就可以源源不断地自学吸收人类已有的知识，并有可能创造发现新的知识。与"有机建构主义教育"相应的"智力激活式教学法"和"教学七步骤"，提出教师课堂教学的七个步骤：列出智力清单、讲解背景知识、提出问题、有指导的猜想、有指导的自学、教师讲述、迁移运用。可以看出，"教学七步骤"的第五步就是在教师指导下的学生自学。"教学七步骤"强调"知识非经学生的猜想不要学习，非经学生的自学不要听老师讲述"。所以，"智力激活式教学法"和"教学七步骤"都高度重视培养学生的自学能力。

21世纪是一个自由竞争、自我设计、自我实现的个性化时代，需要崇尚自由、富有个性的人才，需要自我驱动、自我管理型人才。本书第五章"有机建构主义教育"原理四就是提倡"学生自我驱动"，认为学习者主要是依靠他的内在动力因素而不是外部的强迫力量驱动其学习和才智发展，驱动个体才智发展的内在动力因素包括：个体的内在生命力，儿童天生的好奇心和求知欲，自身的兴趣和理想，以及自我胜任感、自尊、自我实现、自我决定等人性要求。本书第十一章，"有机建构主义教育"主张教育管理要逐步发展到学生自我管理，教育管理要保障学生自由、尊重学生个性。所以"有机建构主义教育"主张的就是培养自我驱动型和个性化人才。

总之，"有机建构主义教育"致力于培养高智能和深层智力发达的创造型人才、自学型人才、自我驱动和个性化人才。按照"有机建构主义教育"培养出来的人才，他们智力尤其是深层智力发达，极富创造力，热爱思考，善于运思，理解能力和自学能力强，能够自我驱动、自我管理，崇尚自由和个性，这些正是21世纪所需要和呼唤的人才素质，所以"有机建构主义教育"符合21世纪的时代特征和时代精神。

第十三章 "有机建构主义教育"与21世纪精神

引用文献

1. 张法琨:《古希腊教育论证选》(第2版),北京:人民教育出版社,2007。
2. 袁锐锷主编《外国教育史新编》,广州:广东高等教育出版社,2006。
3. *A Nation at Risk: The Imperative for Education Reform*: A report to the Nation and the Secretary of Education United States Department of Education. The national Commission on Excellence in Educaiton, April 1983.

Education for the 21st Century: An Organicist Constructivism Education

Author: Longqian Xi
Director of the Institute of Beijing Super-talent Culture dissemination.
e-mail: xilongqian@ vip. 163. com.

Abstract

Philosophers like Herbert Spencer considered human society as an organism, a lively organic entity. Based on the concept of Social Organism, this paper considers that an individual talent may also be seen as an organism, and develops a new concept of talent organism, and a series of basic principles of education, the intelligence activation teaching method and its instructional processes—seven instructional events, new suggestions for gifted education based on the concept of talent organism.

Across cultures and history, educators, researchers, and philosophers have explored the basic educational philosophy to reform education. Metaphors borrowed from the natural world applied to our man-made construct of education, we might initiate promising reforms for the 21st century education by showing talent itself as an organism and its development as an organic and natural process.

Key Words: Talent organism, An organicist constructivism education, Intelligence, Deep intelligence, Creativity, An intelligence activation teaching method, Seven instructional events.

Text:
Philosophical Foundations of the Talent Organism Concept

I propose the concept of talent organism as a way of considering education reform. The concept is inspired by Spencer's concept of *Social Organism*, so this paper begins with an overview on Herbert Spencer's theory of *Social Organism*. Influenced by the emerging field of biology in the latter part of the 19th century, philosopher Spencer (2002) first applied the concept of the organism in biology to social science by suggesting that human society is also an organism and by developing a theory of *Social Organism*. The leading concept in Spencer's science of society was his notion of the "social organism". Spencer outlined five points of analogy between a society and a biological organism. First, it undergoes continuous growth. Second, as it grows, its parts become unlike, it exhibits an increase in structure. Third, the unlike parts simultaneously assume activities of unlike kinds. These activities are not simply different, but their differences are so related as to make another one possible. Fourth, the reciprocal aid causes mutual dependence of the parts. Fifth, the mutually-dependent parts, living by and for one another, form an aggregate constituted on the same general principle as is an individual organism.

Spencer's social organism concept helps explain how individual talent may also be seen as an organism with talent developing as an organic natural process, as three analogous points emphasize the similarities between individual talent, human society and a biological organism. First, similar to a biological organism and social organism, individual talent undergoes constant growth. A biological organism grows continuously; society expands constantly; and individual talent develops incessantly.

Second, their developments entail absorbing and converting outside nutrients into organic parts of the whole through their own productive activities. Biological organisms, such as plants, grow by absorbing nutrients from water through roots and conducting photosynthesis with green leaves that absorb sunlight and finally converting these outside materials into organic parts of the tree. In contrast, an inorganic substance is merely the sum of its parts. For instance, mountains and lakes are inorganic substances that are simply the sum of earth and water that grow only through the simple addition and accumulation of component parts. Society develops as the result that people convert materials and energy from nature into products and wealth of society through productive labor. Increased productivity can increase the prosperity of the entire society. Similarly, an individual person absorbs stimuli, information, and/or knowledge from the outside world to form and develop individual talents through the cognitive activities of brain. Constructivists hold that individuals do not passively record and store things in their minds to be recalled at a later date. Rather, individuals continuously reconstruct their concepts and create meaning as a result of the interaction between their prior knowledge and new experience (Armstrong, Henson, & Savage, 2009). Generally, a person gaining knowledge requires brain's productive and creative activities such as hypothesizing, imagining, reasoning, deducing, inferring, and so on.

Third, similar to biological and social organisms, the component parts of individual talent do not generally exist in isolation but are mutually linked and influenced. Many of the elements that constitute society, such as productive forces, politics, laws, education, ideologies, and population are interrelated and interdependent because society indeed functions like an integrated organism. Individual talent develops and functions like an integrated organism as well with the various elements of talent such as experience, knowledge, intelligence, creativity and motivation being also interrelated and interdependent.

For the three analogous points stated above, we can conclude that a person's talent should be seen as an organism as well with its development as an organic natural process. Since individual talent and human society are abstract constructs, it seems useful to consider organism as a metaphoric explanation for the ways in which individual talent and society develop and function. Ambrose (1998) advanced four root-metaphors used in world view theory. Organicism is based on the metaphor of a growing organism developing through predictable stages toward a particular end. Other world view root-metaphors include: contextualism based on the metaphor of an on-going event within its context; formism is based on similarity of form across diverse phenomena, and mechanism on the metaphor of the machine. Exploring the concept of talent organism, this discussion operates within the root-metaphor of organicism. It considers how human talent can be organic in nature and further nurtured through education. Thus, the rationales for an organicist constructivism education are developed by applying the general laws of the development of biological and social organisms to the field of education.

Rationales for the Organicist constructivism education

If the dynamic development of individual talent is the natural development of the talent organism, then it should observe the general laws of the development that other organisms follow. There are four rationales for the Organicist constructivism education: First, without productive and creative process, the simple accumulation of outside knowledge cannot constitute the component parts of a talent organism. Second, the organicist constructivism education argues that the productive and creative abilities for talent, especially intelligence and creativity, are the most active and decisive force for the development of talent, thus should be seen as the primary goal of education. Third, the development of talent organism goes through different stages. Fourth, the organicist constructivism education sees students as "self-driving". The four rationales are presented more explicitly below.

Rationale 1: Without productive and creative process, the simple accumulation of outside knowledge cannot constitute the component parts of a talent organism.

As an individual talent is organic, outside knowledge and information can be the talent organism's component parts only after being processed by the brain's productive and creative activities like thinking, understanding, imagining, reasoning, deducing, and inferring. For instance, knowledge discovered by others that is merely memorized without being understood, inferred, deduced, and integrated into individual personal knowledge cannot be a component part of one's talent organism.

Over three hundred years ago, Czech educationist Comenius advocated the abolition of cramming and rote learning, and implored educators to make every effort to enable students to understand the knowledge what they are learning (Comenius, 1957). Piaget's theory of cognitive development affirmed that an individual constructs his/her schemes through the interaction with surrounding environment, and the active construction process of schemes contains *assimilation* and *accommodation* (Piaget, 1953, 1963). Wittrock (1991) asserted that a student's learning is a generative process. In his viewpoint, the generative process of new knowledge is the interaction between the learner's previous cognitive structure and the new information received from environment. Constructivists contend that gaining knowledge means that individuals must construct their own knowledge rather than impassively receive "the gold of truth" as it is passed down (Gu & Meng, 2006). In 1988, Gardner, H., Perkins, D., and Perrone, V. advanced *Teaching for Understanding* which believes that nurturing understanding is one of the loftiest aspirations of education (Blythe, 1998; Gardner, 2000).

The organicist constructivism education views learning (gaining knowledge) as a productive and creative process for individual own knowledge in two ways: self-discovering knowledge and understanding others' knowledge. In self-discovering, learning occurs when a student discovers or creates knowledge by himself/herself through "hypothesizing – confirming" with his/her intuitive thinking, satori, insight, imagining, reasoning and so on. (self-discovering in this way is distinguished from creating knowledge originally in a scientific sense. Instead it is a student gaining knowledge through self-discovery or self-creation even though this knowledge already pre-existed in another sphere outside the student). In understanding others', learning takes place when a student understands and converts others' knowledge, such as the knowledge from books, teachers and others, into his/her personal knowledge. Without hypothesis, satori, insight, a person cannot self-discover knowledge. Also, without understanding, others' knowledge that is merely memorized cannot be converted into individual personal knowledge.

Education for the 21st Century: An Organicist Constructivism Education

Rationale 2: The organicist constructivism education argues that the productive and creative abilities for talent, especially intelligence and creativity, are the most active and decisive force, thus should be the primary goal of education.

In human society, social productivity is the most active, revolutionary, and decisive force for the development of society. The primary goal of society is to make great efforts to develop social productivity. A range of productive relations and superstructure must be conducive to promoting the development of productivity (Marx, 1995). Similarly, for the talent organism, the productive and creative abilities for talent especially intelligence and creativity should also be the most active, revolutionary, and decisive force for the development of one's talent, so educators should try hard to foster students the productive and creative abilities for talent, especially intelligence and creativity, in their teaching processes. Only when students' productive and creative abilities for talent are fully fostered, can students produce and create more personal knowledge and talent by themselves.

Daoyu Liu (2009a) reminds that we cannot judge a student by his/her test-grades and honors diploma. It is commonly understood that high grades do not necessarily equal high ability, and an honors diploma does not necessarily equate with strong creativity. Winner (1996) describes a study of 400 adults who had achieved some eminent accomplishment during their lives. Of those 400 eminent adults, about 240 of them either did badly in school or were unhappy in school. Across history, many outstanding people did not receive high grades or honors during their educational careers. Some notable examples include Winston Churchill who was characterized as a weak student from primary school through college, Thomas Edison who attended primary school for only three months, and Abraham Lincoln who only attended primary school for three years. Obviously, by traditional criteria which praises high grades or honors these phenomena cannot be explained. Seen from the perspective of talent organism, people like Edison, Lincoln, and

Churchill did badly in school or lacked formal schooling, but they had strong productive and creative abilities for talent, especially extraordinary intelligence and creativity, through which they cultivated their own talent.

What elements comprise the productive and creative ability for talent? As narrated above, I defined learning as in two ways self-discovering and understanding others', so the productive and creative abilities should include the ability for a person to discover and create knowledge and the ability for a person to absorb and convert others' into his/her own knowledge.

In my view, the ability to self-discover and create knowledge involves the following essential factors: ① deep intelligences, namely creative thinking ability, ② creative personality, ③ essential basic knowledge, ④ intrinsic motivation. Among all these components the most important is the deep intelligences such as insight, intuitive thinking, thinking of hypothesizing , thinking of imagining, thinking of migrating with large span, thinking of associating, divergent thinking, inspiration and satori. The deep intelligences should be the core quality for creativity as they tend to result in creation. As for the ability to understand others' knowledge, I think these factors are needed: ① intelligence, ② a person's previous knowledge, ③ interest and motivation. I believe that among these factors, the most important and decisive is intelligence. Intelligence dominates knowledge and knowledge serves intelligence. Daoyu Liu (1989, 2002) suggested that the development of intelligence should be the priority of education.

In summary, the productive and creative abilities are the most active and decisive force for the development of talent, and among all the elements of productive and creative abilities, intelligence and creativity are the most crucial elements. Therefore, the primary goal of education should be to foster students' productive and creative abilities for talent, especially the development of intelligence and creativity should be viewed as top priority. Gardner (2000) argued that the goal of education is to master the basic ways of understanding and forms of constructing knowledge.

As the change of the goal of education, reform of testing and examination systems is needed as well. Many current testing instruments and procedures are used to check knowledge. What is more, students' answers on their standardized tests can be all too often no reflection of students personal knowledge that has already been understood and mastered, only the memorization of words and symbols. So we should reform the traditional examination from merely checking knowledge to examining for the abilities to produce and create with new knowledge. This means merging the checking of knowledge with the checking of intelligence and creativity, combining the grading of examinations with the observation of students' thinking and comprehension abilities, and mixing written examinations with interviews.

Rationale 3: The development of talent organism goes through different stages.

The development of natural and social organisms goes through different stages. For instance, the development of a wheat plant experiences a variety of stages beginning with the dry seed which germinates, develops leaves, shoots, and a head, and eventually ripens for harvesting. In its different stage, farmers have different means of nurturing each stage and checking for optimal health. Deducing from this natural law, I consider that the development of talent organism should pass through different stages as well. In the different stages, it needs different educational targets, teaching methods, evaluating criteria.

Neurons (brain cells) and synapses (connections between brain cells) are the neurophysiological bases of intelligence and cognition (Jensen, 2008), so the division for stages of the development of individual talent should be grounded on today's neurophysiology. The new findings of current neurophysiology demonstrate four important points: First, at birth, infants have all, or almost, of the brain cells they will ever have. Synapses between these cells are incomplete and must be built through touch, sound, taste, sight, and smell. Between birth and 8 months synapses form rapidly. A three-year-old child has twice as many synapses as adult (but many synapses that are seldom used will be pruned afterwards). Second, early sensory experiences can create new synapses, and even alter the way genes are expressed in the brain, and early childhood experiences physically determine how the brain is "connected". Third, the number of connections can go up or down 25% or more, depending on the enrichment of the environment. Fourth, synapses that are not used are removed by "pruning". By pruning a child of 10 years has nearly 500 trillion synapses which is the same as adult. Pruning continues to occur through age 12. (*Infant brain development*, http: //www. slideshare. net/vacagodx/infant-brain-development; Jensen, 2008).

Absorbing the new findings of today's neurophysiology and the positive elements of Progressivism, Constructivism, Essentialism, and Multi-intelligences theory, I divide the development of individual talent into four stages: the first stage 0 – 3 years, the second stage 3 – 12 years (in pre-school and primary school), the third stage 12 – 22 years (in middle school and college), and the fourth stage after 22 years (in graduate school). The first stage (0 – 3 years) is the key period of the formation of synapses. The richer environmental stimuli the more synapses, so we should try hard to provide infants and early children rich environmental stimuli and encourage them to experience and explore the outside environment so as to promote the formation of more synapse. The second stage (3 ~ 12 years) should be the crucial period for the development of children intelligence and creativity. As a three-year-old child has twice as many synapses as adult, for a 3-year old child most of the synapses of brain have already formed. The principle of "use it or lose it" suggests that the synapses that are not or seldom used will be pruned and the corresponding intelligence will fade away; and the pruning will last through 12 years. Therefore, during the stage 3 – 12 years we should do our utmost to train children's thinking and develop their intelligence (to use the synapses) so as to keep the synapses of their brain in tact and less likely to be pruned. Meanwhile, as stated in the rationale 2, the organicist constructivism education views the development of intelligence and creative abilities as the top priority. Therefore, the main goal of education during this stage should be to develop children's intelligence and creativity. According to Multi-intelligences theory, human intelligence can be divided into eight separate types: linguistic, logical-mathematical, musical, bodily-kinesthetic, spatial, interpersonal, intra-personal, and naturalist (Gardner, 1983, 1999). Multi-intelligences theory provides us a very scientific grounds and approach in developing children's intelligence. The second goal of education during this stage is to make children acquire rich experiences and experiments from the outside world. Experiences and experiments are the bases for the learning of knowledge (Dewey, 2002, 2007). Regarding knowledge learning at this phase, I don't oppose to learn some most basic knowledge of subjects including language, math, science and art during 3 - 12 years, but subject knowledge should be used as materials and tools for developing children's intelligence. For instance, deep digging some subject knowledge is an important approach to train students' thinking and develop their intelligence; hypothesizing and self-discovering some subject knowledge is an effective means to cultivate their creativity. The third stage 12 - 22 years is in middle school and college. After the development of intelligence in the previous stages, children of 12 years have had a smart brain, and mastered some scientific thinking ways. As narrated above I consider basic knowledge and experiences as the second but essential element for the productive and creative abilities for talent. So for the duration of 12 - 22 years I maintain that we should equally attach importance to the learning of basic knowledge and the developing of intelligence. Bruner, Goodnow, & Austin (1956) reminded that we should encourage and direct students to learn human basic knowledge, especially the basic concepts and principles of subjects. In today's modern world, the internet reduces the burden of information required to be memorized, however it does not mean we need not to learn basic knowledge. Learning new knowledge must be based on our existing basic knowledge (Eggen & Kauchak, 2009). Creativity also needs contextual knowledge (Shaughnessy, 1998; Sternberg & Lubert, 1995). *The Constitution of the United States* can be used as example. Anyone can retrieve its content and clauses on the internet, however, if an individual wants to understand this document beyond it mere words, it is essential for him/her to have a relevant basic knowledge of law, philosophy, history and even English language.

Constructivists hold that the construction of new knowledge is the interaction of new information with a person's existing knowledge (Long, 2000). On the other hand, for the advantage of internet, today we should more emphasize learning the basic concepts and principles of subjects rather than subsidiary and detailed knowledge, and more advocate *meaningful learning* (Ausubel, 1968) and *teaching for understanding* (Gardner, 2000) rather than memorizing large amount of information. Subsidiary knowledge and detailed information can be retrieved through the internet. At once, during this stage teachers should continue to train students thinking and develop their intelligence through deep digging the knowledge of subjects, and foster students' disciplined mind to enable students thinking like scientists, mathematicians, and historians according to Gardner (2000). The fourth stage is in graduate school. This phase, we should make every effort to nurture students' academic creative ability and research methods, so that they can discover and create new knowledge originally in scientific sense now or in future.

Rationale 4: The organicist constructivism education sees student as "self-driving".

Biological organisms grow driven by its intrinsic life dynamic. The social organism develops driven by its internal dynamic—people's increasing demands for material wealth and culture. Similarly, I argue that the talent organism develops driven by an individual's inherent propulsion as well because of three reasons: the internal life dynamic, humanistic approaches and innate personality for each person.

First, as we know, any biological organism is a life entity and can grow and function automatically driven by its internal life dynamic (Wu, 2006). When a seed of plant under the earth begins to germinate and grow upwards, it can break through solid soil even rock into the world above. This phenomenon shows the internal life dynamic of plant. Similarly, human being is also a kind of biological organism, thus all the organs of human body including the brain can grow and function automatically driven by the internal life dynamic. For the driving of the internal life dynamic, infants and children's brains, as an organ, can grow and function (think) automatically, and their five senses can actively touch and notice the outside world on their own initiative, with the result that their brains continuously keep functioning (thinking) and they always bear curiosity to the world and thirst for knowledge. In the course of meeting their curiosities and thirsts, learning occurs naturally and spontaneously. From this perspective, we can deduce that an individual's talent can develop driven by his/her internal life dynamic. Rousseau (1987) holds that a person can be educated through nature, people, and things, the intrinsic development of our various kinds of talent and organ is of naturalist education. Montessori (2006) argued that in the mysterious process of infants' growth toward adults, there is an internal force to trigger the energy in the body of newborn infants; after the energy is activated, the limbs of newborn infants begin to move, and their brains function. To some extent, Rousseau and Montessori had noted the drive of the internal life dynamic in the course of the development of individual talent.

Second, there are many humanistic approaches to drive the development of individual talent, such as self-actualization (Maslow, 1968, 1970), and self-determination (Deci, et al, 1991). From the humanistic perspective, motivation stems from people's inner resources—their sense of competence, self-esteem, autonomy, self-improving, self-actualization (Woolfolk, 2007).

Third, given the biological potential for each person to have unique genetic expressions, there are many possibilities for unique inborn disposition and aptitude. Ames & Peter (2008) say that each person has an innate good "self" or good "nature". From this perspective, the unique inborn disposition and aptitude of each person might also entail a student's self-driven education. American critic Lionel Trilling (1972) called this attribute "sincerity," a combination of "personal autonomy" and "virtue." Daoyu Liu (2009a) contends that education must correspond to the nature of each student and unfold each student's personality, and advocates students' self-designing, self-learning, and self-accomplishing.

Generally, the factors above require educators to emphasize students' self-driving over external-forcing, self-expression over imitation, guided self-learning over the spoon-fed teaching, and self-growing over educator-carving. What teachers undertake at school is a man-made construct.

An Intelligence Activation Teaching Method and Seven Instructional Events

The organicist constructivism education makes the development of intelligence and creativity the top priority, thus, an intelligence activation teaching method is developed. What is the intelligence activation teaching method? It can be characterized as: In the course of teaching, teachers should do their utmost to elicit and activate students' intelligence and creativity through meticulous teaching design and methods. Teaching must bring about learners' deep understanding and flexible applying knowledge (Spiro, et al, 1995). Only when students' intelligence is fully activated in the course of teaching, can students deeply understand and flexibly apply the knowledge they have learned. Constructivism views learning as the active and personal construction of knowledge instead of the simple receiving and processing of information transmitted by teachers or texts. (De Kock, Sleegers, & Voeten, 2004; Woolfork, 2007). If students' intelligence and creativity are not elicited and activated in class, it is impossible for students to construct their personal knowledge, but simply receive and recite the information transmitted by teachers or texts.

In order to better implement the intelligence activation teaching method in the instructional practice, I propose a seven instructional events: ① list intelligences—list the main kinds of intelligence necessary for learning the knowledge, ② explain the contextual knowledge—explain the contextual knowledge for the new topic or problem, ③ pose question (s) —pose question (s) to activate students thinking, ④ guided hypothesizing—students hypothesize under teacher's guidance, ⑤ guided self-learning—students self-learn under teacher's guidance, ⑥ expound by teacher—teacher generalizes the content to make students form correct knowledge and clear understanding, ⑦ transfer—apply knowledge to solve problems in new situations. The following two teaching cases can illustrate the intelligence activation teaching method and the seven instructional events.

Case one: Once I taught a course on Emperor Wudi of Han Dynasty, one of the greatest emperors in Chinese history who had far-reaching influence on Chinese history. The course was taught according to the seven instructional events. Following the first event, in my teaching design before class, I listed the intelligences related to the knowledge and the aims of the class on a little blackboard:

● Cultivate the analytical and creative thinking abilities of students by learning from Wudi's analytical and creative thinking in handling political crises and thorny problems.

● Cultivate the creative personality of students, by learning from Wudi's spirit and boldness when building a strong nation.

● Have a good command of the basic historical facts of Wudi's reform and achievements.

At the beginning of the class, I overviewed the intelligences and the aims listed on the little blackboard. In line with the second event, I then explained the serious political, economic, diplomatic and ideological crises and contradictions that Wudi faced when he ascended the throne. The third event was evident when I asked the students: "If you were Wudi, what would you do to handle these crises and contradictions?" Students' thinking was strongly activated by this question. For the fourth event, students were not permitted to read their books but were encouraged to think or discuss in small groups the problem I had posed. In this way, students, imagining themselves as emperor Wudi, were very active in hypothesizing about how to reform in politics, economy, military, and ideology so as to handle these crises and revive the nation. The fifth event was manifested when, after hypothesizing, I asked students to read their textbook and self-learn about Wudi's reform measures. The sixth event occurred when, after students self-learning, I generalized Wudi's reform measures and the prosperity of Han dynasty after

Wudi's reform. The seventh event carried beyond the boundaries of the class, when I asked students to write a small thesis after class with the title: My suggestions about reforming a management (about a school, or a community, a city, a state, and a country management which you are familiar with).

The traditional way of teaching history is to require students to memorize dates, names of persons, places and events. I believe, Of course, it is necessary for students to learn basic historical facts, but it is more important to make students understand the meaning of historical facts and cultivate students' thinking and creative abilities through the discipline of history. Figures in history are considered very great, and shining stars because of the creative contributions they have made to mankind. Teachers can use these great figures as the best and most vivid cases to cultivate students' creativity through deep digging these great figures' creative thinking and personality. If the discipline of history were re-named History and Creativity, the aim of teaching of history would become more explicit: to teach historical knowledge and to cultivate students' creative ability.

Case two: I once went to a school to do instructional experiments. I taught a course on the formula for calculating the area of trapezoid: $S = (b_1 + b_2) \times h \div 2$, where S is the area of trapezoid, b_1 and b_2 are the bases (the parallel sides), and h is the height (see diagram 1).

(see diagram 1, 2, 3, 4, 5, 6, 7 at the end of the paper.)

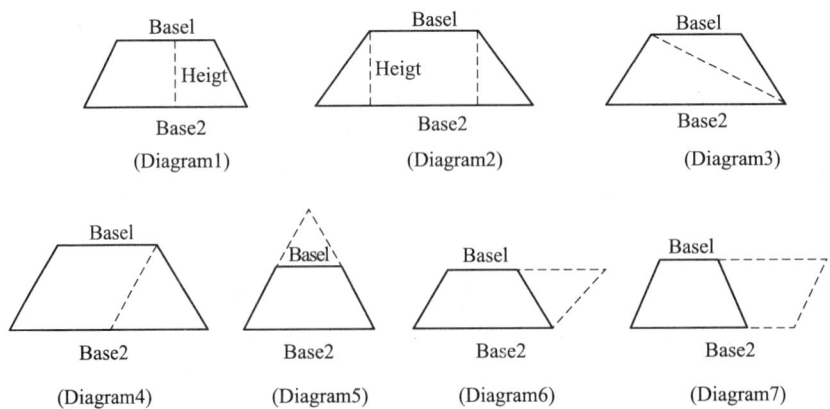

The course was taught according to the seven instructional events. Following the first event (listing intelligences), in my teaching design before class, I listed the intelligences related to the knowledge and the aims of the class on a little blackboard:

● cultivate students' imagination.

● cultivate students' logical-mathematical intelligence.

● foster students' explorative spirit (to explore new knowledge from their existing knowledge).

● have a good command and flexibly apply the formula.

At the beginning of the class, I overviewed the intelligences and the aims listed on the little blackboard. In line with the second event (explaining the contextual knowledge), I explained the contextual knowledge—reviewed the formulas for calculating the areas of rectangle, triangle and parallelogram which students had learned previously.

The third event (posing questions) was evident when I asked the students: "Can you apply the formulas for calculating the areas of rectangle, triangle and parallelogram to explore and reason out the formula for calculating the size of trapezoid by yourselves?" For the fourth event (guided hypothesizing), first of all, I asked students to observe the diagram 1 and give full play to their imagination to convert the trapezoid into some rectangle(s), triangle(s) and parallelogram(s). And I encouraged them to construct different converting forms as many as they can. In this way, their imagination was fully activated. They drew in paper, actively explored how to change the trapezoid into rectangle(s), triangle(s) and parallelogram(s). After intriguing exploration, five different converting forms were constructed by students: 1, convert the trapezoid into two triangles and one rectangle (see diagram 2). Add the areas of the two triangles and the rectangle to make the size of the trapezoid. 2, change the trapezoid into two triangles (see diagram 3). The sum of the areas of two triangles is the size of the trapezoid. 3, divide the trapezoid into a small parallelogram and a triangle (see diagram 4). With addition of the areas of the small parallelogram and the triangle, we can work out the size of the trapezoid. 4, turn the trapezoid into a big triangle and a small triangle (see diagram 5). Subtracting the area of the small triangle from the area of the big triangle, we can find the size of the trapezoid. 5, (see diagram 6), shape the trapezoid into a big parallelogram and a triangle. The area of the big parallelogram minus the area of the triangle equals the size of the trapezoid. Seeing the five converting forms conceived by students, I was full of praise for their imagination. And I supplemented the sixth converting form (see diagram 7): re-draw a same trapezoid in shape and size, then cut it off, upside it down and splice it with the original trapezoid together. The two trapezoids make up a big parallelogram. The area of the big parallelogram divided by 2 equates with the size of the trapezoid.

When students completed changing the trapezoid into rectangle (s), triangle(s) and parallelogram(s), I asked them trying to reason out by themselves the formula for calculating the area of the trapezoid with the formulas for calculating the size of rectangle, triangle and parallelogram which they had learned previously.

The fifth event (guided self-learning) was manifested when, after hypothesizing, I asked students to read their textbook and self-learn about the formula for calculating the area of trapezoid. The sixth event (expounding by teacher) occurred when, after students self-learning, I expounded how to reason out the formula for calculating the area of trapezoid based on each of the six converting forms above. To take diagram 3 as example, the area of the trapezoid S = the area of the left triangle + the area of the right triangle. As stated above, the upper base of the trapezoid is b_1, the lower base is b_2, and the height is h. According to the formula for calculating the area of triangle, "the area of triangle = base × height ÷ 2", so the area of the left triangle = b_2 × h ÷ 2; the area of the right triangle = b_1 × h ÷ 2. Therefore, the area of trapezoid S = (b_2 × h ÷ 2) + (b_1 × h ÷ 2) = (b_1 + b_2) × h ÷ 2.

The seventh event (transferring) took place when I asked students to apply the formula for calculating the area of trapezoid to solve problems in new context.

There is a dam of reservoir. Its outer lateral side is a trapezoid with bases of 150 meters and 200 meters and a height of 30 meters. Now the outer lateral side needs consolidation with stone. Find how many square meters of stone we should prepare. And at the end of class, I left students a thinking problem like this: Apply the formula for calculating the area of trapezoid to work out ingeniously "2 + 4 + 6 + 8 + ⋯ + 96 + 98 + 100 = "?

The intelligence activation teaching method and the seven instructional events emphasize training students' thinking and developing students' intelligence, especially attach high importance to students' hypothesizing and self-learning. Guided hypothesizing can develop students' intuitive thinking, satori and insight which are the core qualities of creativity. As Bruner reminded us, mathematicians, physicists, biologists, and others stress the value of intuitive thinking in their respective areas (Bruner, 1960). Guided self-learning can foster students' self-learning ability which is very important for students throughout their life. Most great scholars acquire knowledge largely by self-learning (Liu, 2009b). Also, the seven instructional events can deepen students' understanding to the knowledge they are learning, as this method does not directly give students knowledge but make students experience the seven events step by step. All these events are conducive for students to achieving deep understanding. "Education must ultimately justify itself in terms of enhancing human understanding" (Gardner, 2006).

The Substance of Creativity should be an individual's Deep Intelligences

The organicist constructivism education advocates cultivating highly-intelligent, creative talent, then, what is the substance of creativity? Is there an independent creative intelligence in human brain? In my view, there doesn't exist an independent creative intelligence in human brain. Also, Howard Gardner rejected creative intelligence as an independent intelligence in the list of Multi-intelligences. The substance of creativity should be, I believe, an individual's deep intelligences (or high-level intelligences), such as insight, intuitive thinking,

thinking of hypothesizing, outstanding thinking of imagining, thinking of migrating with large span, unusual thinking of associating, divergent thinking, inspiration and satori, thinking of seeking difference.

The deep intelligences are distinct to ordinary intelligences. For instance, memory is a kind of ordinary intelligence, while inspiration or satori is a kind of deep intelligence; reasoning logically is a kind of ordinary intelligence, but intuitive thinking or hypothesizing is a kind of deep intelligence; applying knowledge in same or similar context is a kind of ordinary intelligence, yet thinking of migrating with large span is a kind of deep intelligence; thinking of associating a thing with the same sort of things or related things is a kind of ordinary intelligence, however making unexpected association between things not related to each other at all is a kind of deep intelligence. Although everyone has the deep intelligences, creative persons have much more deep intelligences than ordinary persons. In my viewpoint, the deep intelligence is the core quality of creativity. It is an individual's deep intelligences that enable him/her to make significant creative achievements. Liu Daoyu (2009b) holds that insight is one of the most important creative thinking abilities. Bruner (1960) argued that the development of intuitive thinking is an objective of many of the most highly regarded teachers in mathematics and science. Einstein (2000) once said "Imagination is more important than knowledge. For knowledge is limited to all we now know and understand, while imagination embraces the entire world, and all there ever will be to know and understand".

In my definition of creativity, creativity is the ability that an individual use his/her deep intelligences and basic knowledge to make novel and appropriate achievement, also, related with an individual's personality, will, character, and the cultural context of his/her nation. The deep intelligence is the core and most crucial factor of creativity, so we should develop students' deep intelligences through games, teaching and learning in classroom. If we devoted great efforts to train and develop students' deep intelligences, their creativity would be improved by leaps and bounds.

Suggestions for Gifted Education

As the organicist constructivism education has special values for gifted education, it is necessary to apply it to the gifted education field and make further discussion about gifted education. Renzulli (1986) put forward the "Three-Ring Conception of Giftedness," which includes above-average ability, task commitment, and creativity. As articulated above, the organicist constructivism education considers human deep intelligences very important and decisive for creativity, so the development of students' deep intelligences should be highlighted.

"Traditional psychometric definitions of academic giftedness result in students with high IQs and reading and mathematics achievement being identified as gifted" (Borland, 2005). Sternberg (1990) pointed out that the IQ-test model reflects only a particular type of cognition (namely academic-verbal performance), rather than the general aptitude for complex thinking. Winner (1996) says that high IQ scores in childhood do not necessarily predict great scholarship or creative discovery in adulthood. In my viewpoint, the greatest problem of the current IQ-test is that it cannot check students' deep intelligences, for instance, it cannot check how deeply the student understand the knowledge, nor can it estimate the student's hypothesizing ability, intuitive thinking, imagination, satori, insight and so on. I see IQ test unreliable to identify gifted students.

With respect to fast learning in current gifted education, what the organicist constructivism education emphasizes is how deeply students understand new knowledge not how fast they learn it. Fast learning often leads to shallow understanding and skipping something important or difficult. Just like eating, fast eating results in gulping without chewing and poor digestion. So what we need is depth, not speed as Gardner (2000) reminds us, there is that old devil "coverage". So long as one is determined to get through the book no matter what, it is virtually guaranteed that most students will not advance toward genuine understanding of the subject at hand.

I believe that the deep intelligences represent the high level of human intelligence, and is core quality of creativity, so nurturing students' deep intelligences should be one of the loftiest aspirations of education. While the traditional way of identifying gifted students neglects students' deep intelligences, it also leads to opposite result than intended with many gifted children, especially prodigies, burning out while others move on to other areas of interest according to Winner (1996). As the proverb says: A child is a prodigy when 10 years old, a talent when 15 years old, but a mediocre person when 20 years of age. How to explain this riddle? In my view, if lacking the deep intelligences, a gifted student would stall in learning profound knowledge; and cease in taking up creative work. I suggest that we should observe students' deep intelligences instead of IQ test in selecting gifted students.

Someone may say some knowledge itself is so simple that there is no way to teach for developing students' deep intelligences, but we can engage students with deeper questions about knowledge. For instance, from an early age, we learn to count 1, 2, 3, 4, 5, and so on. To count Arabic numerals is very simple, but we could still lead pupils to hypothesizing and deep understanding by asking questions like: Why did our ancestors invent numerals? Why was the base-10 decimal system invented? Is there any other cyclic system besides the decimal system? Suppose there was a primitive tribe adopted base-7 system to count and they had captured some animals. The number of animals they captured is 11 according to the decimal system which we often use. What would be the number of animals captured in their system? As a common knowledge, counting is too simple for us; so few people contemplate and understand this brilliant creation of our ancestors.

The organicist constructivism education and the Spirit of the 21st Century

Economic globalization and fierce competitions of science and technology characterize the 21st Century. Essentially, the competitions of economy, science and hi-tech are contests of education and talents. It is beyond doubt that the 21st Century needs highly-intelligent and creative talents. The organicist constructivism education views individual's talent as an organism and deduces the four rationales for education based on the concept of talent organism, gives the top priority to the development of intelligence and creativity to foster super-talents with deep intelligence and creativity. Especially the intelligence activation teaching method and the seven instructional events aim at activating students' intelligence, cultivating students' intelligence, deep intelligence and creativity, fostering students' self-learning ability, and nurturing students' knowledge-applying ability. All these abilities are the essential and crucial qualities for talents in the 21st century. Thus, the organicist constructivism education is in line with the characteristics and spirit of the 21st century.

In recent years, nearly every country advocates some kind of educational reform to improve the quality of its education. Philosophical perspectives and conceptual foundations are crucial to this reform in the 21st century. "A comprehensive understanding of the conceptual foundations for a field requires attention to philosophical world views" (Ambrose, 1998). Through history, many philosophers and educators have explored the basic laws of education philosophically to advocate education reforms. Perhaps, as Ambrose (2002) suggested, some interdisciplinary borrowing from biology can help us shift our theory and practice in education. In metaphors borrowed from the natural world, we might find promising reform to the 21st century education in seeing talent itself as an organism and its development as an organic process.

References

Ambrose, D. Comprehensiveness of conceptual foundations for gifted education: A world-view analysis. *Journal for the Education of the Gifted, 21.* , 1998

Ambrose, D. Theoretic scope, dynamic tensions, and dialectical processes: A model for discovery of creative intelligence. In D. Ambrose, L. M. Cohen, & A. J. Tannenbaum (Eds.), *Creative Intelligence: Toward Theoretic Integration* . Creskill, NJ: Hampton

Press, 2002.

Ames, R. T., & Peter, H. D. (Eds.). *Educations and Their Purposes: A Conversation among Cultures.* Hawaii: University of Hawaii Press, 2008.

Armstrong, D., Henson, K., & Savage, T. *Teaching Today: An Introduction to Education* (8th ed.). Beijing: Pearson Education Asia Ltd. and China Renmen University Press, 2009.

Ausubel, D. P. *Educational Psychology: A Cognitive View.* New York: Holt, Renihart & Winston, 1968.

Blythe, T. Associates. *The Teaching for Understanding Guide.* San Francisco: Jossey-Bass Publishers, 1998.

Bruner, J. S., Goodnow, J. J. Austin, G. A. *A study of thinking.* New York: Wiley, 1956.

Bruner, J. S. *The Process of Education.* New York: Vintage Books, 1960.

Borland, J. H. Gifted education without gifted children: The Case for no conception of giftedness. In R. J. Sternberg & J. E. Davidson (Eds.), *Conceptions of Giftedness* (2nd ed.). New York: Cambridge University Press, 2005.

Comenius, J. A. *The Great Didacti* (Fu, R., trans.). Beijing: People Educational Press, 1957.

De Kock, A., Sleegers, P., Voeten, J. M. *New learning and the classification of learning environments in secondary education.* Review of Educational Research, 74, 2004.

Deci, E. L., Vallerand, R. J., Pelletier, L. G., & Ryan, R. M. *Motivation and education: The self-determination perspective.* Educational Psychologist, 26, 1991.

Dewey, J. *The School and society.* Bristol, England: Thoemmes Press, 2002.

Dewey, J., Dewey, E. *Schools of Tomorrow.* Montana: Kessinger Publishing, 2007.

Eggen, P., Kauchak, D. *Educational Psychology: Windows of Classroom* (Zheng, R. trans.). Beijing: Pearson Education Asia Ltd. & Peking University Press, 2009.

Einstein, A, *Selected Works of Albert Einstein in His Later Years* (trans. Fang Zaiqing, Han Wenbo, HeWeiguo). Haikou: Hainan Publishing House, 2000.

Gardner, H. *Frames of Mind: The Theory of Multiple Intelligences.* New York: Basic Books, 1983.

Gardner, H. *Intelligence Reframed.* New York: Basic Books, 1999.

Gardner, H. *The Disciplined Mind* (2nd ed.). Westminster, London: Penguin Books, 2000.

Gardner, H. *The Development and Education of the Mind: Selected Works of Howard Gardner.* New York: Routledge, 2006.

Gu, M. & Meng, F. *The New Conceptions of International Education*. Hainan: Hainan Publication House, 2006.

Infant brain development: The unfinished brain. Retreved from SlideShare, http://www.slideshare.net/vacagodx/infant-brain-development-2891731).

Jensen, E. *Brain-based Learning* (Liang, P., trans.). Shanghai: China East Normal University Press, 2008.

Liu, D. *Knowledge, Intelligence, Creativity: On Creative Education*. Hunan China: Hunan Education Press, 1989.

Liu, D. *The Outline of Approaches of Creative Thinking*. Hubei: Hubei Education Press, 2002.

Liu, D. *The Outline of Creative Education*. Hubei: Wuhan University Press, 2009a.

Liu, D. *The New Ideas on Creative Education*. Hubei: Wuhan University Press.

Long, M. *The Psychology of Education*. London & New York: Routledge Falmer, 2000.

Maslow, A. H. *Toward a Psychology of Being* (2nd Ed.). New York: Van Nostrand, 1968.

Maslow, A. H. *Motivation and Personality* (2nd Ed.). New York: Harper and Row, 1970.

Marx, K. *The Selections from the Works of Marx and Engels* (volume I). Beijing: People publishing house, 1995.

Montessori, M. *Educational Set of Maria Montessori* (Zhang, J., Dong, D. trans.). Beijing: China Woman Press, 2006.

Piaget, J. *The Origin of Intelligence in the Child*. New York: Routledge & Kegan Paul Ltd, 1953.

Piaget, J. *Psychology of Intelligence*. Paterson, N. J.: Littlefield Adams, 1963.

Renzulli, J. S. The Three-ring conception of giftedness: A developmental model for creative productivity. In R. J. Sternberg & J. E. Davidson (Eds.), *Conceptions of Giftedness*. Cambridge: Cambridge University Press, 1986.

Rousseau, J. J. *Emile* (Li, p. trans.). Beijing: People Educational Press, 1987.

Shaughnessy, M. An interview with E. Paul Torrance: About creativity. *Education Psychology Review*. 10 (4), 1987.

Spencer, H. *The Principle of Sociology*. New Brunswick, NJ: Transaction Publishers (Originally published in 1898 by D. Appleton and Company), 2002.

Spiro, R. J., Feltovich, P. J., Jacobson, M. J., & Coulson, R. L. Cognitive flexibility, constuctivism, and hyertext: Random access instruction for advanced knowledge acquisition in Ill-structured domains. In: Steffe, L. & Gale, J. (ed.), *Constructivism in Education*.

NJ: Lawrence Erlbaum Associates Publishers, 1995.

Sternberg, R. J. *Metaphors of Mind: Conceptions of the Nature of Intelligence*. Cambridge: Cambridge University Press, 1990.

Sternberg, R., & Lubert, R. *Defying the Crowd*. New York: Free Press, 1995.

Trilling, L. *Sincerity and Authenticity*. Oxford: Oxford University Press, 1972.

Winner, E. *Gifted Children: Myths and Realities*. New York: Basic Books, 1996.

Wittrock, M. C. The generative teaching of comprehension. *The Elementary School Journal*, 92 (2), 1991.

Woolfolk, A. *Educational Psychology* (10th Ed.). Beijing: Pearson Education Asia Ltd. and China Light Industry Press, 2007.

Wu, Q. *Essentials of Life Science* (2nd ed.). Beijing: Higher Education Press, 2006.

图书在版编目（CIP）数据

有机建构主义教育/席隆乾著．—北京：社会科学文献出版社，2013.6
ISBN 978-7-5097-4466-6

Ⅰ.①有… Ⅱ.①席… Ⅲ.①教育-研究
Ⅳ.①G4

中国版本图书馆 CIP 数据核字（2013）第 061708 号

有机建构主义教育

著　　者 /	席隆乾
出 版 人 /	谢寿光
出 版 者 /	社会科学文献出版社
地　　址 /	北京市西城区北三环中路甲 29 号院 3 号楼华龙大厦
邮政编码 /	100029
责任部门 /	社会政法分社 （010）59367156
电子信箱 /	shekebu@ ssap. cn
项目统筹 /	王　绯
经　　销 /	社会科学文献出版社市场营销中心 （010）59367081　59367089
读者服务 /	读者服务中心 （010）59367028
责任编辑 /	孙燕生
责任校对 /	师军革
责任印制 /	岳　阳
印　　装 /	北京鹏润伟业印刷有限公司
开　　本 /	787mm×1092mm　1/16
印　　张 /	17
版　　次 /	2013 年 6 月第 1 版
字　　数 /	263 千字
印　　次 /	2013 年 6 月第 1 次印刷
书　　号 /	ISBN 978-7-5097-4466-6
定　　价 /	59.00 元

本书如有破损、缺页、装订错误，请与本社读者服务中心联系更换
△ 版权所有　翻印必究